한국전쟁기 문학담론과 반공프로젝트

지은이 서동수(徐東秀, Seo Dong-soo)는 건국대학교 국어국문학과를 졸업했으며, 같은 대학교 대학원에서 석사 학위와 박사 학위를 받았다. 건국대학교 교양학부 강의 교수를 지낸 바 있으며 현재는 건국대학교에서 강의하고 있다.
주요 논문으로는 「북한 과학환상소설에 나타난 사회주의 낙원과 역사적 조건들」, 「아동의 발견과 식민지 국민의 기획」, 「아동영화 〈집 없는 천사〉와 형이상학적 신체의 기획」 등이 있으며, 단행본으로는 『한국여성작가연구—최정희, 김지원』, 『문학의 표정』(공저), 『창의적 글쓰기의 기법』(공저) 등이 있다.

한국전쟁기 문학담론과 반공프로젝트

초판 인쇄 2012년 8월 15일 **초판 발행** 2012년 8월 25일
지은이 서동수 **펴낸이** 박성모 **펴낸곳** 소명출판 **출판등록** 제13-522호
주소 서울시 서초구 서초동 1621-18 란빌딩 1층
전화 02-585-7840 **팩스** 02-585-7848 **전자우편** somyong@korea.com **홈페이지** www.somyong.co.kr

ISBN 978-89-5626-741-8 93810

값 28,000원

이 저서는 2007년도 정부재원(교육과학기술부 학술연구조성사업비)으로 한국연구재단의 지원을 받아 연구되었음(NRF-2007-812-A00165).

한국전쟁기 문학담론과 반공프로젝트

Discourse of Literature in the Korean War and Project of Anti-Communism

서동수

소명출판

책머리에

한국전쟁기 문학은 한국문학사의 여러 빈칸 중의 하나이다. 그동안 한국전쟁기 문학이 빈칸으로 남은 데에는 '관변문학', '목적문학', '선전문학'이라는 분명한 이유 때문이었으며, 그 표현은 정확했다. 분명히 한국전쟁기 문학은 관변적이고 선전선동을 위한 목적문학이었다. 평론가 곽종원은 그 원인을 "戰亂의 過中 싸여있는 벅찬 現實을 그대로 消化하지 못하고 料理하지 못"(곽종원, 「六・二五動亂以後의 作壇概觀」, 『신천지』, 1953.5, 182면)한 데에서 찾고 있다. 이러한 평가는 이후 한국전쟁기 문학을 "사병들의 사기를 높여주고 애국심을 고취하여 전후방 군민의 이해를 도모하는 성질의 문학행위에 불과"(정한숙, 『현대한국문학사』, 고려대 출판부, 1988, 255~257면)한 것으로 취급하면서 결국엔 "미학적 소화불량"(이재선, 『현대한국소설사』, 민음사, 1991, 83면)의 "잃어버린 문학의 시대"(권영민, 『한국 현대문학사』, 민음사, 1994, 100면)를 대표하는 영역으로 이끌었다.

하지만 한국전쟁기 문학에게 이러한 잣대는 조금 억울할 수도 있다. 그동안 문학의 가치척도가 항상 현실과 독립된 미의식만으로 이루어진 것은 아니었기 때문이다. 문학이 갖는 심미적 가치와 세상을 움직일 수 있다는 전환의 가치를 함께 아우를 수 있다면 한국전쟁기 문학에 대한 평가는 지금과 많이 달라질 수 있을 것이다. 이 책은 이 같은 생각에서 출발하였다.

한국전쟁기는 반공프로젝트가 작동된 시기였다. 반공프로젝트란 반공국가를 건설하는 작업이자 반공국민을 형성하는 과정이다. 이른바 이 시기에 반공으로 무장된 '국민 만들기'의 총력전이 이루어진 것이다. 한국전쟁기 문학을 문제적 시선으로 바라봐야 하는 이유는 바로 반공국민 생산에 문학이 적극 참여했기 때문이다. 한국전쟁기 문학은 전쟁이라는 사건을 반공의 시선으로 표상함으로써 남한의 대중들이 기억해야 할 전쟁의 모습을 그려냈다. 특히 반공텍스트라 불리는 다양한 글쓰기를 통해 '국민의 기억'을 제공하였다. 문인들이 생산한 반공텍스트들은 반공의 기억들을 생산, 유통, 확산하는데 중요한 역할을 하였다. 이처럼 반공텍스트는 공리적 성격과 이데올로기 표출방식 등 역사적 장르로서의 역할뿐만 아니라 이후 한국문단의 이념적 스펙트럼을 결정짓는 중요한 단서라는 점에서 한국전쟁기 문학을 연구할 때 반드시 논의 대상이 되어야 한다.

본 저서는 크게 3부로 구성되어 있다. 1부에서는 한국전쟁과 피난으로 인한 도강파, 잔류파, 지하잠적파 문인들의 글쓰기 양상을 다루었다. 이 세 부류 문인들의 글쓰기는 공히 고백의 정치학이라

부를 수 있는데, 이는 모두들 스스로 반공주의자임을 증명하는 과정이었기 때문이다. 부역혐의를 받던 잔류파 문인들은 부역의 정당화와 고해성사 방식의 글쓰기를, 이념적 우월의식에 빠졌던 도강파 문인들은 도망자의 모습을 감추려는 글쓰기를, 도강파도 잔류파로도 분류되지 않았던 지하잠적파 문인은 자기배반의 글쓰기를 하였음을 밝혔다.

2부에서는 반공의 기억을 형성하기 위한 문학의 담론전략을 살펴보았다. 우선 군과 문단과의 카르텔 형성과정을 살폈다. 이후 문학 작품이 어떻게 북한에 대한 집단기억을 재구성하는지 고찰하였다. 특히 문학의 수사학과 서사가 대중의 기억을 포섭하는데 어떤 방식으로 기여하는지 논의하였다.

3부에서는 후방을 공간화한 작품들을 통해 국가주의 서사가 어떻게 반공윤리를 구성하는가에 초점을 맞추었다. 특히 반공이데올로기의 전략이 부산처럼 적치의 경험이 없는 공간에서는 어떻게 행사되고 있었는지를 작품으로 밝혀보았다. 그리고 한국전쟁기 문학과 일제 식민지 말 문학과의 연관성을 살펴보았다. 일제 말 '대동아전쟁'을 통해 '국민'을 경험한 문인들이 '한국전쟁과 반공국민되기'를 어떠한 맥락 속에서 받아들였는지를 살펴보았다. 또한 일제 말 총력전 상황의 문학과 한국전쟁기 문학 사이의 연관성에 대해서도 언급하였다.

이 책은 일차적으로 학술지들을 통해 소개된 것을 수정・보완하고, 이차적으로 새로운 내용을 추가하였다. 학술지에 게재한 부분을 안내하면 다음과 같다. 1부에서는 「한국전쟁기 반공텍스트와 고백의 정치학」(『한국 현대문학연구』 20집, 2006.12), 「모윤숙의 피난 체험과 도강파의 글쓰기」(『한국문예비평연구』 33집, 2010.12), 「한국전쟁기 유진오의 글쓰기와 피난의 윤리성」(『우리말글』 52집, 2011.8) 등 3편을 수정 · 보완하였다. 2부에서는 「한국전쟁기 문예비평과 반공문화의 기억」(『현대문학의 연구』 32집, 2007.7), 「숭고의 수사학과 환멸의 기억」(『우리말글』 38집, 2006.12), 「질병의 수사학과 기억의 정치학」(『한국문예비평』 25집, 2008.4) 등 3편을 수정 · 보완하였다. 3부에서는 「한국전쟁기 문인과 대동아전쟁의 기억」(『우리어문연구』 33집, 2009.1), 「지역의 분할과 반공윤리의 생산」(『한국민족문학』 38집, 2010.12) 등 2편을 수정 · 보완하였다.

이 책이 모습을 갖춰가기까지는 여러 분들의 도움을 받았다. 먼저 유임하 선생님께 깊은 감사를 드린다. 2005년 선생님의 논문 「이데올로기의 억압과 공포」(『현대소설연구』 25, 2005.3)를 만나지 못했다면 오늘의 이 책은 존재할 수 없었을 것이다. 여러 지원을 해준 한국연구재단과 인문저술사업 선정을 허락하신 심사위원 선생님들께도 감사를 드린다. 그리고 제자 걱정에 마음 편한 날이 없으신 강인숙 선생님께 죄송한 마음과 감사의 마음을 함께 드리고 싶다. 늘 학문의 진지함을 일깨워주시는 김영철 선생님께도 감사를 드린다. 학부 스승이신 박용식 선생님, 신춘호 선생님, 조세용 선생님, 조평환 선생님, 박혜숙 선생님, 허원욱 선생님께도 늘 감사한 마음이다. 항상 내 글의 첫 번째 독자이자 엄격한 비평가 그리고 영원한 동지인 여지선 선생님께도 깊은 감사를 드린다. 출판을 허락해주신 박성모 소명출판 사장님과 편집에 수고해주신 성영란 선생님께도 감사드린다. 그리고…… 부모님에 대한 감사는 늘 부족하다. 아버님, 어머님께 이 책을 바치고 싶다.

2012년 7월 청춘의 고향에서
서동수

차례

제2부_ 르포-평론-작품의 삼위일체와 집단기억의 재구성

제3부_ 국가주의 서사와 반공윤리의 생산

프롤로그 /

해방문단과 고백적 글쓰기의 기원

해방의 기쁨은 오래 가지 않았다. 문인들을 기다리고 있던 것은 이념에 대한 고해성사의 시간이었다. 해방 후의 고해성사는 "남한에 있어서 좌파 세력의 앙양을 저지하고 친미적 정권을 육성하는"[1] 작업의 일환으로 이루어졌다. 미군정의 반공정책 강화는 좌익세력의 탄압으로 이어지고 있었는데, 1946년 9월 박헌영, 이주하의 체포령을 시작으로 문예운동에 대한 탄압도 가속화된다. 같은 해 9월에는 시인 유진오가 구속된다. 시인 유진오(兪鎭五)의 경우 1946년 9월 1일 '국제청년데이회의'에서 낭독시 「누구를 위한 벅차는 젊음이냐」가 문제가 되어 군사재판소에서 1년형을 언도받아 청주교도소에서 복역하다가 9개월 만인 1947년 5월 26일에 출옥한다.[2] 그

1 최상룡, 「분할점령과 신탁통치」, 한국정치학회 편, 『현대한국정치론』, 법문사, 1986, 112면.

2 김재용은 "10개월의 형을 마치고 나온 뒤 사흘째 되는 날인 1947년 6월 30일, 유진오는 문화공작대의 일원으로 경남지방을 순회하면서 연설을 했다"(김재용, 「냉전적 반공주

러나 국민보도연맹이 결성되던 1949년 9월 하순 유진오는 군사재판을 받는다. 재판에서 유진오는 '3천만 전체를 위한 양심적 문화인이 되겠다는 답변을 한다.[3]

비슷한 시기에 김태준도 재판을 받는데, 유진오와 비슷한 진술을 하고 둘 다 총살형을 당한다.[4] 문인구속 사건을 필두로 1947년 3월에는 문맹기관지 『문학』지가 10월 항쟁 특집 임시증간호를 발간했다가 판매금지조치로 종로경찰서에 5천부가 압수당하는 사건이 벌어진다. 1947년 5월 26일에는 임화 시집 『찬가』 중 「동포여 깃발을 내리자」 등의 과격시가 문제되어 삭제 지시를 받는다. 같은 해 7월 18일에는 백양당 책임자 배정국과 임화가 수도관구 경찰청에서 검찰로 불구속 송치된다. 이후 『찬가』는 과격시 두 편을 삭제하고

의와 남한 문학인의 고뇌」, 『역사비평』, 1996 겨울, 284면)라고 명시하고 있다. 김재용의 지적에 따른다면 유진오의 출옥시기는 1947년 6월 27일이 된다. 하지만 1947년 5월 29일 『문화일보』는 「兪鎭五君 究然出獄」이라는 기사를 통해, "작년 9월 1일 ○○원에서 개초된 청년대회서 「누구를 위한 우리의 벅차는 젊음이냐」라는 시를 낭독한 것이 포고령 2호에 저촉되어 군사재판에서 1년형을 받고 서대문형무소에서 복역 중이던 유진오 씨는 ~ 26일 출옥"하였음을 명시하고 있다. 그리고 임헌영의 『분단시대의 문학』(태학사, 1992, 100면)과 정영진의 『통한의 실종문인』(문이당, 1989, 70면)에서도 유진오의 출옥시기를 1947년 5월 26일로 보고 있다. 따라서 유진오는 9월 3일에 연행되자마자 구속되어 약 9개월가량 감옥생활을 했다.

3 『조선일보』, 1949.9.30. 원문을 소개하면 다음과 같다.

심문의 끝에 들어가 손중령이 "피고가 지나간 날의 소감 또는 반성으로 오는 편재의 심경은 어떠하며 앞으로 뭘할 예정인가"라는 질문에 피고 유(兪)는 "앞으로는 양심적 문학인이 되겠습니다."

"양심적이란 인민공화국을 말하는 것인가 대한민국을 말하는 것인가"

"삼천만 전체를 위한 양심적입니다."

4 서중석, 『한국현대민족운동연구2』, 역사비평사, 1996, 271면.
유진오(兪鎭五)의 한자명이 유진오(兪鎭午)로 표기되어 있다.

問題의 詩 "다시 만납니다"

『조선일보』, 1949.9.30. 맨 왼쪽의 인물이 유진오이며, 그 아래 여성이 조경순이다.

출판을 허용한다. 이외에도 1946년 『조선문학』지 주간 지봉문의 피검 사건이 있었다. 1947년 첫 번째 검거 당한 김태준은 1949년 7월 26일 재검거 되며, 1949년 9월 30일 남로당 중앙선전부 소련정보부 책임자로 지목되어 군사재판소에서 사형이 언도된다. 마침내 1947년 8월 13일 제2차 미소공위가 정둔상태인 문맹회관을 폐쇄하고 간부들을 검거토록 한 조치로 인해 문학가동맹이 폐쇄되기에 이른다. 이러한 흐름은 1948년 단정 이후 더욱 강화된다.[5]

1948년 8월, 남한 단독정부 수립 후 냉전적 반공체제는 하나의 제도로서 자리를 굳혀가기 시작하였고, 특히 1948년 12월 국가보

5 임헌영, 『분단시대의 문학』, 태학사, 1992, 100~104면.

안법 제정과 1949년 6월 국민보도연맹의 조직 이후 남한 사회에서 공산주의는 억압과 금기의 대상이 되었다. 이러한 상황은 조선문학가동맹(문맹) 회원들의 공개적인 문학 활동을 더 이상 보장할 수 없게 만들었다. 왜냐하면 단정 이후 단행된 문맹 맹원에 대한 체포령, 좌익문인에 대한 등급화, 저작활동과 저서 판매금지(1949.11.8), 전향작가 작품 사전 심사(1949.11.29), 중등교과서의 좌익작가 작품 삭제 등 견고한 탄압의 시대였기 때문이다.[6] 게다가 국민보도연맹이 결성되면서 작가들은 국가기구에 의해 직접적으로 간섭받을 수 밖에 없는 형편에 이르게 된다.

국민보도연맹은 좌익세력을 통제하기 위한 통제장치로서 일제가 군국주의 파시즘 통치를 강화하기 위한 수단으로 만든 조선사상범보호관찰령, 사상보국연맹을 모태로 하고 있다. 공산당을 근멸하기 위해서는 공산당원이나 그 추종자들을 전부 감옥에 넣어 엄벌로 다스리는 것만으로는 부족함으로, 그 추종자들을 협박 이외의 방법으로 선도하여 공산당의 행동이 국가와 민족에게 얼마나 해로운가를 잘 인식시켜 건국노선에 끌어들인다는 취지에서 만들었는데, 이와 함께 좌익을 분열 · 이간시킨다는 목적도 포함되어 있었다.[7]

보도연맹은 문인들에게도 예외가 아니었다. 오히려 보도연맹의

---

6 김철, 「한국 보수우익 문예조직의 형성과 전개」, 『한국 전후문학의 형성과 전개』, 태학사, 1993, 43면.

7 서중석, 앞의 책, 267면.

지도이념이 대한민국 정신의 위대성을 알리고 공산주의자들의 모순을 밝힌다는 것 때문에 문인들의 활약을 기대하였다.[8]

> 1949년 6월에 출현한 국민보도연맹의 조직은 더욱 적극적으로 다른 사상을 갖도록 하는 것이었다. 특정 사상을 금지당하는 것에서 나아가 다른 사상을 요구받고 그것의 선전을 위해 동원되는 수준으로 처지가 바뀐 것은 당시 조선문학가동맹 출신 작가들에게는 고통스러울 수밖에 없었을 것이다. 특히 선전의 도구로 내세워졌을 때 이들 작가들은 심한 곤혹스러움을 느끼지 않을 수 없었을 터이다. 그들은 지식인이었기 때문이다. 그래서 그들은 자신에게 어떤 이념과 사상을 억지로 강요하는 것에 대해 참을 수 없는 불만을 느꼈고 이 문제에 대해서 훨씬 더 민감하게 반응할 수밖에 없었다.[9]

문인들에게 해방은 조국의 회복이자 일제로부터 빼앗긴 자유의 회복이기도 했다. 해방은 문인들은 우리말로 마음껏 내 나라 내 민족에 대해 이야기할 수 있는 자유의 사건이었던 것이다. 그런데 보도연맹은 그들에게서 자유를 앗아갔다. 게다가 거기서 멈추지 않고 '전향선언'과 '반공선전'을 강요했다.

사상전향에 대한 불만은 굳이 지식인의 몫만은 아니었을 것이다. 문제는 불만이 아니라 "이 문제에 대해서 훨씬 더 민감하게 반

---

8 강준만, 『한국 현대사 산책—1940년대편』 2권, 인물과사상사, 2004, 235면.
9 김재용, 「냉전적 반공주의와 남한 문학인의 고뇌」, 『역사비평』, 1996 겨울, 274면.

응할 수밖에" 없는 상황이었다. '민감한 반응'은 사실 문인들의 '현실 감각'이었다. 이승만 정권의 반공주의 정책은 법률적으로 어떤 근거도 없는 보도연맹을 탄생케 했으며, 그럼에도 그 강제력은 그 어떤 법적 기구보다 강력했다. 당시에는 좌익이라면 그 가족, 친지까지 무조건 검거, 처형당하고, 무수한 사람들이 '빨갱이', '동조자', '앞잡이'의 누명을 쓰고 테러, 학살을 당하였으며 심지어 마을 전체가 사살되고 완전히 소각되기까지 하였다. 이러한 상황에서 사람들은 반공만이 유일한 생존의 길임을 터득하게 되었다.[10] 이로 인해 그들의 '현실 감각'은 '민감'해질 수밖에 없었다.

이제 문인들이 할 수 있는 방법은 크게 세 가지이다. 김재용의 지적처럼 반공이데올로기를 전면적 수용하거나, 비합법적 지하운동을 벌이거나, 월북을 하는 것이었다.[11] 이는 좌익문인뿐만 아니라 중간파나 우익문인에게도 동일하게 적용되는 주사위였다. 이제 문인들의 이념 혼재에 "교통정리"의 시간이 온 것이다.

> 이 政府의 수립은 (…중략…) 해방 뒤 계속해서 야기된 그 混亂現象을 정리하는 뜻이 된다. 일종의 交通整理 같은 것이었다. (…중략…) 交通整理란 말을 했지만 사실 우리 政府가 서는 데 따라서 現實의 방향이 결정되었다. 右側으로 갈 사람은 右側으로 가고 左側으로

10 한지수, 「반공이데올로기와 정치폭력」, 『실천문학』, 1989 가을, 111면.

11 백철은 문인들의 월북이 "文學史上의 큰 致命傷으로 기록되어야 할 것"이라고 회고한 바 있다(백철, 『속, 진리와 현실』, 박영사, 1975, 360면).

갈 사람은 左側으로 가는 기준 같은 것이었다. 그 점은 文壇의 통행에도 반영되었다.

나는 먼저 大韓民國政府의 수립과 함께 北行한 文人들의 이야기를 했지만 그 대신 나머지의 더 많은 대다수의 文人들이 政府樹立과 함께 남쪽에 남는 意志를 굳힌 일이다. 그것은 유독 해방 뒤에 분명하게 민족주의 진영의 文人들로서 명칭이 붙은 사람들만이 아니고 해방 뒤 文壇 처세 같은 것으로 해선 차라리 文學家同盟系와 가까웠던 文人들 중에서도 적지 않은 사람들이 '동무따라 江南行'을 하지 않고 그대로 大韓民國政府의 치하에 남아서 문학을 한다는 뜻을 굳힌 것이다.[12]

이중 남한에 정착을 원하던 작가들에게 주어진 선택은 단 하나, 즉 자신이 반공주의자임을 천명하는 것이다. 이는 해방 이후 우익의 입장을 대변했던 '전국문화단체총연합회'(문총)의 문인들도 예외가 되지 않았지만, 특히 '문맹' 출신이거나 부역문인들의 경우에는 더욱 특별한 의미를 지녔다. 그들이 반공주의자임을 증명할 수 있는 대표적인 방법은 국민보도연맹에 가입하는 것이었다. 보도연맹의 가입이란 문인들이 스스로의 생존전략을 위해 발견한 현실감각의 최대치였다.

박영준을 선두로 자수기간 마감일인 11월 30일까지 보도연맹 자진 자수자 및 가입자로는 정지용, 정인택, 황순원, 김기림, 백철, 염

12 위의 책, 365~366면.

상섭, 박태원, 이무영, 임학수, 김용호, 이봉구, 설정식 등이 있다. 문인들은 보도연맹의 가입이 명실상부한 대한민국의 국민이자 사상적으로 반공주의자임을 증명할 수 있는 방법이라 믿었다. 당시 김태선 서울시 경찰국장도 "전향하였다고 일률적으로 신용할 수 없으니 확실히 충실한 국민이 되었다는 것을 일반사회나 국가에 알리려면 보련에 가입해야 한다"라고 출입기자단에게 발언한 바 있다.[13]

미군정 하 최초의 고해성사는 보도연맹 가입 시 작성하는 '자백서'였다. 자백서는 일종의 양심서로서 스스로 좌익활동에 대한 꾸밈없는 활약서이다. 그 중 가장 중요한 것은 같은 세포 또는 조직에서 일했던 모든 사람들의 이름을 기입하는 일이었다. 자백은 1년 동안 명단 목록과의 대조를 통해 검열을 받았고, 그 중 어느 때라도 그 자백에 거짓이 있거나 불충분하다는 것이 입증되면, 그 사람은 그의 행동과 좌익 관련사항에 대해 완전한 법적 처벌을 받을 가능성이 많았다. 하지만 특별・보통・정(正)으로 구별되던 보도연맹 맹원 중 특별 맹원이 되면 복직・복교 등을 알선해 줄 것을 약속하기도 하였다.[14]

그러나 가입자의 생각과는 달리 그들은 여전히 보호관찰대상자였다. 왜냐하면 보도연맹에 가입한다는 것은 곧 스스로 자신을 좌익활동자였음을 시인하는 행위였기 때문이다. 당시의 분위기를 전하는 말을 들어보자.

13 한지희, 「국민보도연맹의 조직과 학살」, 『역사비평』, 1996 겨울, 295면.
14 서중석, 앞의 책, 270면.

筆者는 '文盟'傘下의 多數의 文學人들이 警察에 自首하고 保導聯盟에 加入했다는 것을 勿論 크게 歡迎하고 支持하는 사람의 하나이다. 그러나 그것이 思想的 轉向이 아니며 世界觀의 轉身이 아닌 一時的인 身邊保護策으로서의 轉向이라면 이러한 事態는 오히려 非常한 警戒를 要하는 問題하고 생각하였던 것이다.[15]

조석제(조연현)의 지적처럼 다수의 문인들이 전향을 시작해 오는데, 이후 제일 먼저 신문 광고란에 전향성명을 낸 박영준을 필두로, 이무영, 이봉구, 임학수, 정지용 등과 김동석을 제외한 '문맹'의 전원이 "과거의 과오를 청산하고 대한민국에 충성을 다할 것"을 공개선언하기에 이른다. 그러나 이들의 공개선언이란 사실 많은 부분에서 진정성을 담고 있지 않았다. 이 말은 그들의 체제 선택이 이념의 진정성보다는 '민감한 반응' 즉 현실감각의 표상이었기 때문이다. 일찌감치 월북한 문인들에 비해 견고하지 못했던 그들의 이념적 선명성은 현재의 상황을 감지할 수 있는 예민한 촉수가 필요했고, 그것의 결과물이 바로 이승만 정부에 의탁하는 것이었다.

민족문학 진영의 조연현이 걱정하던 것이 바로 이것이었다. 조연현의 눈에 비친 그들이란 "정치적인 압력과 일시적인 보신책으로서 전향을 표명한 사람"일 뿐이다. 왜냐하면 전향문인들이 "직분적인 동업인이요, 사상적인 동지요 혹은 정신적인 동반자인" 민

15 조석제, 「해방문단 오년의 회고」, 『신천지』, 1950.2, 220면.

족진영의 문인들은 "의식적으로 기피"하고, "경찰이나 혹은 그와 밀접한 관계 하에 있는 보도연맹을 통해서만 그들의 전향을 형식적으로" 표명했다고 생각했기 때문이다. 즉 그들은 "진정한 사상적 전향이나 세계관적인 전신이 아니라 신변의 안정과 보장만을 얻기 위해 급급해 하는 형식적 전향"이라는 것이다.

조연현이 언급한 형식적 전향의 비판 이면에는 문단 헤게모니에 대한 새로운 걱정도 포함되어 있다. 이제 좌익문단의 울타리를 걷어치우고 새로운 집짓기를 시도하려는 민족문학 진영에서는 그 일환으로 "일반 무소속 작가 및 전향문인을 광범위로 포함한 대한민국을 대표할 수 있는 유일한 문학단체인 '한국문학가협회'의 결성 준비"[16]를 하고 있었기 때문이다.

> 이 문학가협회의 결성을 보고 감격을 느낀 것은 나만이 아닌 듯 했다. 그 결성을 끝내고 나는 김기림과 함께 명동 쪽으로 나와서 같이 다방에 앉아 소감을 나누었는데 기림도 퍽 기분이 좋은 것 같았다. 그는 말했다. "차라리 잘된 것 같아요" 하고. 그는 무슨 의미인지 "차라리"란 말을 붙이고 있었다. "나 같은 사람은 지금까지 어중간하게 처신을 했기 때문에 늘 마음이 편하지 못하고 쓸 데 없는 데 신경을 많이 써 왔거든요. 그런데 이젠 더 이상 그런 신경을 쓸 필요가 없어졌거든…… 몸과 마음이 가벼워진 기분이야……" 하고. (…중략…) 그는

16 위의 글, 219~220면.

계속해서 새로운 결의를 말하고 있는 듯 했다. "자 우리 이제부터 새로운 기분으로 일을 해보자구요……" 하고.[17]

한국문학협회의 결성식 장면은 "문단의 모임으로서는 처음으로 太極旗를 걸고 어떤 벅찬 감격"이 휘감는 "극적인 장면"[18]이었다. 이 좌우익을 망라하는 "문단 통합의 역사적인 기운" 앞에 김기림은 "몸과 마음이 가벼워진 기분"이라고 말한다. 백철의 날카로움은 김기림이 말한 "차라리"란 단어를 놓치지 않았다. 1946년 2월 15일에 결성된 '민족주의민족전선'은 남로당의 외곽단체이자 "문학가동맹보다 한수 위인 정치적 단체"[19]이었다. 여기서 선전부 차장을 지냈던 김기림이 남한에 정착하기 위해서는 보도연맹의 가입과 동시에 민족진영의 문인들과 '하나'가 되는 것이다. 즉 그들과의 동일시(허위에의 동일시이건 관계없이) 속에서만이 존재론적 정체성을 얻을 수 있었는데, 이는 '한국문학협회'라는 것을 통해 이루어진다. 따라서 김기림처럼 "어중간하게 처신"을 하던 자들에겐 이 협회가 구세주 같은 역할을 해 준 것이다. 이젠 "새로운 기분으로 일"을 해 볼 수 있는 것이다.

하지만 이 단체만큼은 "해방 직후부터 그때까지 對共文化戰線을 조직 지도해온 문단의 투사"이자 "주체세력"[20]들에 의해 주도

---

17 백철, 앞의 책, 375면.
18 위의 책, 375면.
19 김윤식, 『해방공간의 문학사론』, 서울대 출판부, 1989, 275면.
20 조연현, 『내가 살아온 한국문단』, 현대문학사, 1968, 20면.

되어야 했다. 따라서 "민족문학운동의 암이라고 지목받아온 '문맹'의 극렬분자로부터 얄미운 눈치와 추파만을 일삼던 기회주의자"들이 이 새로운 문학단체를 좌지우지 못하게 해야 했던 것이다. 왜냐하면 당시의 정치적 상황은 민족진영의 문인들이 헤게모니를 잡을 수 있는 최대의 기회였으며, 이를 완성하기 위해선 그들과 대척점에 섰던 문인들에 대한 경계를 늦출 수 없었기 때문이다. 이러한 반공 제일주의의 분위기에 편승한 민족문학 진영의 시선은 전향작가들로 하여금 자연스럽게 적극적인 고해성사를 요구하게 했다.

국민보도연맹은 '예술제'라는 이름으로 문화인들을 무대에 세웠다. 전향한 문인들은 무대 위에서 자신이 왜 좌익사상에 심취했으며 어떠한 계기로 전향을 하게 되었는지를 고백해야 했다. 그리고 대중들에게 반공, 승공, 멸공의 길에 함께 할 것을 호소해야 했다. 대표적인 행사가 1950년 1월에 개최한 '국민예술제전'이었다. "김기림, 박태원, 염상섭, 임호권, 김병욱, 여상현 등 전향문인들로 구성된 이 행사에서 그들은 자신의 사상적 전향을 공포하고 나아가 이러한 흐름에 동참해 줄 것을 호소하는 형식의 이야기"[21]를 해야 했다.

국민예술제전의 정치성은 김재용의 지적처럼 구성원들을 통해서도 확인된다. 전향작가들로만 이루어진 이 행사야말로 이념적 고해성사의 자리였던 것이다. 이러한 고해성사의 방식은 이전에도

21 김재용, 앞의 글, 276면.

있었는데, 그것은 1949년 11월 3일부터 4일까지 열렸던 '민족정신 앙양 종합예술제'였다. 이 행사는 문인들의 사상전향을 공개적으로 발표하는 자리였다. 여기서 김기림, 정지용, 이병기 등은 월북문인들에게 보내는 메시지를 낭독하기도 하였다. 공개된 자리에서 그들이 행한 사상전향의 형식과 내용이란 곧 강요된 혹은 정치적 고백에 다름 아니다.[22] 전향작가들은 진심이건 아니건 그와 관계없이 스스로 반공주의자임을 고백해야 했고 증명해야 했다. 대중들의 박수와 환호는 곧 그들의 이념적 완결성의 증거이기도 했으며, 행사의 횟수는 이념적 성실성의 근거였던 것이다.

이처럼 문인들의 고해성사는 주로 중앙본부 소속의 문화실을 주축으로 한 반공사상의 선전 · 선무사업이었다. 양주동이 책임자(실장)로 있던 문화실은 전향자 5백여 명으로 구성되었다. 이들은 문학부 · 음악부 · 미술부 · 영화부 · 연극부 · 무용부 등의 전문 부서 외에 기관지 발행과 이론연구를 위한 이론연구부를 별도로 설치하여, 주간지 『애국자』와 월간지 『창조』를 발간함으로써 연맹원 사상교화에 주력하였다. 반공시위대회, 국민사상 선양대회, 국민예술제 등 각종 반공 강연회와 문화행사가 이어졌고, 보도연맹 전속

---

22 강제적인 사상전향에 대한 당시 문인들의 심리적 고통은 백철의 회고에서 확인할 수 있다.
"保導聯盟에서 그때 例會처럼 거의 매주 한 번씩 집회를 갖고 시국강연도 듣고 詩朗讀도 하곤 했는데…… 그날은 마침 鄭芝溶이 연맹본부의 지시로 해서 反共的인 내용의 自作詩를 낭독한 날이었는데 芝溶은 입이 빠른 사람이라 식당에 앉자마자 불평을 토로하였다. "南韓에 남아 있으면 그만이지 뭘 더 증명을 하라고 이런 짓을 시키는지…… 이거 어디 성가셔서 살 수가 있나……."(백철, 앞의 책, 372면)

악단인 대한교향악단의 반공 연주회가 전국에서 열렸다. 여기에 참가한 전향문인들의 주된 일이란 자신의 전향배경과 공산주의에 대한 비판이었다. 그밖에도 문화・영화・문학강좌, 시낭독회, 연극・음악공연 등과 더불어 방송, 시위행렬, 삐라나 벽보 등을 이용한 반공행사는 보도연맹이 해체될 때까지 꾸준하게 지속되었다. 좌익계 예술의 포섭에도 적극적이었던 문화실은 문화인들의 사상적 자유와 예술적 활동범위를 통제함으로써 반공체제 형성과 재생산의 역할이 강조되었다. 정부가 주도하는 반공문화정책이 대중문화로 파급되어가는 과정에서 반공이 국민의 도덕과 가치의 기준이 될 수 있다는 이승만 정권의 반공의지가 문화실 추진사업에 그대로 반영되었다.[23]

23 한지희, 앞의 글, 297~298면.

제 1 부

반공텍스트와 고백의 정치학

1장 한국전쟁과 피난 그리고 이념의 갈림길
2장 잔류파와 고해성사로서의 글쓰기
3장 도강파의 이념적 우월성 혹은 과시로서의 글쓰기
4장 지하잠적파와 두 얼굴의 글쓰기

1장 한국전쟁과 피난 그리고 이념의 갈림길

1. 피난과 이념의 분화

1950년대의 고백적 글쓰기는 1950년 6월 25일의 역사적 사건과 운명을 함께 한다. 미군정하의 고백이 일종의 선택적 행위에 가깝다면, 전시하의 고백적 글쓰기는 쇼펜하우어가 말한 '생에 대한 맹목적 의지'라 할 수 있다. 전쟁으로 인한 이념의 경직성과 완고함은 이념의 양자택일을 강요했으며, 이는 곧 생사(生死)의 선택이기도 했다. 친공과 반공이라는 양자택일의 상황은 전쟁 발발 직후인 25일부터 28일 사이에 벌어진 사건을 통해 더욱 긴박해진다. 즉 피난의 여부를 계기로 전시하의 고백적 글쓰기의 모습과 성격이 규정되고 있는 것이다.

피난의 여부는 '도강파'와 '잔류파'라는 새로운 명명을 낳았다.

한강 이남으로 피난을 간 자는 도강파란 명칭을, 피난을 가지 못해 적치 하에 남겨진 사람들은 잔류파란 명칭으로 구분되었다. 도강파와 잔류파라는 호칭은 단순한 명명법에 그치지 않고 그대로 이념을 분류하는 바로미터가 되어, 도강파는 반공주의자요 애국자로, 잔류파는 좌익, 좌익동조 혹은 기회주의라는 등식이 성립되었다. "한국전쟁 당시 피난은 전쟁 이전 북한에 거주하던 사람들에게는 월남으로 공식화되었으며, 서울 등지에 거주하던 사람에게는 공산주의를 피하기 위한 행동으로 정식화되었기 때문이다. 이후 한강을 사이에 두고 발생한 '피난'은 전쟁의 부산물이라는 일반적 인식과 달리 전후 남한사회의 이념적 성격을 공고히 하는 결정적 사건이 된다. 이처럼 대한민국 역사에서 또 하나의 건국신화를 만들어 낸 피난은 '국민의 자격'을 인정받을 수 있는 중요한 징표이자, 공산주의의 접촉으로부터 이념적 순결을 지키게 해준 성스러운 엑소더스(Exodus)의 체험"[1]이었다. 실제로 9 · 28 서울 수복 직후 피난은 곧 '반공'의 표식이 되었고, 피난을 가지 못한 자는 반역의 대열에 동조한 자로 지목되어 '서자' 혹은 '이등 국민'의 취급을 당하면서 의심과 감시의 대상이 되었다. 그래서 그들에게 잔류파란 명명은 곧 "마마와 역병"인 공산주의라는 질병에 노출, 감염되었다는 것이자 '주홍글씨'의 표식처럼 이념적 불륜의 증거였다.[2]

1 김동춘, 『전쟁과 사회』, 돌베개, 2000, 63~64면.

2 실제로 부역혐의자나 공산주의를 '질병'에 비유하는 것은 흔한 일이었다. 따라서 사람들은 '질병'인 공산주의와는 '감염'을 막기 위해 피해야 했으며, 이는 작품에서 '접촉공포증'과 이념에 대한 '순결 강박'으로 이어진다. 이에 대해서는 2부 5장 참조.

1950년 9월 28일 서울 수복을 계기로 도강파와 잔류파의 위치가 역전된다. 도강파는 국민을 버리고 자신과 가족의 생명을 도모하기 위해 피난간 자들이므로, 다리가 끊어진 서울에서 생을 도모할 수밖에 없었던 사람들에게 도덕적 부채를 가진 사람이라 볼 수 있다. 그러나 이들은 서울이 수복되자 마치 '정복자'처럼 서울에 입성하는 적반하장의 자세를 취한다.

> 구·이팔 수복이 되자 도강파들은 개선장군처럼 활보했고, 잔류파는 죄지은 사람처럼 기세가 당당하지 못했다. 도강파든 잔류파든 극심한 고난을 겪었다는 점에 있어서는 서로가 조금도 다를 것이 없었으나 솔직히 말한다면 도강파는 그래도 정부와 군의 보호 하에 있었고 잔류파는 언제 어떻게 될지 모르는 적치 하에 있었던 사정을 감안한다면, 그리고 최후의 순간까지 안심하라고만 외쳤던 것이 당시의 정부의 공식발표였다면 동정을 받아야 할 쪽은 오히려 잔류파였던 것이다.[3]

조연현의 지적처럼 사실 동정을 받아야 할 쪽은 잔류파였다. 도강파 문인들은 '도망자'였기 때문이다. 이승만의 기만적인 방송을 믿고 남아있던 자들과 달리 도강파 문인들은 도망가는 정부와 군을 따라 남하했던 것이다. 조영암은 전쟁 1주년을 기억하는 글에서

3 조연현, 『내가 살아온 한국문단』, 현대문학사, 1968, 87면.

"한 편의 시가 한 폭의 그림이 紙彈이 되어 적의 심장을 겨누어 痛烈한 타격을 무수히 적의 진지 위에 낙하 시켰던 것은 오늘날 생각해 보아도 통쾌한 일"이며, 이를 가능케 한 "민족적인 모든 문화인 예술인들(비잔류파 : 인용자)은 한 개의 정신군인으로서 조국을 수호하는데 이바지한 공로는 영원히 멸하지 않을 것이다"[4]라고 극찬하고 있지만, 같은 도강파인 이헌구의 증언에 따르면 "원체 허둥지둥하여진 이 국민—후방에 남아있는 우리들은 과연 무엇을 해야 할 것인가?"[5]라며 황망해 하였다.

도강파 문인들의 이러한 모습은 대구나 부산 등지에서 보여준 '생활'이 증명한다. 실재 도강파들은 "먹고 자고 아무런 욕망도 생의 의도도 없"었다. 1, 2차 피난 구분이 없다. "쫓겨가는 앞이 모연"하고 오로지 "먹고 자는 순간이 행복"스러울 뿐이었다. 따라서 "동란의 세태에 태어나서 인제 산다 해도 건울 것이 없으니 그저 살아보자는 심회뿐이"있으며, 따라서 "이렇게 산다는 것은 슬프면서도 다행한 일이라고 자꾸 역여(여겨 : 인용자)"[6]질 뿐이다. 이것이 도강파 문인의 맨얼굴이었으며, 이로 인해 수복 후 그들의 "서울 복귀가 전쟁과는 달리 패배자의 복귀이지 않으면 안 되었"[7]던 것이다. 고은의 증언에 따르면 당시 많은 피난문인들은 도덕적 죄의식을 느꼈다. 특히 서정주는 도스토엡프스키의 『죽음의 집의 기록』의 대사 "예수를 십자가

4 조영암, 「문총구국대의 저항운동」, 『현대공론』, 1954.6, 125면.
5 이헌구, 「거부하는 신념」, 『현대공론』, 1953.12, 35면.
6 김송, 「결전하의 편상」, 『신조』, 1951.6, 80면.
7 고은, 『1950년대』, 민음사, 1973, 124면.

에서 살려 내려 놓았다면 못 견딜 모욕감에 그는 어쩔 수 없었을 것이다"[8]를 인용하면서 자신의 심정을 표현한 바 있다. 그러나 도강파 문인들에게 이러한 감정은 사치스러운 것이었다. 왜냐하면 그들이 마주한 것은 양심의 십자가가 아닌 거대한 현실과 생존에의 의지뿐이었기 때문이다.

9월 28일 수복 이후 이승만은 잔류한 자들에 대한 대대적인 숙청작업에 들어간다. 1950년 10월 4일 부역자 처리를 위한 공식기구인 군・검・경 합동수사본부가 설치되어 부역자 검거수사와 처리문제를 전담토록 했지만 그 이전부터 일반 민간인과 사설단체의 보복적 살상이 진행되고 있었다.[9] 이름하여 부역자 처벌이 시작된 것이다. 빨갱이 사냥(red hunt)이라 명명된 부역자 처벌은 카니발리즘을 연상시킬 정도로 공포의 현장이었다.[10] 실제 당시 "부역자 처단에 대해서 일반 민중들은 대단히 공포와 또는 불안에 빠져" 있으며, "이러다가는 남하하였던 사람은 다 살고 서울에 남았던 사람은 죽을 것이다"[11]라는 유언비어가 퍼지고 있었다.

---

8 위의 책, 126면.

9 민간인과 사설단체의 보복행위가 극에 이르자 당시 국회의원인 윤길중은 9월 17일 국회 법사위원들과 함께 「사형(私刑)금지법」과 「부역행위처벌특별법」을 입안하지만 군과 경찰의 반대로 인하여 미루어지다가 12월 1일 공포된다. 하지만 이 법은 곧 이은 1・4후퇴로 인해 그 효력을 제대로 발휘하지 못했다.

10 당시 부역자 처벌에 대한 공포는 훗날 많은 작가들에 의해서 그려지고 있다. 박완서의 『그 많던 싱아는 누가 다 먹었을까』, 윤정규의 『사각』, 이문열의 『영웅시대』, 홍세화의 『나는 빠리의 택시운전사』, 임철우의 『뒤안에는 바람소리』, 김원일의 『불의 제전』, 문순태의 『달궁』, 김성동의 『잔월』 등이 그것이다.

11 『서울신문』, 1950.11.27. 신문사에서는 부역자 처벌의 책임자인 오제도, 정희택 검사 등을 초청해 민심의 불안을 잠재우고자 하였다.

서울이 수복되었다고 해서 곧 평화의 날이 왔다는 이야기가 아니었다. (…중략…) 무엇보다도 수복해 온 군경당국의 남아 있던 서울 시민에 대한 서자적 대우 때문이었다. 소위 부역자를 탐색해 내어 마구 총살해 버리는 장면도 벌어졌다. 무슨 복수나 하듯 분풀이의 흥분이 살벌했다. 아마 내가 생각하기엔 그때 부역자 처분에 있어서도 옥석을 구분 못하고 적지 않은 인재들이 희생된 사실도 없지 않을 줄 안다.[12]

"동란 직후에 재빨리 남하한 사람은 극소수이고 대부분은 탈출할 시기를 놓쳐서 소위 도강파보다는 잔류파가 절대다수였던 것은 물론"[13]이었다. 그럼에도 불구하고 소수의 도강파는 다수의 잔류파를 향하여 심리적 억압과 공세를 취해 왔다. 도강파든 잔류파든 그 개인적 동기와 행위는 관계없이 도강파는 애국자이고 잔류파는 부역(혐의자)라는 인식이 유포되었고, 이에 따라 잔류파는 기세등등한 도강파에 의해 '고양이 앞의 쥐'가 되어야 했다.[14] 이에 서울에 남아 있던 사람들은 마치 '서자' 혹은 '이등 국민', '적으로 의심되는 사람'으로 취급되었으며, 빨갱이의 낙인을 받은 사람은 '사이비 한인(韓人)', 혹은 '비국민'의 취급을 당하였고 "심지어는 골육지

12 백철, 『(속)진리와 현실』, 박영사, 1976, 439면.

13 김을한, 『인생잡기』, 일조각, 1956, 300면.

14 박원순, 「전쟁부역자 5만여 명 어떻게 처리되었나」, 『역사비평』, 1990. 5, 174면. 이처럼 이해할 수 없는 상황에 대해 고은은 "조금 알만한 사람이 부역자라고 해도 그 부역에 대한 연좌제 네트워크에 걸려들었다. 무엇인가 큰 모순, 큰 오해와 맹목에 의해서 서울의 수복 3개월간은 여름의 적치 3개월과 대체되었을 뿐이다"라고 지적한 바 있다(고은, 앞의 책, 168면).

친(骨肉之親)간이라고 해도 총 검거하여 토멸(討滅)해야 한다"[15]는 주장이 제기되기도 하였다. 즉 '빨갱이'라는 명명은 그대로 한 개인을 매장시킬 수 있는 폭력이었던 것이다.[16] 이러한 분위기 하에서 문인들 역시 다를 바가 없었다. 도강파 문인들의 생존 의지는 부역문인에 대한 이념적 공세로 표출된다.

> 너희들 이제 (…중략…) 90일 동안의 忠犬 노릇 (…중략…) 굶주린 이리떼 (…중략…) 惡魔의 化身 (…중략…) 白衣를 걸친 레-닌 스탈린의 後裔! 너희는 깍두기를 먹는 스라브의 子孫들이다. (…중략…) 너희들은 이제 成長하는 民族歷史 우에 다시 씻을 수 없는 汚點을 남겨놓았다. 너희들의 갈 길은 이제 하나 밖에 없다. 懺悔와 贖罪의 記錄을 남기라. 거룩한 女流作家, 갈보群像님들은 修女院으로 들어갈 것이고, 不然이면 塔골 僧房으로 가서도 無妨하고, 聖스런 男流作家詩人群像님들은 따라가서 함께 同棲하시어도 無妨無妨하실 것이고 (…중략…) 또 不然이면 漢江鐵橋로나 青酸加里로나, 점잖게 自盡하야 萬古에 남을 累名을 清算해봄직도 하지만, 워낙이 愚夫愚婦들이라 그렇게 할 수도 없을 터이니, 차라리, 또 우리에게 妓流와 같은 秋波를 보내라. 그러면 우리들은 너희의 허무하고 가엾은 人生을 嘉賞하여 勳一等 功一級 菊花大授章을 주는데 吝嗇치 않으리라.[17]

---

15 양주동, 「共亂의 教訓」, 오제도 편, 『적화삼삭구인집』, 1951, 13면. 골육지친간의 살해는 전쟁기소설의 라이트 모티프가 되기도 하였다. 이에 대해서는 2부 4장 참조.

16 김동춘, 『전쟁과 사회』, 돌베개, 2000, 171면.

17 조영암, 「잔류한 부역문학인에게 – 보도연맹의 재판을 경고한다」, 『문예』, 1950.12,

저주에 가까운 조영암의 욕설비평은 단순한 개인적 감정의 차원이 아니다. 조영암의 저주는 매우 필연적인 사건이자 현실감각의 표상이었다.[18] 그들을 지배하는 것은 "작가 이전의 인간"[19]의 본능이었다. 그것도 가장 원초적인 생에 대한 욕망이었던 것이다. 생에 대한 욕망은 도강파 작가로 하여금 부역문인 색출에 앞장서게 만든다. 한 극우파 시인은 부역문인에 대해 관용을 요구하는 서정주, 조연현, 김동리를 향해 잉크병을 던지며 처형을 주장했고, 부산 '문총' 계열 문인들이 발행한 모잡지는 수복 직후 '부역문단인명단'을 조작해 발표하기에 이른다. 오류 투성임에도 불구하고 그대로 합동수

74~75면. 전기철의 『한국 전후문예비평』(서울, 1994)에서는 "功一級"이 "공2등"으로 오기되어 있다.

18 당시 대표적인 보수우익 논객으로 임긍재와 조영암을 들 수 있다. 특히 조영암의 경우는 거친 표현과 상식 밖의 행동으로 인해 자주 입에 오르내렸는데, 소위 백철과의 소송사건과 문총공금사건이 대표적이다. 조영암은 특히 자신의 이념적 투명성과 우월성을 강조했는데 이는 월남작가의 콤플렉스가 치환된 대표적인 경우이다. 피난시절 월남작가의 생사를 건 모험은 남한에서 살아남기 위한 필연적 행위였으며 반공이야말로 '지옥을 피하는 길'로 인식되었다. 조영암의 이러한 상황은 월남수기인 「망명의 길」(『문학』, 1950.5)에서 그대로 노출되고 있다. 하지만 출생지가 북한이라는 것 때문에 월남작가는 항상 감시의 대상이 되었다. 따라서 반공에 대해서는 언제나 투철함을 보여야 했으며, "또한 자신이 반공한 경력이 없을 경우에는 다른 빨갱이를 욕함으로써 자신에 대한 빨갱이의 혐의를 벗겨내야 했다."(김귀옥, 「왜 월남 실향민은 반공수구 세력이 되었을까?」, 『인물과 사상』 30, 2004.3, 314면)
월남 피난민들에게 피난 시절은 남한에서 살아남기 위해서는 어떻게 해야 하는가를 학습하는 시기였고 반공주의에 적응하고 그것을 수용하는 연습 시기이기도 했다. 또한 과거 자신이 북에서 살았던 경험 가운데 잊어야 할 것과 새롭게 해석해야 할 것이 선별되고 탈각되는 시기이기도 했다. 이에 대한 또 다른 논의로는 한수영, 「월남작가의 작품세계에 나타난 반공이데올로기와 1950년대 현실인식」(『역사비평』, 1993 여름), 김귀옥, 『이산가족, '반공전사'도 '빨갱이'도 아닌』(역사비평사, 2004), 표인주 외, 『전쟁과 사람들』(한울아카데미, 2003) 등이 있다.

19 고은, 앞의 책, 125면.

사본부의 검거대상으로 받아들여진다.

> 합동수사본부에서는 최근 비상계엄 하에 있어 모든 사건을 신속처리 하고 있는데, 특히 부역자들 수사면에 있어서는 일단락을 지었다고 한다. 그리고 吳制道 검사 말에 의하면 최근에 와서는 자수하여 오는 사람들이 매일같이 상당한 수효로 늘어가고 있다고 하며, 그 가운데 세간에 알려지고 있는 문화인도 다음과 같이 35면이나 된다고 한다.
>
> 白鐵 梁柱東 崔貞熙 金容浩 朴憲鳳 朴啓周 姜炳夏 梁白明 金翊洙 金東周 劉承以 金容韋 李禹□ 李昌植 方三成 金英培 金東顯 鄭東憲 李錫載 李在學 金義煥 安秀山 李昌國 朴昌洙 외 10명[20]

합동수사본부는 '문총구국대'(이하 문총)에 '적색부역자 색출' 관련 문서를 보내고 이에 '문총'은 '부역자심사위원회'를 구성하여 심사에 들어간다. 부역문인은 부역의 정도에 따라 5등급으로 나눠지는데, 대략 A는 적극적 부역, B는 자진부역, C는 소극적 부역 등으로 각각 총살, 장기형, 단기형, 훈방, 무죄 등으로 규정하고 있었다.[21] 당시 '부역자심사위원회'의 대부분의 위원들이 도강파 쪽에

---

20 「부역행위 자수자 증가」, 『서울신문』, 1950.12.11.

21 부역문인의 평가기준에 대한 고은과 조연현의 기억 사이에는 약간의 차이가 존재한다. 고은은 5등급으로 기억하는 반면 조연현은 3등급으로 기억하고 있다. 그러나 당시 부역자 분류지침에 따르면 고은의 5등급이 사실에 가까워 보인다. 당시 부역자 분류기준은 소개하면 다음과 같다.
"첫째는 이념적 공명자로서 공산주의 사상을 이념적으로 공명하고 그것을 정당하다고 긍정하여 실천에 옮기려 한 자들이다. 이와 같은 공산분자는 대개가 조직계통에 속하는 공산당원이고 가장 악질적으로 행동한 자들이다.

서 선출되는 바람에 "도강파 쪽의 단죄론이 회의를 지배적으로"[22] 주도해 갔으나 조연현, 김동리 등의 도움으로 잔류문인들은 일괄적으로 훈방이나 무죄판결을 받았다.[23] 특히 "가장 열성분자였던 문학가동맹의 노천명"[24]도 징역 10년을 선고받지만 김상용, 이헌구, 김광섭 등 문인들의 석방운동으로 겨우 6개월의 구금생활도 되지 않은 1951년 3월 2일 석방된다.[25] 그러나 잔류 혹은 부역에 대한

둘째는 반정부감정 소지자로서 이들은 비록 공산주의를 신봉하지 않더라도 막연히 기존조직의 변혁을 희구하였던 만큼 6·25전란이 일어나자 돌발적인 파괴세력에 가담하게 된 소극적인 공산분자들이다.

셋째는 대세뇌동자들로서 공산주의를 이념적으로 공명할 판단력도 없을 뿐만 아니라 반정부적 감정도 갖고 있지 않지만 일시적으로 대세에 부화뇌동하여 부역한 자들이다.

넷째는 피동분자로서 그릇된 개인사상으로 소악적 견지에서 일신의 명철보신을 도모하여 기회에 편승하는 자들이 본의 아니게 또는 피동적으로 부역자 자이다."(내무부 치안국, 『한국경찰사』 II, 1973, 548면. 박원순, 앞의 글, 186면 재인용)

22 조연현, 앞의 책, 89면.

23 잔류문인들이 부역의 처벌을 면하는데는 조연현의 힘이 컸다. 우선 조연현은 잔류파(정확히는 지하잠적파)로서 적치의 삶을 경험했으며 특히 살아남기 위해 피신해 있던 집주인에게 좌익처럼 행동하게 했다. 이처럼 그는 적치 하에서 생존의 불가피성을 잘 알고 있었고, 이것이 후에 잔류파 문인들을 이해하는 원동력이 된다. 두 번째로는 잔류파였음에도 '지하작가'로 분류되어 심사위원회에 참여할 수 있었던 점이다. 그리고 마지막으로 부역문인 색출을 전담하던 사상검사 오제도 검사와 정희택 검사와의 인연이다. 특히 정희택 검사와는 같은 집 천장에서 일주일 가량을 함께 지내게 된다. 이를 계기로 조연현이 부탁한 잔류문인에 대한 관용이 수용되었고, 대다수의 문인들이 처벌을 면하게 되었다.

24 고은, 앞의 책, 155면.

25 김용성, 『한국 현대문학사탐방』, 국민서관, 1973, 342면.
노천명의 석방에는 문인들의 노력 못지 않은 결정적 요인이 있는데, 바로 '감형령'이 그것이다. 수복 초기의 보복행위가 냉정을 찾아가고 있었고, 1950년 11월 5일까지 소명기회도 없이 161명이 사형집행 당한 것에 대한 여론이 좋지 않자, 그해 12월 19일 이승만은 "악질 부역행위자를 엄중 처벌할 것이나 개과천선코저 하는 자에게 기회를 잃지 않게 하기 위하여 사형의 판결이 선고된 죄수라 할지라도 신중히 검토하여 감형 등 적당한 조치를 강구코저 한다"라는 성명을 발표하고 12월 18일 대통령령 제426호로 공포한다(박원순, 앞의 글, 190~191면).

면책이 곧 이념적 신뢰를 의미하는 것은 아니었다. 잔류문인들은 "사회적으로 정치적으로 금치산자로서 살아야 했기 때문에 사회적 표층에서 제거"[26]된 상태였던 것이다.

> 부역자는 수복 직후 일단 문단의 배후에서 일종의 자기반성기간을 지낸 뒤에 표면에 나왔다.[27]

자기반성의 시간이 강제되었으며, 이는 곧 그들이 반공주의자로 다시 태어날 수 있는 기회였다. 고해성사의 장이 마련된 것이다. 이제 문인들은 자신의 죄를 진심으로 고백하는 고해성사의 의식만 치루면 되는 것이다. 그렇다면 이제 그들이 과거의 모든 전력을 벗어버리고 새롭게 태어나 스스로 반공주의자임을 증명하는 방법이란 무엇인가. 그것은 문인들이 가장 잘 할 수 있으면서도 가장 효과적인 방법이어야 했다. 결국 문인들이 선택한 방법은 글쓰기를 통해 반공주의자임을 고백하는 것이었다. 조영암의 말처럼 그들은

결국 감형령의 최대 수혜자가 노천명이라면 반대로 최대 피해자는 전향작가 홍사준이었다. "가장 극렬한 좌익작가"로 평가받았던 홍사준은 손소희에게 "나는 우익입니다. 나는 평양에 가서 환멸을 느끼고 왔습니다. 동료들에게 내가 우익임을 알려주십시오. 나는 이북을 저주합니다"(손소희, 『한국 문단인간사』, 행림출판사, 1980, 151면)라고 전향을 밝혔지만 수복과 함께 검거된다. '감형령'이 발표되기 이전의 상황이란 매우 험악하였기 때문에, 자신을 죽일거라는 공포에 도주하다가 피살되고 만다. 결국 일찍 죽은 사람만 억울한 것이었다. 고은은 이를 두고 4·19 혁명 직후 일부 문학단체가 자유당의 만송족을 문단에서 추방하거나 질타하는 결정서를 낸 사실과 함께 문단의 정치화 현상을 드러낸 것으로 평가하고 있다(고은, 앞의 책, 175면).

26 고은, 앞의 책, 156면.

27 위의 책, 156면.

"남은 여생을 속죄의 생활로 삼고 참회와 속죄의 기록"을 남겨야 했던 것이다. 이제 그들은 글쓰기를 통해 과거의 죄에 대한 고해성사 및 멸공을 선언한다.

2. 반공텍스트 혹은 고해성사의 장

해방 이후의 고백적 행위는 한국전쟁을 기점으로 새로운 전환을 맞이한다. 전환이란 다시 말하면 일종의 제로 게임이다. 즉 모든 것이 원점에서 다시 시작할 수 있는 계기가 마련된 것이다. 해방 이후 정치적 상황은 좌익문인들에게 3가지 방향을 제시했고, 그들은 그 가운데 하나를 선택할 수 있었다. 그러나 3가지의 방향은 한국전쟁 앞에서 무기력해진다. 적어도 한국전쟁이라는 사건 앞에서는 그렇다. 한국전쟁은 그들의 선택을 다시 원점으로 되돌릴 수 있는 힘을 지녔기 때문이다. 그들이 무슨 일을 했건 간에 전쟁이라는 사건은 새로운 선택의 장을 마련했고 문인들은 또 한 번 선택과 결정이라는 전환점에 서게 된 것이다. 그런 면에서 한국전쟁 이후의 고백 행위는 중요한 의미를 지닌다. 이후 자신의 이념적 정체성을 표시하는 마지막 기회가 되기 때문이다.

한국전쟁을 기점으로 친공적 발언이나 북한에 대한 지지의 입장을 밝히는 것은 일종의 타부로 인식되어 왔다. 양주동의 증언에 따르면 공산주의 이론은 "추호라도 그 이론과 목적은 좋으나 운운의 망설을 입 밖에도 담지 않어야 할 것"[28]이었다. 고은도 "월경의 피만 묻어도 빨갱이이고 자색구두만 신어도 빨갱이로 보이고 시 한 줄에도 '붉은 ……'이라는 색체형용사는 타부"[29]로 인식했다고 증언하고 있다. 공산주의 혹은 북한과 관련된 모든 언어들은 금기의 대상이 되었고, 이는 이념에 대한 '집단 실어증'을 낳는 결과를 가져왔다. 이는 "개인의 언어 능력 상실이 아닌 집단적이고 역사적인 실어증"[30]이었다. 대표적인 집단실어증으로는 4·3 항쟁의 수난이다. 1948년 4월 3일 새벽 두시, 태워 없애고, 굶겨 없애고, 죽여 없애는 이른바 삼광삼진(三光三盡) 작전은 돌 많고, 바람 많고, 여자 많다던 제주도를 주검 많고, 피 많고, 눈물 많은 곳으로 바꿔놨다.[31] 이때 "사망 숫자가 제주도 전체 주민 예닐곱 명 가운데 하나 꼴"[32]이었다. 이승만 정권은 4·3항쟁에 대한 언급을 금기화 시켰고 주민들 역시 그 누구도 '죽음'의 사건을 말하지 않았다. 한국전쟁 당시 부역자 처벌과 그로 인한 연좌제 역시 집단실어증의 대표적인 모습이었다.

---

28 양주동, 「共亂의 교훈」, 오제도 편, 『적화삼삭구인집』, 국제보도연맹, 1951, 16면.
29 고은, 앞의 책, 1973, 168면.
30 고길섶, 『스물 한통의 역사진정서』, 앨피, 2005, 61~62면.
31 위의 책, 72면.
32 임철우, 『백년여관』, 한겨레신문사, 2004, 144면.

> 우리는 어릴 때라 집안 어른들이 주요 좌익 활동가들이었다는 것을 몰랐고 어른들도 그런 이야기 해주지도 않고…… 그런 것으로 인해 우리는 계속 요시찰을 당했제. 우리는 요시찰 가족이여. 우리가 이런 이야기 할 수 없었제. 그란디(그런데) 〈이제는 말할 수 있다〉 그런 데에서 방송에 나오고 하니까 말할 수 있게 된 것이지. 몇 년 전만 하더라도 정기적으로 봄, 가을이면 보안대에서 오든지, 경찰서 형사계에서 오든지 의례껏(으레) 와서 그냥 돌아보고 간 사람도 있고, 쓰잘대기(쓸데)없는 것 물어보고 간 사람도 있고…… 연좌제 폐지한다고 했지만 그래도 남아있어서……. (좌익활동가의 직계 가족 성원의 구술)[33]

부역자나 빨갱이로 몰린 자들은 휴전 이후에도 끊임없이 감시의 대상이 되었으며, 연좌제라는 네트워크에 걸려 자손들에게까지 영향을 미치고 있었다. 흔히 분단 2세대라 불리는 이문구, 김원일, 이문열, 김성동 등의 작가들도 연좌제의 고통을 몸으로 견뎌야 했다.

그러나 아이러니컬하게도 한국전쟁을 기점으로 공산주의에 관한 담론이 가장 왕성하고도 활발하게 생산된다. 그 어느 때보다도 공산주의에 대한 억압이 강했던 시기이면서도 동시에 공산주의에 대한 담론이 가장 활발히 발현되었던 시기가 바로 한국전쟁기였다.[34] 한국전쟁기 당시 강력한 반공의 기치를 내걸었지만, 반공이

---

33 김경학 외, 『전쟁과 기억』, 한울, 2005, 171~172면.

34 이는 마치 푸코(Michel Foucault)가 『성의 역사』에서 17세기 빅토리아 왕조의 성적 억압의 허구성을 지적하는 장면과 유사하다. 일반적으로 17세기 빅토리아 왕조는 성욕에 대한 공포의 억압이 시작된 시기로 알려져 있다. 하지만 푸코는 빅토리아 왕조야말로

데올로기를 유통시키기 위해서는 (표면적으로) 억압했던 공산주의에 관한 언어들을 수집해야 했다. 반공을 보급하기 위해선 반드시 반공의 대상인 '공산주의'에 관한 언어가 필요했기 때문이다. 이러한 공산주의의 언어를 담아낸 것이 바로 반공텍스트였다. 빅토리아 왕조 시대에 성적 언어를 수집하는 방식이 '고해성사'였다면, 우리의 경우는 '증언'이었다. 당시 생산된 반공텍스트의 내용을 이루는 종군기, 피난기, 수난기, 체험기 등이란 바로 '증언'에 다름 아니다. 그런데 이 고해성사와 증언 사이에는 공통점이 있는데, 바로 '고백'이다. 고해성사가 내면의 진실을 고백하듯, 문인들의 증언이란 반공의 선전적 기능과 함께 스스로 반공주의자임을 고백하는 행위였다.

부역혐의를 받던 작가들을 위해 마련된 이념적 고해성사의 장은 반공텍스트였다. 반공텍스트는 말 그대로 반공이데올로기의 유포를 위해 기획된 것으로서, 여기에는 북한 공산주의에 대한 체험기, 수난기, 피난기, 종군기 등 주로 '증언'의 방식으로 이루어져 있다. 이러한 증언은 다시 문학 작품이나 평론과 같은 문학적 유형과 실제의 체험을 담은 르포타쥐 형식의 비문학적 유형으로 세분화되어 나

그 어느 때보다 성에 관한 담론이 폭발적이었음을 지적하면서, 그 방식을 '고백' 특히 고해성사에서 찾고 있다. 트리엔트 종교회의 이후 가톨릭 교서에 내려진 고해성사에 대한 지침은 성에 대해 좀 더 정교하고도 세밀한 고백을 유도하고 있었으며, 이렇게 고백된 성적 언어들은 기록되고 분류되어 거대한 쾌락의 표본도감을 이루었고, 이는 다시 의학, 정신병학, 교육학 등으로 분류되고 체계화되어 갔다. 분류된 성적 언어들은 계열화된 담론의 과정을 거쳐 지식의 영역으로 흡수되었으며, 이러한 지식은 권력의 버팀목이자 도구의 역할을 하게 되었다. 이러한 모습이 한국전쟁기 당시에 재현되고 있다.

타난다. 그런데 문제는 이러한 텍스트들이 단지 그들이 보고 느낀 것에 대한 '감상적' 차원의 기록물에 그치는 것이 아니라, 이후 남한 사회의 이념적 지형도와 문학담론의 방향을 결정짓는 중대한 역할을 수행한다는 점이다. 주로 멸공과 타공을 주제로 한 반공텍스트는 북한과 공산주의에 대한 각종 체험과 증언의 양식으로 이루어졌다. 환멸의 언어들로 채워진 반공텍스트는 각종 매체와 교육담론을 통해 유통 및 재생산되었고, 이는 전쟁과 북한에 대한 '공식기억'을 형성하는 매개 역할을 담당하였다.

이념의 내면화라는 공적 기능 외에 반공텍스트가 주목을 받아야 하는 또 다른 이유는 한국전쟁기 당시 문인들에게 고해성사의 장을 마련해 준 점이다. 이념의 시대에 남한 문인들의 첫 번째 생존조건은 자신이 반공주의자임을 증명하는 일이었다. 특히 부역 혹은 혐의를 받고 있던 문인들에게는 더더욱 절실한 문제였다. 그들은 자신의 행위에 대해 속죄해야 했으며 이는 고백적 글쓰기라는 새로운 형태의 문학행위를 낳는 계기가 되었다. 문인들의 글쓰기는 이제 이념적 '타락'에 대한 고해성사가 된 것이다. 하지만 문인들의 고백적 글쓰기는 단지 부역에 대한 속죄의 기록에 그치지 않았다. 문인들의 반공텍스트는 단순한 반공의 선전물이나 속죄의 공간에 멈추지 않고 이념의 호출기제로까지 활용되었기 때문이다.

이처럼 당시 문인들이 생산해 낸 반공텍스트들은 이념의 기제뿐만 아니라 문인들의 내면풍경을 엿볼 수 있는 중요한 자료였다. 반공텍스트는 반공이데올로기의 선전이라는 본질적 목적 이외에 당시 문인들의 내밀한 고백적 글쓰기(문학행위)라는 양가성을 띠고 있었기 때문이다. 문인들에게 반공텍스트란 스스로 반공주의자임을 천명하고 증명할 수 있는 이념의 보증수표였다. 특히 과거 좌익에 몸담은 전력이 있던 문인이나 부역문인 등 이념적으로 의심을 받던 문인들에게 반공텍스트는 일종의 고해성사의 기회가 되었던 것이다. 우익문인 역시 예외가 아니었다. 그들도 가만히 앉아있는다해서 저절로 반공주의자가 되는 것이 아니기 때문이다. 즉 남한에서 생존권을 보장받기 위해서는 좌우익 할 것 없이 모두 소리 높혀 반공주의자임을 천명해야 했던 것이다.

그런데 문제는 이러한 고백적 혹은 고해성사로서의 글쓰기의 진실성 문제이다. 원래 고백이나 고해성사의 본질은 진실을 밝히는데 있다. 진실만이 고백과 고해성사의 존재론적 조건이기 때문이다. 그러나 그들의 고백은 진정성이나 진실과는 거리가 있었다. 이는 고백의 내용과 생사의 기로가 서로 결부되어 있었기 때문이다. 양자택일 아니면 곧 죽음이라는 경직된 이념적 현실은 그들의 고백을 과장시키는 결과를 가져왔다. 과장된 대상은 크게 두 가지로 볼 수 있는데, 첫째는 자신의 과거의 행적이며 둘째는 북한 공산주의의 체제이다. 특히 북한 공산주의 체제에 대한 고백은 단순히 과장된 수사에 그치는 것이 아니라 이후 반공이데올로기의 핵심적 내용을 제공했다는 점에서 주목된다. 즉 문인들의 과장된 수사는 이후 공산주의를 인식하는데 있어 논리가 아닌 감정적 적대감을 형성케 하는 중추의 역할을 담당하게 된다. 그리고 이렇게 형성된 반공담론은 그대로 문학작품 안으로 들어오게 되어 전쟁기 문학의 핵심을 이룬다.

이제 반공담론은 문학적 장치와 비문학적 장치라는 양대 포화를 통해 무서운 속도로 유통, 보급되어 견고한 이념적 보호장치로 작동하게 되며, 이후 한국사회 및 문학담론에 지속적이면서도 강력한 영향을 미치게 된다. 이처럼 한국전쟁기 문학담론에 대한 연구는 해방기 문학과의 연속성뿐만 아니라 이후 한국문단의 이념적 스펙트럼 구성의 단서를 밝힌다는 점에서 의미를 갖는다. 특히 당시 무수히 양산된 반공텍스트들과 문학간의 관계는 마치 사회주의 문학의 '톱니바퀴와 나사'처럼 매우 긴밀한 관계를 형성하고 있었으며, 이를 통해 당대의 지배적 담론을 생산할 수 있었다.

문인들이 생산한 반공 텍스트에는 『문예』, 『신천지』, 『전선문학』, 『코메트』, 『신조』 등의 문예지와 여기에 발표된 각종 평론과 체험기, 종군기 등의 수필 그리고 김팔봉의 『나는 살어 있다-인민재판 당한 자의 수필』(1950), 유진오, 모윤숙, 이건호, 구철회(공저), 『고난의 90일』(수도문화사, 1950), 오제도 편, 『적화삼삭구인집』(국제보도연맹, 1951), 현수, 『적치 6년의 북한문단』(국민사상지도원, 1952), 『전시문학독본』(계몽사, 1951), 『전쟁과소설』(계몽사, 1951), 『해병과상륙』(계문사, 1953), 오제도(편저), 『자유를 위하여』(문예서림, 1951), 오제도, 『붉은 군상』(희망출판사, 1951) 등의 단행본을 들 수 있다.

그런데 특이한 점은 이 당시 문인들이 작품 창작과 함께 체험담의 발표에도 많은 시간과 양 그리고 지면을 할애했다는 것이다.[35]

왜 문인들은 이처럼 비문학적인 영역에 많은 공을 들여야 했을까? 여기에는 문인들의 말할 수 없는 절박함이 그대로 노출되어 있다. 우선 당시 남한은 문인들이 형상화에 치중할만한 여유를 가질 상황이 못 되었다. 반공주의자임을 증명해야 하는 절박한 상황이었다. 즉 반공이 아니면 곧 죽음이라는 현실은 그들에게 창작보다는 거친 숨결의 직접적 고백과 토로를 요구했던 것이다. 당시 문인들이 북한공산주의를 향해 쏟아낸 무수한 비난의 목소리는 그대로 '나는 빨갱이가 아닌 반공주의자이다'라는 고백이자 항변이었다. 이러한 고백들은 위에서 언급한 것처럼 '의심'의 꼬리를 단 문인들을 중심으로 더욱 활발히 이루어지고 있었다. 여기서 '활발히' 이루어진다는 표현은 '반공의 철저성'이 그 고백의 양에 비례함을 뜻한다. 그래서 더더욱 시간과 고뇌를 요구하는 창작보다는 직접적 토로의 방식을 선호했던 것이다.

그런데 이러한 고백은 글쓰기라는 개인적 차원과 함께 조직적으로도 이루어지고 있었다. 한 예로 1956년 국방부 정훈국이 발행한 『정훈대계』에 보고된 '육군종군작가단'의 업적은 "일선 종군 총 2백 20회, 종군 연일수 9백 24일, 대도시 종군보고강연 8회, 문학의 밤 14회, 기관지 발행 7호, 문인극 2회(대구, 부산, 서울), 지방순회강연 2회, 정전반대 시국강연 1회, 「육군의 밤」 방송 6회, 벽시(壁詩) 및

35 신영덕 교수의 조사에 따르면, 한국전쟁기 당시 발표된 작품 수는 207편인 반면 평론과 종군기는 177편이었다. 하지만 평론과 종군기의 경우 조연현을 비롯한 많은 문인들의 글들이 누락되어 있었으며, 각종 행사를 통한 연설, 체험고백 등을 포함하면 문자텍스트로 된 '작품'의 수를 넘어서고 있다고 할 수 있다(신영덕, 앞의 글, 부록 참조).

시화전 2회, 부대가(部隊歌) 및 군가 작사·작곡 수십 편 등"[36]으로, 이러한 활동은 그대로 고백의 양이자 철저한 반공주의자임을 천명하는 방법이었다. 이러한 "참회와 반공대열로의 동원은 좌우 사상의 넓은 이데올로기 스펙트럼이 반공이데올로기 안에 통합되고 이념의 검증을 거쳐 균질적인 국민으로 귀속되는 절차"[37]였던 것이다. 결국 전쟁기 소설을 포함한 반공텍스트들은 일종의 이념적 고백서였으며, 문인들을 남한 사회의 주체로 불러 세우는 '호출기제'였다.

36 중앙일보사 편, 『민족의 증언』 7, 중앙일보사, 1983, 90면.
37 유임하, 「이데올로기의 억압과 공포」, 『현대소설연구』 25, 2005.3, 57면.

2장 잔류파와 고해성사로서의 글쓰기

1. 『적화삼삭구인집』의 정체와 글쓰기의 의미

피난을 계기로 형성된 이념적 분파주의는 크게 잔류파와 도강파 그리고 지하작가라는 세 가지 양상을 띠고 있었다. 그렇다고 이들의 분파주의가 각기 다른 이념을 추구하고 있었던 것은 아니었다. 반공이라는 단일한 이념을 지향하고 있었지만 문제는 누가 더욱 진정한 반공주의자인가라는 일종의 진실게임을 하고 있었던 것이다. 도강파는 이념적 순결성을 내세워 잔류파를 공격했으며, 잔류파 문인들은 적치 하의 부역행위에 대해 고백하거나 항변해야 했다. 지하작가들은 자신의 이념적 순결을 '증명'하기 위해 더욱 강하게 잔류파 문인들을 공격했다. 결국 분파주의의 본질은 '반공의 증명'이었다. 이제 각 분파의 이해관계는 그대로 글쓰기 혹은 문학행위로 이어진다. 글쓰기는 각 분파의 문인들이 반공국가에서 존재하기 위한 수단이 되었고, 반공텍스트는 그들의 정치적 감각을 드러내는 장이 되었다. 글쓰기는 제 각기 반공주의자임을 증명해내는 고백행위가 된 것이다.

고은의 지적처럼 도강파는 '도망자'의 신분임에도 불구하고 서울 수복과 함께 오히려 개선장군처럼 귀환한다. 개선장군의 입장을 취할 수 있었던 요소는 단 하나, 공산치하의 세계로부터 거리를 둠으로써 부역의 혐의에서 자유로울 수 있었기 때문이다. 도강파는 이제 '도망자'에서 빨갱이의 소굴에서 용감히 탈출한 위대한 '반공투사'이자, 유일하게 공산주의로부터 감염의 염려가 없는 '성소' 안의 존재들이 된다. 그래서 그들의 글쓰기에는 일종의 이념적 우월의식이 자리하고 있다. 도강파의 탈출 서사에는 민족과 국가의 장래를 위해 어떻게 해서든지 공산주의의 무리들로부터 벗어나 후일을 도모해야 한다는 사명감으로 가득 차 있다.[1] 도망자의 부끄러움이나 죄의식 등은 장식적인 의미 이상은 아닌 것이다.

반면 잔류파의 경우는 반대의 모습이다. 그들은 도강파와 달리 치욕과 저주의 세계로부터 살아남은 자들이며 동시에 이승만의 메시지를 믿고 '수도 서울'을 지키던 자들이었다. 하지만 서울 수복 후 이들의 입장은 급변하게 된다. 순식간에 '수도의 사수대'에서

1 "나는 本意아닌 避難을 해야한다. 죽엄을 避하여 살아가는 것이 아니라 살 수 있는 날까지 살아서 가장 價値있는 죽엄을 가지려는 것이 아닌가, 이것이 避難하는 壯丁들의 本意일 것이다."(유주현, 「눈내리는 밤」, 『전시문학독본』, 계몽사, 1951, 23면)

공산주의에 협력한 '부역자'로 낙인찍히게 된 것이다. 잔류파는 공산주의에 감염된 '역병'이나 '마마'처럼 '박멸' 혹은 '치료'의 대상이 된다.

잔류파들의 생존전략은 이제 명확해진다. 스스로 박멸이 아닌 치료의 대상임을 알려야 하며, 그것은 이념의 고해성사를 통해 새로이 부활하는 것이다. 일종의 '씻김 의식'을 치러야 했는데, 대표적인 모습이 오제도 검사의 지휘로 국제보도연맹에서 간행한 『적화삼삭구인집(赤禍三朔九人集)』이다. 이 책은 9명의 필자들로 구성되어 있는데, 양주동, 백철, 최정희, 송지영, 장덕조, 박계주, 손소희, 김용호, 오제도가 그들이다. 이 책의 성격은 오제도가 작성한 서문에 잘 나타나 있다.[2]

> 지식인들이 민족과 함께 신음과 황홀의 아슬아슬한 생명의 절정에서 직접 체험하고 목도한 것을 탁월한 묘사로서 일관한 본서는 하나의 산 역사로써 가치가 있을 뿐만 아니라 새로이 감염되기 쉽고 때와

2 전시에 발간된 반공텍스트는 매우 다양한 영역과 장르에서 생산되었다. 각종 체험기나 종군기, 증언 그리고 문학 작품 등은 잡지와 단행본으로 출간되었다. 그 중 서울 수복 이후 홍미로운 두 개의 반공텍스트가 간행되는데, 1950년 11월에 나온 유진오 · 모윤숙 외, 『고난의 90일』(수도문화사)과 약 넉 달 뒤인 1951년 3월에 나온 『적화삼삭구인집』(국제보도연맹)이 그것이다. 홍미로운 점은 전자의 필진이 모두 도강파이거나 적치로부터 벗어난 자들인 반면, 후자는 모두 잔류파 혹은 부역의 혐의를 받고 있는 문인들이다. 이러한 차이는 필진에서 그치는 것이 아니라 문체와 글의 성격에서도 나타나고 있다. 모두 반공과 멸공을 위해 제작된 반공텍스트임에도 불구하고, 필자들의 명백한 구분 짓기는 이 단행본이 단순한 이념의 선전 도구 이상임을 암시하는 것이며, 동시에 문인들의 글쓰기가 문학행위에 그치지 않고 또 다른 의미로 다가옴을 뜻한다.

곳을 따라 방법을 달리하여 침투의 기회를 노리고 있는 적공산당을 배격하는데도 좋은 참고가 될 것으로 믿는 바이다.[3]

오제도가 서문에서 밝힌 바처럼 『적화삼삭구인집』은 "反共卽打共"을 주장하는 전형적인 반공텍스트이다. 그런데 이 책의 목적은 여기에 머물지 않는다. 오제도는 『적화삼삭구인집』의 또 다른 중요한 의도를 다음과 같이 밝히고 있다.

> 여러분이 쓴 고난의 삼개월의 체험기는 부역의 도가 깊을사록 그 회한의 도도 반비례하여 나타나고 있다. 참다운 회한과 유감의 뜻을 또는 본의 아닌 행위와 행동을 잘 솔직히 나타낸 것은 성심으로 고마웁게 생각하는 바이다. 그러나 아직도 공포와 회의에 사로잡히어 또는 반신반의하며 주저준순(躊躇逡巡)하는 태도는 그다지 높이 평가할 수 없다. (…중략…) 이곳에는 다소 깊은 회한이 나타나 있지 않고 있는 것도 있다. 그렇다고 해서 가면의 글이 이곳에 실리었다고 하고는 싶지 않다. 나의 입장에서는 좀더 적극적인 것이 보고 싶다는 것이다.[4]

오제도가 이 책을 통해 의도한 핵심적인 목적은 바로 고해성사였다. 이 책의 필자들이 모두 부역혐의를 받고 있다는 점에서 이들

---

3 오제도 편, 『적화삼삭구인집』, 국제보도연맹, 1951, 서문.
이후 이 책의 인용은 띄어쓰기를 제외하곤 원문을 그대로 따른다.

4 위의 책, 142~143면.

의 고백은 자유주의의 우월성을 드러낼 수 있는 좋은 기회였다. 또 공산주의와 가장 가까이 있었다는 점에서 이들의 북한 비판은 리얼리티를 담보하고 있었다. 그러나 중요한 것은 이들의 고백 혹은 고해성사가 진정성과는 무관하다는 것이다. 그들이 실제로 부역을 했든 아니면 살기 위해 어쩔 수 없이 마음에도 없는 행위를 했든, 그것은 중요하지 않다. 오직 필요한 것은 '살아남는 것'이었고, 그것도 '투철한 반공주의자'로서 살아남는 것이었다. 잔류파들에게 반공텍스트야말로 생존을 위한 시험의 장 이상은 아니었던 것이다.

그런데 부역 작가들의 고백 안에는 단지 고해성사만 존재하는 것이 아닌 다른 목적이 존재하고 있었다. 바로 부역에 대한 합리화 작업 및 반공주의자로서의 천명이 그것이다. 국가는 그들에게 반성을 요구했지만, 작가들의 현실감각은 여기에 만족하지 않았다. 부역에 대한 반성은 곧 친공의 전력을 인정하는 것이며 이는 반공이 국시이던 남한에서 존재의 근거를 유기하는 것이다. 그래서 그들의 글쓰기 안에는 일종의 정치적 성격, 즉 부역의 합리화 및 반공주의의 천명이 행간의 중심을 이루고 있다. 해방 후 보도연맹 가입자의 역사적 말로를 목격한 바 있던 문인들에게 '정치적 고백'은 필연적인 것이자 그들의 운명이기도 했다.

그래서 주목해야 할 점이 바로 그들이 행하는 고해성사의 방식, 즉 부역의 정당화 방식이다. 그들은 지속적으로 부역행위를 반성하고 있지만 본질은 자신들의 행위에 대한 합리화 였다. 만약 오제도의 언급—부역의 도가 깊을수록 회한의 도도 반비례한다—을 문인들의 입장에서 해석한다면, '반성의 도가 깊을수록 정당화의 도 또한 깊어지는 것'과 같은 맥락이다. 이러한 모습이 바로 문인들의 정치적 감각이었다. 이러한 정치적 감각에 가장 먼저 참여한 자는 양주동이다.

2. 8인의 잔류파 문인과 고백의 기술

1) 양주동 – 적치 체험의 역전화

양주동은 「共亂의 敎訓」을 통해 고해성사를 시작한다.

> 필자는 自來 민족문학의 고전을 연구하는 한 書齋裏의 학도로서 저들 좌익의 정치적인 실제운동, 더구나 그 기구・공작・시책 같은 것은 전연 아지 못하는 터요, 부끄럽게도 일시 自己脅制感에 의하여 소위 문맹에 일시접촉 하였을 뿐이나 그러한 자의 일시 안공에 비친 것만으로도 소위 일반으로 전모를 알 수 있다는 말과 같이, 그들의 소행이 실제 어떠한 것이며 그들의 주의가 본질적으로 무엇에 결과함을 알 수 있었다.[5]

양주동은 고해성사의 서두에서 두 가지를 언급하고 있는데, 이는 공산주의와의 접촉이 매우 우발적인 사건이었다는 것과 적치체험의 가치이다. 양주동은 자신을 좌익에 무지한 고전 연구가로 소개한 후, 일개 서재리의 부역행위는 필연적인 것이 아닌 "일시 자기 협제감"에서 비롯된 우발적 현상임을 강조한다. 또 공산주의와의 일시 접촉을 가능케 했던 적치의 체험이 '죄의식'뿐만 아니라 가장 중요한 공산주의의 본질을 깨닫는 계기가 되었음을 강조한다. 이 둘은 별개가 아닌 이념적 재생을 위한 하나의 전제로서, 적치체험에 대한 처리방식에서 드러난다.

그에게 적치체험은 부역이라는 이념적 사형선고를 가져다주었다. 하지만 양주동은 적치체험을 반공의 투철함으로 전환시키는 정치적 감각을 보여주는데, 적치체험이 '반공'의 중요성을 일깨워준 "하늘이 우리 민족에게 주신 기회"로 인식하는 것에서 확인할 수 있다. 이제 양주동에게 필요한 것은 고해성사를 통한 이념의 면죄부를 받는 것이며, 이에 대한 속죄의 방식으로 공산주의의 허구성 폭로를 선택하게 된 것이다. 양주동은 북한이 자랑한 공명정대한 선거가 사실 "음모와 지령에 의한 假構"이며, 토지무상분배는 "농민의 전면적 착취를 위한 편의적 기구"이며, 언론통제는 "질식을 지나 압사의 참혹한 지경"이며, 학교는 "의용군 强徵의 임시기관"이며, 양주동 자신도 한때는 긍정적으로 생각했던 북한의 민주

5 위의 책, 7면.

적 토론도 사실 "전부 일편의 강제된 씨나리오의 연출"[6]이라고 주장한다. 북한에 대한 폭로의 구체성이 높아질수록 양주동의 부역의 밀도 역시 높다는 것을 인정하는 것이지만, 글의 흐름은 정반대로 나아간다. "아무리 공산주의가 그 현혹적인 이론과 요설의 선전으로서 지식층을 잠시 미망케하고 대중을 잠깐 기만한다 하여도" "금차의 화변을 겪은 자는 거의 누구나 이구동성"으로 "이 共禍가 일부 일시라도 다시 되푸리된다면 우리의 앞에는 오직 멸족이 있을 뿐"[7]이라는 각성으로 결실을 맺기 때문이다. 폭로수위와 반공주의자로서의 신뢰가 정비례하고 있는 것이다.

양주동은 매우 흥미로운 시도를 하고 있다. 이른바 "빨갱이" 구분이다. 그에 따르면 빨갱이는 크게 "본질적인 빨갱이", "일시적인 부분적 빨갱이", "짐짓 빨갱이인척 한 자"로 구분된다. 본질적 빨갱이는 "겉은 한인이나 속은 완전히 '슬라브'화(노예화)한 사이비 한"들로서 "소련의 주구 노릇"을 선두에서 지휘한 자들이다. 일시적인 부분적 빨갱이는 다시 "일시적 피현혹자"와 "기회주의적 빨갱이" 그리고 "선전에 일시 속았던 자"로 세분된다. 양주동의 이러한 시도는 매우 이례적인 것인데, 부역에 대한 참회와 반성의 주체가 도리어 빨갱이에 대한 구분을 한다는 것은 어찌 보면 매우 아이러니컬한 모습이기 때문이다.[8] 그러나 양주동의 빨갱이 분류는 매

6 위의 책, 8~9면.

7 위의 책, 11면.

8 『조선인민보』 1950년 8월 4일(금)에 따르면, 양주동은 8월 3일 "미제 만행에 대한 남반부 과학자・예술가 항의 대회"에서 "김일성 장군에게 드리는 멧세-지"를 낭독하여 우

우 진지하게 이루어지고 있으며, 특히 일시적인 부분적 빨갱이에 집중하고 있다.

양주동이 이토록 이 부류에 관용을 요구하는 것은 곧 자신에 대한 관용의 바람이다. 일시적인 부분적 빨갱이는 북한에 대한 체험 없이 단지 사상에 현혹되거나 막연한 호기심을 품었던 자이자, 생과 사의 갈림길에서 "먹여주면 민주주의, 굶기면 또 공산주의"로 인식하던 "신념 박약"한 자들일 뿐이다. 따라서 "고질이 膏肓"에 들어 "골육지친간에도 대의멸친 容赦될 수 없는" 본질적 빨갱이와 달리 "對症療法적인 시책이 민족적 아량"으로 받아들여야 함을 주상한다. "일정한 교양, 훈련, 계몽"을 거친다면 "실질적인 전향이 가능"할 뿐만 아니라 "비통한 말로의 체험으로써 오히려 멸공운동의 前鋒이나 中堅이 될 수 있기 때문"[9]이다. 그래서 양주동은 이 부류의 대부분이 지식층임을 표나게 강조하는데, 그 지식층이란 곧 민족문학 중 고전을 연구하는 서재리의 학도 곧 양주동인 것이다. 양주동은 마지막으로 고백한다. "將功贖罪의 기회를 주시기를 희망한다"고. 그렇게만 된다면 "자신의 범하였던 과오를 부끄럽게 생각하며, 또한 이것을 교훈으로 삼아 당국의 寬典을 감사하면서 금후 일로 타공전선에 전력을 바칠 것을 맹서"한다는 정치적 고해성사로 마침표를 찍는다.

뢰같은 박수를 받았다.

9 오제도 편, 앞의 책, 13~14면.

2) 백철 – 계몽의 서사화

두 번째 고해성사자인 백철은 자작시를 선보이면서 고백을 시작한다.

사슬로 묶여서 삼개월

눈에 보이지 않는
검은 그림자가 항상
나의 뒤를 따르고……

붉은 담장우엔 몰여든
가마귀떼 지저귀는데

자애한 어버이 잃은
고아와 같은 나는
날마다 불안한 눈으로
남쪽 자유의 하늘을
그리다.[10]

백철은 고해성사의 전면에 어린 아이를 앞세운다. 사슬에 묶인

10 백철, 「사슬로 묶여서 삼 개월 – 적색 정치하 일문학인의 수기」, 오제도 편, 앞의 책, 19~20면.

어린 아이 곁엔 "눈에 보이지 않는 그림자"와 "붉은 담장 위의 가마귀떼"가 지켜보고 있다. 불안에 떠는 아이는 날마다 "남쪽 자유의 하늘을" 그리워한다. 이러한 백철의 자작시는 자신의 부역행위를 정당화하기 위한 세 가지 주제의 전제가 된다.

첫째, 어린 아이 되기이다. 공포스러운 공산 치하(검은 그림자, 가마귀떼)에서 떨고 있는 "고아와 같은 나"는 곧 백철 자신의 자화상이다. 백철은 자신의 상황을 어린 아이에 비유하는데, 이는 자신을 무지의 상태로 밀어 넣는 것이자 동시에 정치적 감각 정도(degree)를 보여주는 것이다. 백철은 아이의 시선으로 세계를 인식한다. 따라서 공산주의는 무지, 즉 낯섦의 대상으로 다가온다. 그래서 마치 아무 것도 모르는 아이의 눈에 비친 것처럼, 괴뢰군도 단지 "색다른 군복을 입고 진기한 총을 끼고 파수를 보는"[11] 사람인 "낯모를 청년"일 뿐이다. 그래서 북한의 남침에도 "어떤 아질 못한 강박을" 느낄 뿐이다. 아이에겐 윤리적 책임이 존재하지 않는다. 백철의 정치적 감각이란 바로 이것인데, 즉 공산주의를 '낯섦'의 대상으로 치환해 버림으로써 이념적 책임에서 벗어나려는 것이다. 이처럼 '어린아이 되기'의 방식은 이후 고백적 글쓰기의 기본을 이룬다.[12]

---

11 위의 글, 21면.

12 적치하의 국민을 '고아'로 인식하는 것은 이미 1950년 11월 27일부터 29까지 게재된 『서울신문』 좌담회에서도 나온다. 1950년 11월 25일 天園에서 열린 좌담회에는 金昌龍대령(합동수사본부장), 張載甲(서울지검차장), 吳制道(수사본부검사대표), 鄭喜澤(수사본부검사)와 본사측의 朴社長, 吳主筆이 참석하였는데, 여기서 "적 치하의 국민은 어미 없는 유아"라고 칭하면서 "정상 酌量이 타당"하다고 언급하고 있다. 과연 얼마나 직접적인 관계가 있는지 확인할 수는 없지만, 당시 이러한 분위기가 백철의 글쓰

백철은 부역의 결정적인 원인이 생에 대한 욕망이라 고백하고 있다. 하지만 생명욕에 의해 부역을 했듯이 다시 이 생명욕으로 인해 '정치적 감각'을 발휘하는데, 바로 나약함 드러내기이다. 서두의 자작시에서 보듯 불안과 공포에 떠는 아이의 모습이란 그대로 '나약함'과 다름없다. 아이들은 본능에 지배된다. 그것도 "항상 눈에 뵈지 않는 무서운 그림자가 나의 뒤를 쫓아오는" 상황이라면 더더욱 그렇다. 나, 어린 아이, 백철은 알 수없는 공포의 세계로부터 벗어나고 싶을 뿐이며 그것의 발현이 곧 부역이었음을 강조하고 있는 것이다.

> 1950년, 이 이십세기의 절정은 다시 세계의 큰 풍운을 부르는 여러 가지 급박한 전조를 현상한 것을 우리들은 자못 불안한 눈으로 바라보고 있는 것이 사실이다. 다만 그 풍운이 서이냐 동이냐 우리들은 세계지도면 위 삼팔선의 줄을 더듬어 극동의 일반도상에 머무를 때 그 풍운을 직히 우리 신변에 가깝게 느껴 불안을 금할 수 없던 것도 사실이다. 대체로 不祥한 예감이란 드러 맞는 율이 많은 법이지만 이번 그 50년적인 불안감도 그대로 적중한 일예가 될 것이다. (밑줄 : 인용자)[13]

당시 백철의 나약함은 글을 지배하고 있던 심리적 상태, 즉 "불안한 눈으로", "불행한 예감", "불안을 금할 수 없던", "50년적인 불

기에도 영향을 주었을 것이다.

13 백철, 「사슬로 묶여서 三個月 — 赤色 政治下 一文學人의 手記」, 앞의 책, 20면.

안감", "덜컥하고 납덩어리 같은 것이 내려앉는 충동을 느끼면서도"처럼 '불안감'으로 표출되고 있다. 그리고 이 문단은 자작시 바로 다음에 이어짐으로써 불안감이 어린 아이의 나약함과 자연스럽게 연결되고 있다. 하지만 백철이 표출한 불안감의 기술을 단순히 이념적 면피를 위한 정치적 감각으로 치부하기는 어렵다. 백철은 누구보다도 생에 대한 욕망이 강한 사람이었다. 나약한 사람일수록 생에 대한 욕망이 강렬해지는 법이다. 백철은 여러 글에서 자신의 나약함을 보여주고 있는데,[14] 나약함이 만들어 낸 생의 집착이 이러한 '어린아이 되기'라는 고백의 기술을 만들어 낸다.

나약함의 또 다른 모습은 문화무용론이다.

> 나와 같이 文化主義的인 立場 우에 서온 文化人은 平常時엔 政治에 冷淡하고 흔히 國家와 個人을 分離해서 個人의 獨立性과 個性의 自由를 重視하는 傾向이 濃厚한 面이 있었지만, 이와 같이 全面的으로 民族과 國家가 崩壞되려는 危急한 마당에 설 때에 國家 없는 個人이 얼마나 無意味하며 참된 政治가 없는 곳에 文化의 自由는 하나의

14 해방 당일 오후 4시 반경 백철은 새로운 뉴스가 궁금해 매일신보 신문사로 돌아온다. 그런데 일본헌병이 탄 트럭이 신문사 앞에 멈추자 백철은 "조선 사람들의 민심에 반감이 나고 약이 올라서 우선 신문사를 습격하는가 보다 하는 생각"에 "겁이 와락 나서" 신문사 2층에서 뛰어내리다 손에 부상을 당한다. 사실 일본 헌병들은 별일 없이 돌아갔고, 백철의 행위를 두고 매일신보 상무인 김동진은 "뭘 그리 허겁지겁 하시오? 나는 이 자리에 그대로 앉아서 한 발자국도 움직이지 않았소이다"라고 비웃듯이 말한다. 친일 신문에 근무하면서 일본 헌병을 보고 지레 놀라 2층 건물에서 뛰어 내리는 백철의 모습과 나약한 어린아이 되기의 기술방식이 결코 다르게 보이지 않는다(백철, 『속 진리와 현실』, 박영사, 1976. 1, 288~289면).

"넌센스"인 것을 切實히 깨닫게 되는 것이었다. 그 自體로서 대단히 立場이 弱한 文學者는 이 民族의 危機 앞에 서서 실로 慈愛한 주人을 잃은 어린 羊과 같이 無力한 悲鳴을 울 뿐이었다.[15]

평상시 개인의 독립성과 개성을 강조하는 문학인들은 "국가가 붕괴되려는 위급한 상황" 앞에 "자애한 주인을 잃은 어린양과 같이 무력한 비명"을 지를 수밖에 없다. 게다가 이러한 상황에서 문화란 "희극적인 사실"이자 "하나의 넌센스"에 불과하다. 문화주의자로서 현재의 상황을 읽어내려는 의지는 존재하지 않는다. 부역에 대한 면죄부 앞에서는 "이 모든 것을 송두리 채 내던지고 알몸덩어리로 어떻게 살아갈 수 있을까"라는 생존의 문제만 남는다. 이것이 바로 문화주의자에서 다른 매개 없이 국가주의자로 전향할 수 있었던 동력이었다.[16]

백철은 말한다. 자신은 나약한 어린아이이자 문화인이라고, 게다가 단지 살기 위해 행했던 부역행위에는 윤리적 책임이 존재할 수 없다고. 그래서 백철은 자신의 부역행위를 고백하는데 관찰자 시점을 사용한다. 고백의 주체가 구경꾼의 입장을 취한다는 것은 자신의 부역이 의도를 갖지 않은 단순히 생명욕의 발현임을 강조

15 백철, 「사슬로 묶여서 三個月 – 赤色 政治下 一文學人의 手記」, 앞의 책, 22면.

16 하지만 백철은 이 당시를 회상하는 다른 글에서는 문화주의자임을 표나게 강조한다. "문학은 유일한 특권이요, 생존하는 방식"이기에 문학을 못하게 된 것은 "자기의 인생 전부를 잃은 것"이라는 것이다. 이러한 입장은 살아남기 위한 글쓰기를 떠나 '진정성'의 문제까지 의심하게 만든다.

하는 것이다. 이는 부역행위의 내용과 기간의 서술을 추상적–언제 무엇을 했는지 잘 기억이 나지 않는다는 식–기록으로 일관하는 원인이 된다. "내가 문학가동맹에 든 것은 7월 5일인가 6일인가의 일이다"(26면), "이번 문맹이 중심된 정치문학운동에 대해선 대체로 그 인상이 희박한 것밖에 남은 것이 없다", "7월 19일 경이던가"(27면), "그렇게 보고나니 내가 약 1개월 반 동안 문맹에서 방관한 그들의 문학실적이란 극히 애매한 것이요 하나의 넌센스같애서 먼저 말한바와 같이 인상이 대단히 희박한 것이었다"(30면) 등의 언급이 그것이다. 결국 이를 통해 자신의 부역행위가 의지와 관계없는 살기 위한 '방관'에 불과했음을 강조하고 있다.

백철은 시인 임학수의 권유로 문학가동맹에 가입하게 된다. 오늘 안 나오는 사람은 반동으로 문책하며 잘못보이면 시베리아 같은 곳으로 추방당할 수 있다는 말에 "결국 사는 문제" 즉 "지옥에서라도 생명만 유지할 수 있다면 그렇게라도 살아야 하지 않느냐 하는 생명에 대한 애착"[17] 때문에 가입하게 된다. 실제 백철이 고백하고 있는 부역의 내용은 다음의 몇 가지로 요약할 수 있다. 첫째, 문학가동맹 가입, 교양교육, 벽보활동, 시위가두행진, 창작행위 등이다. 하지만 부역의 주체는 백철이 아니다. 구체적으로 어떠한 역할과 행위를 했는지에 대해서는 거의 언급이 없다. 다만 부역에 해당하는 행위들을 '목격'한 입장에서만 기술하고 있다. 교양교육을 받

17 백철, 『속 진리와 현실』, 앞의 책, 396면.

는 장면에서도 연설자와 연설 내용에 대한 비판만이 있을 뿐이다. 게다가 주요 활동이라 언급한 벽보활동이나 시위가두행진의 경우도 본인의 역할은 등장하지 않는다. 창작의 경우는 "처음부터 여유가 있는 정세가 아니었"기에 "내가 문맹에 나간 팔월 중순까지 본데 의하면 아무 이렇다 할 실적을 거두지 못하였다. 그래서 이번 문맹이 중심이 된 정치문학운동에 대해선 대체로 그 인상이 희박한 것밖에 남은 것이 없다"(26면)라고 말할 뿐이다. 이러한 관찰자적 입장은 부역행위의 불가피성뿐만 아니라 부역의 정도를 약화시켜 스스로에게 면죄부를 주는 효과를 가져 온다.

둘째, 아비찾기이다. 서두에서 강조한 것 중의 하나가 바로 "자애한 어버이를 잃은" "고아와 같은 나"의 모습이었다. 아이의 불안이 어버이의 부재에서 비롯되었듯이, 백철의 부역행위도 "남쪽의 자유의 하늘"로 표상된 국가의 부재에서 비롯되었다는 것이다. 백철이 피난을 가지 않은 것은 아비인 "대한민국의 국력을 신뢰"하였기 때문이며, 이는 자식 된 도리 즉 "일국민"으로서의 의무였기 때문이다. 그런데 백철이 강조하는 진정한 아비는 남한이 아닌 UN인데, 여기에는 이승만 정부에 대한 실망과 반공주의자임을 강조하려는 의도가 함축되어 있다. 백철은 다른 글에서 이승만 정부에 대한 실망 이유를 자세히 적어 놓고 있다.

> 사실 그때 나는 며칠 동안 집 속에 들어 앉아 있으면서 여러 가지 생각을 해보기도 했다. 재밤중을 타서 한강을 헤엄쳐서 남쪽으로 정

부 뒤를 따라 갈 수 있지 않느냐, 그러나 내 가족은? 하고 생각하면 도저히 자기 혼자서 서울을 빠져나갈 수는 없었다. 또 하나는 가령 내가 한강을 넘어서 국군의 뒤를 따른다면 뭣하느니 하는 생각, 사흘이 못 되어 수도를 내놓고 간 그 정부, 그 군대를 믿고 가봤댔자 무슨 희망이 있겠느냐 하는 불신감과 함께 한편 어쩐지 큰 속임수를 당한 때의 원망과 분노감까지도 느껴진 것이 당시에 내가 느낀 솔직하고 착잡한 심정이었다.[18]

이승만 정부는 전쟁과 함께 남쪽으로 도망을 하였고 그 때문에 백철은 "주인을 잃은 어린 양과 같이 무력한 비명을 울" 수밖에 없었다. 이러한 백철에게 UN은 새로운 아비의 모습이자 동시에 희망의 상징으로 다가온다. 7월 4일경 "세계의 공정의 대표"이자 "세계적인 진리가 그 표본"인 UN군이 곧 개입하리라는 소식은 백철에게 "빈사(瀕死)의 병인(病人)에게 회생(回生)의 주사(注射)"였기 때문이다. 백철은 글쓰기를 통해 계속적으로 UN의 중요성을 강조한다.[19] 백철은 UN 혹은 미국의 아들 격인 이승만 정부보다는 아비를 강조

---

18 위의 책, 397면.
이승만 정부에 대한 실망감은 매우 컸던 것으로 보인다. 백철은 이 책의 다른 곳에서도 이러한 감정을 드러내고 있는데, "무책임한 정부가 믿어지지가 않아서 도주하는 인민군의 뒤를 따라 월북한 사람들이 적지 않은 것으로 알고 있다"(470면)면서 작가들의 월북 요인 중의 하나로 이승만 정부의 무책임을 들고 있다.

19 미군(UN)에 대한 백철의 신뢰는 무척 두터웠다. 미군이야말로 온 민족이 "기적 같은 것을 바라"던 "역사적인 일의지"를 실현시켜 주었기 때문이다. 이를 두고 백철은 "역사적인 세력의 의사표시"라고 말하고 있다(위의 책, 416면).

함으로써 스스로 투철한 반공주의자임을 증명하고 있는 것이다.

셋째는 아이에서 어른으로의 성숙이다. 백철의 고백적 글쓰기의 전체적인 구조는 계몽의 서사이다. 즉 자신의 모든 죄는 미성숙에서 기인했으며, 적치 삼 개월을 통해 공산주의의 본질이란 "어린애들도 속지 않을 작난"이며 부역의 죄악을 깨달았다는 내용이 전부이다. 백철은 아이였다고 말한다. 적어도 공산주의의 본질에 대해서는 아이처럼 아는 바가 없었다고 말한다. 그래서 백철에게 공산주의는 '낯섦'의 대상이자 관찰의 대상이었다. 하지만 관찰 결과, 공산주의의 본질에 대해 깨닫게 된다. 특히 문학자의 입장에서 북한 공산주의 문학의 허상을 목격하게 된다. 즉 "문학은 결국 그들에겐 공산정치의 도구요 그 목표는 대중을 선동"하는 "공산주의정치의 선전도구"였다는 것이다. 정치도 예외는 아니었다. "이번 삼개월 동안 북한 괴뢰집단이 남하해서 강행한 모든 정책의 하나에서 열까지가 일언해서 기만정책"이었다는 것이다.

> 모두가 그런 式이었다. 義勇軍의 出動, 食糧의 配給, 所謂 轉出問題 地方人民委員會의 選擧, 土地改革, 勞動法의 實施 等 그 어느 하나하나가 無知한 人民을 一時 속여 넘기는 기만 手段 아닌 것이 없다. 이것은 單純한 誣告가 아니고 結果가 모든 事實을 그대로 證明해준 것이다.
>
> 이러한 기만政策이 처음 몇 번 宣傳 될 때엔 그것이 단순한 大衆의 눈을 속일 수도 있었지만 實行이 그 宣傳과 背馳되고 그例되 거듭되

자 나날히 民心은 離反되고 戰線의 敗北와 함께 共産主義의 모든 矛盾이 暴露 混亂되고 그 混亂을 억지로 收拾하려고 할 때에 그 政策은 發惡化되어 言必稱 非協力者 反動이요 投獄 銃殺의 脅迫이 常套던 것이 그들의 敗亡이 아주 決定되자 그들은 정말 무참한 良民虐殺을 敢行하여 일즉이 人類史上에 그 例가 없는 戰慄할 野蠻的 罪惡을 남기고 敗走한 것이다. 여기서 人情이니 義理니 휴만이즘이니하는 이야기가 아니다. 실로 人間의 生命을 한 개의 버리지의 生命보다도 못하게 取扱하는 共産主義가 어떻게 우리 人類에게 幸福을 가져올 수 있으랴! 宣傳은 得意로하는 北韓의 共産主義는 結局 自己네의 實體를 잘 宣傳해주었다. 共産主義는 이런 것이다. 다시는 그 共産主義를 믿지 말자![20]

백철은 삼 개월의 공산치하 경험을 통해 이제 '어른'이 되었다고 고백한다. '비가 와야 땅이 굳어진다'라는 일본 속담을 인용하면서 "대한민국은 튼튼한 盤石우에 놓일 기회를 찾은" 것임을 강조한다. 더불어 "나와 같은 자유주의자의 대한민국에 대한 애착도 더 한층 절실하여 자기의 입장이 고정"되었음을 지적한다. 그래서 백철은 강조한다. "다시는 그 공산주의를 믿지 말자!"라고. 그리고 "정치 앞에 문화가 무력"하다는 점과 문화인은 "애매 불철저한 약점을 극복하고 전신을 민국 측에 의탁하는 결정적인 입장"을 세워

---

20 백철, 「사슬로 묶여서 三個月 ―赤色 政治下 一文學人의 手記」, 앞의 책, 31~32면.

“민국에 대한 새로운 충성을 맹서”할 것을 다짐한다.

백철로 하여금 고백의 기술을 낳게 한 원동력은 무엇일까? 백철은 분명하게 밝히고 있다.

> 그럼 이 동안을 어떻게 지날까하는 난국에 처하는 태도가 큰일이었다. (…중략…) 살어야 하겠다! 나는 이번 사변에서만치 인간의 생명욕이 그처럼 강한 본능인 동시에 비굴한 것인 줄 느낀 일이 없다. 우선 살고 봐야하겠다는 이 사는 일이 전제가 돼서 거의 수단을 不擇하는 파렴치한 요소가 이런 위급 시엔 적나라하게 나타나는 것을 느낀 것이다.[21]

다른 문인들도 다르지 않겠지만 백철에게 생명의 욕망은 무엇과도 바꿀 수 없는 것이었다. “자애한 어버이를 잃고”, “주인을 잃은 어린 양과 같이 무력한 비명”을 지를 수밖에 없는 것은 생명욕에 대한 불안 때문이었다. 백철의 글에서 수없이 반복되어 나오는 ‘불안’의 언어들은 바로 이 때문이다. 적치 하에서 백철의 모든 고민은 “알몸덩어리로 어떻게 살아갈 수 있을까”에 집중된다. “난국에 처하는 태도가 큰 일”인 현 상황에서 백철은 “비굴한 것”을 선택한다. 그래서 그는 마음에도 없는 부역행위를 했다고 고백한다. 살기 위해서는 부역과 같은 “파렴치한 요소”가 개입할 수밖에 없다는 것

21 위의 글, 25면.

이다. 백철에게 생명욕이 얼마나 큰 것이었는가는 미군(UN)을 "빈사의 병인에게 회생의 주사"로 인식하는 것도 포함되지만, 수복의 의의를 표하는 글에서도 나타난다. 백철은 자서전에서 "중병을 앓고 난 뒤에 비로소 건강의 귀한 것을 알게 된다고 하는…… 자유를 빼앗겨보고 난 뒤에 비로소 자유가 얼마나 귀한 것인가를 느껴볼 수" 있었으며, "그날의 감격, 그저 잘되었다. 이젠 살았다! 하는 무조건"[22] 적인 감격으로 언급하고 있다. 이처럼 생에 대한 맹목적 의지야말로 고백의 기술을 가능케 한 근원적 동력이었던 것이다.

고백의 기술을 낳은 또 다른 이유는 백철의 구체적인 처세술과 관련있다. 이 부분은 상당히 정치적이라 할 수 있는데, 바로 백철의 글쓰기를 '의도된' 고백의 기술이라 부를 수 있기 때문이다. 백철은 부역의 결정적 원인이 생에 대한 욕망이라 고백하였다. 그런데 생명욕에 의해 부역을 했듯이 다시 이 생명욕으로 인해 '정치적 감각'을 발휘하는데, 바로 '이면작전의 방법론'이 그것이다. 즉 생명욕이 부역의 합리화를 위한 고해성사 동인이었다면, '이면작전의 방법론'은 일종의 고해성사의 방법론인 것이다.

백철의 고해성사가 일종의 정치적 감각임은 1953년 11월 『신천지』에 발표한 「나의 처세와 그 모랄」에서 분명하게 나타난다.

> 정치의 문학에 대한 관계는 언제나 부정 불진실한 것이 아니지만 그

22 백철, 『속 진리와 현실』, 앞의 책, 437~438면.

러나 대개의 경우에는 목적을 위하여는 수단을 불택하는 정치야심이 문학에 가해오는 압력은 불순하고 일방적인 것으로서 문학의 독자성과 그 윤리를 위협하는 예가 많다. 그러면서도 여기서 그 정치가 문학을 무시하려는 경우에, 또는 그 권력을 위한 직접도구로서 문학을 강요해올 때에, 정면으로 그것과 충돌해서, 자기의 주장을 세울 실질적인 힘을 갖고 있지 못한 이상, 기술적으로 그것과 대결한다는 것은 문학이 자기의 본질을 지키는 데 성공하는, 반듯이 현명한 길이 아니다. 말하자면 문학은 이런 위기에 대비하여 일시 그것을 통과하는 권도적인 수단으로서 방법론이 중요한 의미를 갖게 된다. 다만 이때의 그 방법이란 어대까지 본질을 지키기 위한 방편인 한, 거기에 언제나 그 본질자체를 深流로 두는 일정한 한계가 요구되는 것이다.[23]

백철은 위기의 시기마다 자신의 문학을 배반하지 않는 처세술이 "이면작전의 방법론"이었음을 밝히고 있다. 이 방법론이란 "젊은 문학자들이 자기의 길을 걸어가는 도상에 그런 위기가 봉착했을 때에 근본적으로 그 본질을 훼손하지 않고도 일시적인 방편으로 그 위기를 통과할 수 있는 보호색적인 방법"으로, 이는 "기술적으로 차용하는 편이 자신을 위하나 문학전체를 위해서나 필요하다"는 것이다. 특히 "문학은 그 정치의 강요에 대하여 이면 작전을 할 전략의 여지"가 있어야 하기에 백철은 "표면상으론 역시 시국적인

23 백철, 「문학자로서 나의 處世와 그 모랄」, 『신천지』, 1953.11, 233~234면.

잡문도 써야했고 요구하면 시국강연도" 마다하지 않았음을 고백하고 있다. 이러한 언급은 그의 고해성사가 어떠한 의도에서 비롯됐는지를 여실히 보여주는 것이다. 그는 이 글에서 '이면전략'의 구체적 방법론을 제시하고 있는데, 이는 반공텍스트 속에서 스스로를 어린 아이로 전환시킨 이유를 보여준다. 구체적 방법이란 바로 문학의 상징을 활용하는 것이다. 즉 "정치는 직접의 의미만 보고 그 상징의 세계를 보지 못하는" 이유로 상징은 "문학이 항상 정치 강요의 위기를 빠져나갈 지하실"이 된다는 것이다. 결국 백철의 '어린아이 되기'란 정치적 강요로부터 자신을 보호하기 위한 문학적 상징행위였던 것이다.

결국 백철에게 '이면작전의 방법론'은 글의 제목처럼 자신의 처세에 모럴(정당화)을 부여하기 위한 방법론이었다. 백철은 이면작전의 대표적인 사례로 식민지 말기 대동아문학자대회 참가와 친일성향의 글쓰기, 매일신보 문화부장 취직, 북경행과 타락생활 등을 들고 있지만, '불순한' 국가와 정치의 압력은 식민지 시대에만 존재하는 것이 아님은 너무나도 자명한 것이다. 그래서 이면작전의 방법론은 지금도 여전히 유효한 것이며, 그 현실태가 바로 '어린아이 되기'였던 것이다. 마지막으로 백철은 자신의 부역이 진심이 아니었음을 우회적으로 말한다. "문학자의 진위를 참되게 평가하기 위해서는 형식적으로 씌워진 잡문류를 대상할 게 아니라 그가 쓴 본격적인 논문과 작품을 읽어야 한다"고. 이 말은 다음과 같이 바꿔도 무방할 듯하다. '부역의 진위를 참되게 평가하기 위해서는 형식적으로 행한 행위가 아니라 그의 본격적인 진심과 마음을 읽어야 한다'로.

3) 최정희 – 거리두기 혹은 당당함

최정희의 글은 1950년 6월 27일부터 10월 21일까지의 일기 형식으로써, '용기 부재'에서 '용기 발생'이라는 구조로 되어 있다. 그녀는 반복적으로 용기 없음을 고백하고 있는데, 그 이유를 공산주의의 '광기'에서 찾고 있다. 인민군은 총살을 즐기며, 터지는 피를 보며 환호작약하는 자들로 그려지고 있다. 이러한 분위기에서 그녀는 자신의 용기 없음이 부역의 원인이 되었지만 군인인 아들 익조의 귀환으로 용기를 얻어 "익조가 피흘려 받치는 국가를 위해 나도 받치기를 맹세"한다. 이를 통해 그녀 역시 자신의 부역행위가 단지 살기 위한 행위였음을 강조하고 있다.[24] 좀 더 구체적인 정당화 방식은 '문학가동맹' 가입의 비우호성과 맹원들과의 부조화에서 나타난다.[25]

---

24 최정희 글의 전체적인 분위기는 두려움과 울음이다. 그녀는 공산주의자들과 접촉할 때마다 "용기가 없다", "무서워서", "겁이 나서 후둘 떨고 있는" 등의 감정을 드러내고 있다.

25 많은 부분이 남편 김동환의 이야기로 메워져 있으나 이는 부역행위를 정당화하기 위한 배경 역할에 불과하다. 그녀가 하고 싶었던 이야기는 자신의 무고함이었다.

> 작가 K 씨를 모처에 찾아가서 문학가동맹에 가입하겠다는 말을 하고 S여사와 둘이어 가맹하려고 동맹을 찾아간 즉, 나만은 본래의 맹원이 아니라하면서 거절을 했다. (…중략…) 동맹에서까지 나에게 가맹을 거절한다면 나는 그 사람에게 또 '총살'이라는 위협을 받을 것이요.[26]

이 문장에서 강조하고 있는 것은 바로 '문맹' 가입의 비우호적인 분위기이다. 최정희는 그 이유를 남편 김동환과 함께 "인민의 피를 빨아먹은 문학"행위에서 찾고 있다. 그러다 삼천리사 사원인 작가 모 씨의 사정으로 겨우 가맹했음을 밝히고 있다. 이러한 이유로 가입 이후에도 맹원들로부터 소외당하며 "평소에 그토록 친하던 사람들도 아는 체를 하지 않는" 상황에 이르게 된다. 그녀에게 벽보를 붙이는 일은 "활개를 쭈욱쭉 펴고 사는 세상에서도 딱 질색"인 행위이다. 게다가 "얼굴에 부채를 가리고 가두행렬"을 할 때에는 "꼭 죽고 싶은 마음밖에 나지" 않음을 강조한다. 이러한 서술 의도는 이후 '문맹'에서의 활동이 결코 환영받지 못했음과 동시에 공산주의자들과의 거리두기에 다름 아니다.

최정희의 고백이 정치적 감각에서 시작됐음은 서술 방식에서도 찾을 수 있다. 주지한바 최정희의 글은 일기 형식을 취하고 있다. 일기란 당일의 행적에 대한 기록이다. 따라서 당일의 사건들만이 서술되어 있어야 한다. 하지만 최정희의 일기에는 이러한 규칙에

---

26 최정희, 「난중일기에서」, 오제도 편, 앞의 책, 41면.

서 벗어난 모습이 보이는데, 7월 23일 일기에는 5일 후의 사건까지 포함되어 있다. 이는 최정희의 일기가 결코 당시의 기록물이 아닌 목적성을 띤 의도된 글임을 보여주는 것이다. 특히 인민군에게 취조를 받는 상황에 대해서는 언급을 피하고 있다. 인민위원회의 취조란 어찌 보면 자신의 이념적 결백을 알릴 수 있는 좋은 기회이기도 하다. 취조 당시 저항을 크게 할 경우 반공주의자임을 쉽게 증명할 수 있기 때문이다.

그러나 6월 30일과 7월 ×일에 걸친 두 번의 취조는 그 시작만 있을 뿐 내용에 대해서는 전혀 기록되어 있지 않다. 이러한 서술은 불리한 내용은 삭제한 채 자신의 고난만을 드러내기 위한 의도로 보인다.

4) 송지영 – 북한 체제 비판의 전면화

송지영의 글은 대략 세 가지 방향에서 잔류와 부역의 정당화 및 이념적 거듭남을 강조하고 있다. 첫째는 잔류와 부역의 원인이며, 둘째는 북한의 체제 비판, 셋째는 적치의 경험을 통한 교훈의 강조이다. 특히 송지영은 두 번째인 북한의 체제 비판에 많은 양을 할애하고 있다. 앞의 문인들이 주로 자신의 부역의 정당화에 초점을 맞추었던 것과 달리 송지영은 철저하게 북한의 체제를 비판함으로써 이념적 순결성을 표출하고 있다. 이런 모습은 글의 서두에서부터 표나게 드러나고 있다. 전체적인 내용도 "크레므린의 指使에 忠實한 走狗", "萬古의 逆徒 金日成", "赤流는 毒의 根이며 惡의 華이며 罪의 實", "殺人集團", "百魂夜行", "晝出魍魎 등 "전율과 질식"의 언어들로 가득 차 있다. 또한 많은 지면을 할애해 각종 좌익단체의 난립, 신문사 탈취, 문인들의 박해, 식량난, 동원과 의용군 강집, 살육행위 등을 환멸과 공포의 언어들로 묘사하고 있다. 이는 북한에 대한 끊임없는 적개심을 생산함으로써 오히려 자신의 이념적 선명성을 강조하는 것처럼 보일 수 있다. 하지만 이런 기술은 오히려 표면적이다. 보이기 위한 상투적인 방법에 지나지 않는다. 진정 송지영이 말하고 싶었던 부분, 즉 부역에 대한 정당화와 반공에 대한 충성은 좀 더 깊은 곳에 들어 있었다. 즉 드러내지 않으면서도 하고픈 이야기를 모두 드러내는 방식을 송지영을 알고 있었던 것이다.

우선 송지영은 잔류의 원인을 자의가 아닌 국가에게 돌리고 있다. 즉 "라듸오와 보도를 신뢰하던 게으른 시민들"과 함께 "불행하게도 비도강파로서 독 안에 든 쥐"가 되었다는 것이다. 다소 원망섞인 목소리 속에 잔류의 불가피성을 강조하고 있다. 이런 식의 발언은 그리 새로운 것이 아니다. 문제는 부역의 이유이다.

> 生이냐 死냐이 岐路이었기에 우선 살 수 있느냐 하는 것이 人間最後의 本格的인 慾求로서 각자 뚫고 나갈 수 있는 길을 채택하지 않을 수 없었다. 숨을 사람은 끝까지 숨고 나서도 괜찮을 듯한 사람은 나섰

다. 나도 나선 사람 중의 하나이자만 생각컨대 어리석기 짝없는 일이었다. 정말로 공산주의가 그렇게 무서운 것인가를 몰랐고 공상주의자들의 하는 행투가 그렇게 잔혹한 것인지를 몰랐던 탓에 세칭 좌익계열에 친구가 많았고 또 본의 아니나마 팔일오 직후 그들의 집단에 성명이 끼여 있었던 까닭으로 자기에게 관용하는 심정이 표면이나마 악한 인상을 주지 않았던 괴뢰군에 부딪치자 설마 죽기야하고 나섰던 것이다.[27]

생과 사의 선택에 있어 송지영은 생에 대한 "인간 최후의 본격적인 욕구"를 취할 수밖에 없었음을 고백한다. 하지만 송지영이 강조하는 것은 생에 대한 욕망이 아니다. 살기 위한 부역은 당시 서울에 잔류한 문인이나 시민들의 공통된 모습이었기 때문이다. 송지영이 만들어내는 차이는 다른 곳에 있었다.

송지영은 자신의 부역이 공산주의에 대한 무지 때문이며, 특히 해방직후 본의 아니게 올라간 좌익문인 명단으로 인한 오해 때문이라고 밝히고 있다. 그러나 무엇보다 결정적인 원인은 "우선 살 수 있느냐"에 있음을 숨기지 않는다. 송지영은 자신의 정당화 방식으로 월북문인들과의 동질성에서 찾고 있다. 좌익으로 지목받아 보도연맹에서도 감시인물이었던 김기림이 인민군에게 총살을 당했다는 점, "임화나 남천과 평소에 내냐내냐하는 무면한 사이인"

27 송지영, 「赤流三月」, 오제도 편, 앞의 책, 54~55면.

소정식이 보도연맹 기관지 『애국자』에 시를 실었다는 이유로 반동으로 몰린 점, 그 외에 "정지용, 정인택, 박로아 등 일련의 세칭 좌익적인 인물"도 반동으로 지목받았으며, "전위시인 김상훈"이 빨치산에 끌려가 총살을 당했음을 중요한 문제로 기술하고 있다. 이러한 기술 의도는 좌익문인이라 평가받던 자들도 반동으로 몰리는 가운데 겨우 좌익문인에 이름을 올린 자신의 대우 역시 명약관화임을 강조함으로써 부역행위에 대한 면죄부를 받고자 한 것이다. 그리고 스스로 자신의 부역행위란 중국문학의 번역 외에는 없음을 밝히고 있다.

송지영은 문인들의 박해를 통해 다시 한 번 자신의 이념적 선명성을 강조한다. 즉 다음의 질문 "그(공산주의자 : 인용자)들은 왜 이렇듯 지식인을 미워하는가?"와 이에 대한 해답 "독재와 폭력을 은폐 가장하려는데 가장 방해되는 비판자"가 그것이다. 이러한 발언은 두 가지 목적을 지니고 있다. 하나는 송지영 자신과 북한과의 이질성의 표명이다. 이는 북한 공산주의와 자신과의 불화과정을 통해 충분히 드러났다. 또 하나는 왜 다른 문인들과 달리 북한 체제 비판에 많은 지면을 할애하고 있는가에 대한 해답이다. 즉 송지영은 '문인=자유인=지식인'[28]이라는 도식을 통해 스스로를 '지식인'의 범주에 포함시키고 있다. 그리고 북한과 그 체제에 대한 비판을 통해 스스로를 "독재와 폭력을 은폐 가장하려는데 가장 방해되는 비판

28 송지영은 문인들을 자유인으로 규정하면서 "공산주의(共産主義)와 자유인(自由人)과는 빙탄불상용(冰炭不相容)의 대각(對角)"이라며 대립각을 강조하고 있다(위의 글, 60면).

자"의 모습으로 재현하고 있는 것이다. 그래서인지 송지영은 앞의 문인들과는 달리 처절한 고해성사는 보이지 않는다. 오히려 당당함이 앞서고 있다.

하지만 송지영도 다른 문인들처럼 적치의 교훈을 잊지 않고 말하고 있다.

> 이제 와서 다시 지나간 九十日刊의 惡夢을 回顧할 때 몸서리치도록 共産主義者들의 非人間性과 野獸的인 行悖에 두 번 다시 꿈에라도 그런 일이 있을까 무서움을 禁치 못한다. 말끝마다 人民을 내세우고 勞動者와 農民을 위한다는 그들이었건만 勞動者와 農民을 누구보다도 虐待한 것이 그들이었고 無上의 搾取를 한 것도 그들이었으며 人民을 위하기는커녕 全體人民의 마즈막 한방울의 피까지 빨아먹지 않고서는 못견디도록 되어먹은 것이 그들의 方法이었고 文化는 커녕 原始의 暗黑 속에 몰아넣어 思惟할 自由조차 주지 않으며 오직 强壓과 獨裁의 最大惡이 밑도 끝도 없이 擴大될 뿐이라는 것을 몸소 當하고 나니 人間의 탈을 쓰고야 이럴 수가 있는가하는 것을 생각할 때 그 생각만으로도 人間的인 悲憤과 恥辱이 이 이상 더 큼이 없는 것이다.
>
> 全世界와 더부러 共産主義와 싸워 이기지 않으면 人類文化의 絶滅이 온다는 것을 우리의 體驗으로써 大聲疾呼하여 마지 안는 바이다.[29]

29 위의 글, 67~68면.

송지영은 교훈의 계기를 백철처럼 공산주의에 대한 '무지(無知)'에서 찾고 있다. 스스로 아이되기를 자청해 무지의 상황임을 강조했던 백철처럼 송지영도 "공산주의가 그렇게 무서운 것인가를 몰랐고, 공산주의자들의 행투(行套)가 그렇게 잔혹한 것인지를 몰랐"다는 것이다. 양주동, 백철, 송지영 등 잔류파 문인들이 보이는 공통점 중의 하나는 바로 공산주의에 대한 '무지'의 강조이다. 그들은 한결같이 공산주의가 무엇인지 잘 몰랐다는 것이다. 하지만 이런 기술은 쉽게 받아들이기 어렵다. 이미 해방 직후 좌우익의 혼란상 속에서 그 폭력성을 목격한 바 있기 때문이다. 그럼에도 불구하고 이처럼 '무지'를 강조하는 것은 '자각의 진폭' 효과 때문이다. 마치 아이에서 어른으로의 질적 변화처럼 이념적 성장과 밀도를 강조할 수 있기 때문이다. 그래서 백철은 이념적으로, 아이에서 어른으로 성장했음을 표나게 강조했던 것이다.

송지영도 자신을 무지의 영역에 집어넣고 '자각'의 영역으로 진입하게 되었다고 말하고 있다. 그것도 가장 확실한 방법, 즉 "너무도 똑똑히 보아 잘 알게 되었다", "그러한 실례는 너무도 많이 보아 왔고 또 당한 것이기 때문에"처럼 현실의 '체험'을 통한 자각임을 반복적으로 강조한다. 본인의 체험과 경험을 통한 자각과 인식은 매우 견고한 지식이 된다. 그래서 "공산주의자들의 하는 짓은 말만 들어도 입안에 신물이 돌만큼 맛보았다. 한번 맛본 사람은 여하한 감언과 이설에도 넘어가지 않을 만큼 무섭고 진절머리나는" 것이다.

이제 송지영은 "90일간의 경험한 바로서" 깨달은 것을 말한다.

그것은 "토지도 공짜, 물건도 싸게 잘 입고 잘 먹어 잘 살줄 알았던 것이 막상 닥드리고 보니 모두 눈감고 야웅하는 식의 거즛"이자 "교묘한 술책"이었다는 것이다. 그래서 말한다. "모르고는 속았지만 내눈으로 보고 당하고 안 다음에야 다시 속을리 없는 것이다"라고.

5) 장덕조 – 전율과 공포의 서사와 죄의식의 발현

장덕조의 「내가 본 공산주의」는 전형적인 고해성사의 글쓰기이다. 오제도는 『적화삼삭구인집』을 "적공산당을 배격하는데 좋은 참고서"이자 "참다운 회한과 유감"의 장으로 만들고자 했다. 그런 면에서 장덕조의 글은 오제도의 의도에 가장 가까운 글이기도 하다. 그만큼 장덕조의 글쓰기에는 북한에 대한 환멸과 자기반성으로 가득 차 있다.

장덕조 글쓰기의 가장 큰 특징은 부역에 대한 정당화나 합리화의 과정이 생략되어 있다는 것이다. 즉 그의 고해성사 안에는 양주동의 빨갱이 분류법이나 백철의 이면작전, 손소희의 허구적 인물 등의 문학적 장치가 존재하지 않는다.

> 우리는 모르고 阿附[30]한 자의 어리석음을 한탄할 수밖에 없는 것

30 원문에는 '呵附'로 나와 있으나 '阿附'의 오기로 보인다.

> 이다. 인간은 본능적으로 생명을 아낀다. 그럼으로 이 생명을 수호하기 위해서 체면도 염치도 버리는 수가 없지 않다. 그러나 때가 경과한 뒤에 생각하면 흉흉히 생명을 유지하기 위해서 압박과 굴욕에 찬 나날이 있었든 것이 생명을 잃은 것보담 더욱 부끄러웁다.[31]

장덕조는 이 시기를 "압박과 굴욕과 수난의 기억"으로 명명한다. 그만큼 "챙피한 아부"로 가득 찬 시기였기에 "아! 괴로운 시일이었다"고 고해성사를 하는 것이다. 하지만 이러한 글쓰기 안에는 조금 더 다른 의도가 포함되어 있다. 주지한 것처럼 이 책의 목적이 "직접 체험하고 목도한 것"에 기초한 '이념적 반성'에 있음은 이미 강조한 바다. 장덕조 역시 이러한 규정(?)을 잘 준수하고 있다. 그렇지만 다른 문인들과 차이를 보이는 지점은 바로 '죄의식'의 발로이다. 장덕조는 변명을 하지 않는다. 매우 솔직한 포즈로 자신의 부역 행위에 대해 부끄러워한다. 그는 "고개를 흔들어 지우려하나 지워지지 않을 때에는 그만 형용할 수 없는 괴롬이 엄습해" 온다고 고백하고 있다. 이러한 죄의식의 발로는 홀로일 때는 빛이 나지 않는다. 모두가 진실한 포즈로 참회록을 쓰는 가운데는 반성의 우열을 가릴 수 없기 때문이다. 하지만 여기서처럼 대부분의 문인들이 '문학적 장치'를 통해 부역의 흔적 지우기에 몰두하고 있을 때라면 사정은 달라진다. 이 텍스트가 만인에게 반공주의자임을 천명하고

31 장덕조, 「내가 본 공산주의」, 오제도 편, 앞의 책, 76~77면.

인정받아야 하는 일종의 통과제의라는 측면에서 볼 때 무엇보다 필요한 것은 진정성의 포즈이다. 그런 면에서 숨김없이 자신의 죄를 속죄하는 이러한 글쓰기는 그 효과 면에서 특별한 우위를 점할 수 있다. 더욱이 이런 속죄의식으로서의 글쓰기는 동정심을 유발시켜 부역의 어쩔 수 없음을 인정하는 분위기로 나아간다. 말 그대로 "모르고 아부한 자의 어리석음" 정도로 받아들여지고 있는 것이다.

장덕조의 글에는 속죄의식 외에도 북한공산주의에 대한 강한 적개심과 공포로 채워져 있다. "공포와 전율과 기만과 살상으로 가득찬 생지옥", "악마같고 잔학한 근성", "악귀의 피문은 손톱" 등 공산주의는 전율, 공포의 언어들과 괴물, 질병의 수사로 채워져 있다. 이러한 언어의 배치는 이 글쓰기가 목적의식적임을 표나게 드러내는 것이다. 하지만 이러한 글쓰기는 장덕조의 속죄의식을 더욱 빛나게 해준다. 질병과 괴물과도 같은 북한공산주의의 치하와 무력한 개인의 변명 없는 참회의 목소리는 극적으로 대비되어 속죄의 진실성을 더욱 부각시키기 때문이다. 진정성이 한껏 부조된 상황에서 장덕조는 말한다. "이번 수난은 오히려 공산주의를 확실히 알고 그에 대비하는 태세를 갖추기 위한 좋은 기회"였다고, 그리고 "삼 개월 동안에 경험할 것은 다 경험하고 깨달을 것을 깊이 깨달았다"고, 따라서 앞으로 해야 할 일이란 "철석같은 이념의 길로 생명을 걸고 내달을 뿐"이며 동시에 "반공이라 부를 것이 아니라 타공의 길로 멸공의 길로 내달"리는 것임을 맹서하는 것이라고. 장덕조는 공산주의 집단의 광기와 그곳에서 생명을 부지하려는 군상들의 본능을 언급하면서 참회와 타공을 다짐하고 있다.

6) 박계주 · 김용호 – 탈북의 서사

박계주와 김용호는 납북 후 탈출하여 귀환한 경우이다. 박계주는 탈출에 대한 자부심 때문인지 깊은 고해성사는 보이지 않는다. 이는 수기 제목인 「붉은 천국 견문기」에서도 알 수 있듯이 박계주는 철저히 관찰자적 입장에서 기록하고 있다. 하지만 관찰자적 시선이 갖는 객관성과 구체성으로 인해 가장 현실감 있는 북한 비판을 보여주었으며, 이를 통해 자신의 이념적 선명성을 드러내고자 했다. 김용호는 한때 공산주의에 가담했지만 실상을 경험한 후 탈출하였음을 드러내고 있다. 김용호도 박계주와 함께 매우 구체적으로 북한의 실상을 고발하고 있는데, 흥미로운 점은 비판의 지점이 북한(김일성)이 아닌 소련의 스탈린에게 맞추어져 있다는 것이다. 이는 백철이 반공주의자로서의 입지를 선명히 하기 위해 남한의 아비격인 미국을 찬양한 것과 동일한 방법으로, 김용호 역시 북한의 아비 격인 소련을 비판함으로써 투철한 반공주의자임을 입증하려는 시도이다.

7) 손소희 - 픽션의 고해성사

오제도에 따르면 손소희의 글은 "다소 깊은 회한이 나타나 있지 않고 있는 것"에 속한다. 그만큼 고백의 질과 양에 있어서 다른 글들과 확연한 차이를 보이기 때문이다. 우선 분량도 다른 글들의 10%인 5쪽에 불과하다. 더욱 문제가 되는 점은 고백의 내용이 픽션이라는 데 있다. 『적화삼삭구인집』이 부역행위의 고해성사와 반공주의자로서의 재생에 목적을 두었다는 점에서 무엇보다도 사실에 입각한 기록이어야 했다. 사실에 입각한 픽션이었다면 이것은 고해성사의 문학적 방법으로 이해할 수 있지만, 문제는 손소희 글이 사실과는 무관하다는 것이다. 이는 『적화삼삭구인집』이라는 텍스트가 진정성이 아닌 생존을 위한 고백의 '기술'과 정치적 감각으로 이루어진 것임을 증명하는 것이기도 하다.

손소희는 1980년 행림출판사를 통해 자신의 수필집 『한국 문단 인간사』를 발간한다. 이 책에는 해방 이후의 문단 관계에 대한 소소한 이야기들이 손소희의 경험 속에서 그려지고 있다. 이 수필집과의 비교를 통해 사실 관계를 밝혀보도록 하겠다.

우선 잔류 원인의 상이점이다.

> ① 영히는 말없이 입을 비쭉하며 서글픈 표정을 지었다. 일직이 애국투사가 되지 못한 그로서 대한민국에 충성을 다하지는 못했을망정 공산주의라고 하면 생리적으로 싫고 거슬리는 그였다. 이번에도 남

편이 늑막염으로 앓고 누어 있지만 않았어도 영히는 한강을 건너 남쪽으로 흘러 가려고까지 했다.[32]

② 서울의 그 흔해빠진 적산 가옥에 방 한 칸 차지하지 못한 채로 있는 나였으나 나의 일가붙이들은 서울이란 도시에 빛나는 등대(燈臺) 쯤으로 나를 생각하고 있었던지 난파선의 승객으로 그들은 서울로 모여왔다. 그리고 만고(萬苦) 끝에 가까스로 집간을 장만했고 나 역시 어머니가 보내주신 주머니 돈에다 보태어 적산집 한 채를 장만할 수 있었다. 그러한 생활의 터전을 서울에 버려두고 우리는 피난길에 오를 수는 없었을 뿐더러 그대로 있어도 설마하니 서울이 어떻게 되리라고는 전연 생각하지 못하고 있었다.[33]

『적화삼삭구인집』에 수록된 「결심」에는 잔류의 원인을 남편의 늑막염에서 찾고 있다. 공산주의는 생리적으로 싫었고 대한민국에 충성을 다하고 싶었지만 남편의 늑막염 때문에 피난을 가지 못했다는 것이다. 그러나 수필집 『한국 문단인간사』에는 전혀 다른 이야기가 전개된다. 우선 남편에 대한 이야기가 전혀 등장하지 않는다. 게다가 손소희가 피난을 가지 않은 것은 어머니의 죽음과 자신만을 믿고 바라보던 친척들 그리고 무엇보다 어렵게 장만한 집 때문이었다. 38선을 넘지 못하고 돌아가신 어머니가 준 돈으로 마련

32 손소희, 「결심」, 오제도 편, 앞의 책, 104면.
33 손소희, 『한국 문단인간사』, 행림출판사, 1980, 164~165면.

한 집은 그녀에게 생활의 터전이었다. 그리고 서울을 사수하라는 이승만 박사의 방송과 상황에 대한 다소 낙관적인 생각들이 합쳐져 잔류를 결심하게 된다. 그녀는 오빠의 집으로 피신을 했고, 폭격소리에 "이제 도저히 도망갈 수조차 없는 주제가 되어 버렸다"고 생각하며 "목을 길게 늘이고 국군입성을 기다려"[34] 온 것이다.

둘째, 허구의 인물인 영히와 손소희와의 상관성 문제이다. 「결심」에서 손소희는 영히를 통해 고해성사를 하고 있다. 그런데 문제는 손소희의 페르소나에 해당하는 영히와 손소희를 닮지 않았다는 것이다. 이 말은 손소희가 자신의 이야기가 아닌 다른 사람의 이야기를 통해 고해성사를 하고 있다는 것이다.

> ① 정숙과 영히가 '미맹'에 가입하자 그들에게 부과된 명제는 '스딸린'과 '김일성'의 초상을 그리라는 것이었다. 그것도 한 두 사람이 그리는 것이 아니라 화가란 화가는 모도다 이것을 그려야 한다는 것이었다. 그리되 민중이 보아서 신뢰와 흠모의 정이 솟도록 그려야 한다는 것이었다. 그것은 생명체 즉 실물을 두고 그리는 것이 아니라 사진이나 남의 그린 것을 두고 모방해서 그린다는 것이었다. 거기에 개성(個性)의 창의(創意)니 생명의 재현(再現)이 있을 리 없었다.[35]

> ② 나는 그날도 을지로로 해서 당시의 국립극장이 있는 골목 쪽으

34 위의 책, 167면.
35 손소희, 「결심」, 오제도 편, 앞의 책, 105면.

로 꺾어 들었다. 그 골목에서 뜻밖에 성×× 여사를 만났다.

(…중략…)

"성×× 씨도 미술가동맹에 나가세요?"

"그럼요. 미술가 동맹원들은 날마다 회관에 모여서 미술작업을 하고 있어요."

(…중략…)

"미술동맹에서도 그렇게 취사선택이 있습니까?"

"아니예요. 모두들 같은 그림을 그리고 있어요."

(…중략…)

미술가동맹의 작업실은 그 건물의 2층에 있었다. 문은 어떻게 해서 열어졌는지 하여간 나는 문 밖에서 그 작업실을 들여다 보았다. 한 이십 평 남짓 되는 방안 가득히 30호 정도의 캔버스가 이젤에 받쳐져서 엇비슷이 놓여져 있었고 그 캔버스에는 꼭 같은 김일성의 상반신이 흑백 칼라로 그려져 있었다. 너무 뜻밖의 광경이어여 나는 차라리 멍청하게 거기 서 있었다.

"아직 완성된 건 아니예요. 대개 아침 나절에 나와서 공동작업을 하는 거예요."

그녀는 상반신을 기울이듯 하고 이렇게 설명했다.

"완성이 되면 어떻게 합니까?" 내가 물었다.

"완성이 되면 또 그려야지요."[36]

---

36 손소희, 『한국 문단인간사』, 앞의 책, 142~143면.

정황상 매우 유사한 위 예문은 두 가지를 말해준다. 하나는 손소희와 영히가 전혀 무관한 인물이라는 점, 또 하나는 영히가 실은 성 여사의 페르소나라는 것이다. 고백의 주체는 손소희 본인이 아닌 '영히'라는 허구적 인물이다. 게다가 이 '영히'라는 인물도 손소희의 페르소나가 아닌 적치 하에서 만난 "성×× 여사"이다. 손소희는 당시 문학가동맹에 가입하고 있었기에 미술동맹하고는 아무런 관계가 없다. 손소희는 성여사와의 만남 속에서 경험한 일들을 영히라는 허구적 인물을 통해 말하고 있을 뿐이다. 손소희는 다른 인물을 내세울 뿐만 아니라 적치 하의 체험이나 사건을 기록하지 않는다. 대신 영히라는 인물을 통해 "공산주의라면 생리적으로 싫"으며 "자유와 민주주의를 위해 나의 엷은 손바닥과 가느다란 손가락을 받히리라"고 간단한 심경만을 밝힐 뿐이다. 이러한 사실은 손소희가 쓴 『한국 문단인간사』에서 확인할 수 있다. '영히'의 행적은 '성×× 여사'의 행적과 정확히 일치한다. '성×× 여사'는 동경의 미술학교를 나왔으며 적치 하에서 미술동맹에 나가 김일성과 스탈린의 초상화를 그리고 있었다. 손소희는 그녀를 따라 다니며 이러한 모습을 직접 목도했다. 손소희는 그녀를 모델로 고해성사를 한 것이다.[37]

허구로서의 기록은 사상검사 오제도로 하여금 완곡한 불만-

37 이 논의는 「한국전쟁기 반공텍스트와 고백의 정치학」(『한국 현대문학연구』 20, 2006)에서 밝힌 바 있다. 최근 들어 엄미옥의 「한국전쟁기 여성 종군작가 소설 연구」(『한국근대문학회』 21, 2010.4)에서 다시 언급된 바 있다.

"이곳에는 다소 깊은 회한이 나타나 있지 않고 있는 것도 있다"를 표시하는 계기가 된다. 오제도의 불만이 손소희를 향한 것이라고 추정할 수 있는 근거는 서울 수복 직후 손소희의 담당 수사 검사가 오제도였을 확률이 높기 때문이다. 손소희는 수필집에서 부역행위에 대한 심문과정을 여러 장에 걸쳐 기술하고 있는데, 담당검사를 "사상검사로 이름을 떨치고 있는 X"라고 지적하고 있다. 그런데 그 X검사가 보도연맹과 관련이 있다는 점, 그리고 『적화삼삭구인집』이 국제보도연맹에서 간행됐다는 점, 무엇보다도 당시 사상검사로 유명했던 사람이라는 점에서 오제도 검사일 경우가 높다. 이럴 경우 오제도 검사는 적치 하 손소희의 행적에 대해 일정정도 파악하고 있었다는 것을 의미한다.

> "그렇다 피를 흘리고 목숨을 걸고서라도 자유와 민주주의를 찾아야겠다."
>
> "그렇다 자유와 민주주의를 위해 나의 엷은 손바닥과 가느다란 손가락을 받히리라 그것이 곧 내 생명의 존재와 비등한 것이다." 그는 몇 번이고 생각을 되푸리 하고 결심을 굳게 하였다.[38]

손소희는 곳곳에서 자유진영을 향한 충성을 기술하고 있다. 하지만 이것이 허구의 영역인 이상 그리고 무엇보다 오제도 검사가

38 손소희, 「결심」, 오제도 편, 앞의 책, 106~108면.

제반의 사정을 모두 알고 있는 이상, 이러한 충성심은 결코 진정성의 대상이 될 수 없다. 그래서 오제도 검사는 "그렇다고 가면의 글이 이곳에 실리었다고 하고는 싶지 않다. 나의 입장에서는 좀 더 적극적인 것이 보고 싶다는 것이다"라며 완곡하게 표현한 것이다. 이 둘 간의 긴장 관계는 그녀의 수필집에서도 나타난다. 수필집에 따르면 손소희와 오검사와의 관계는 그리 우호적이지 않았다. 검사와 피의자 관계로 만난만큼 정상적인 관계는 아니지만, 이미 지난 과거를 회상하는 글 속에서도 일종의 적개심이 그대로 노출되고 있다는 점과 오제도의 '불만'은 서로 연관성이 있어 보인다.[39] 손소희의 글쓰기야말로 '고백의 기술'의 전형이다.

『적화삼삭구인집』의 필자들은 모두 잔류파들이며 부역의 혐의가 있는 자들이다. 그들을 지배하는 것은 이념이나 지식인의 균형감각이 아니었다. 오로지 '생에 대한 맹목적인 의지'만이 작동하고 있었으며, 이는 기록의 초점을 북한 공산집단의 만행과 부역에 대한 합리화에 맞추는 원인이 된다. 북한의 체제와 만행에 대한 폭로

---

39 둘의 관계를 짐작하게 하는 대목을 소개하면 다음과 같다.

> X 씨의 진한 눈썹이 살아서 꿈틀대는 곤충모양 계속 움싯움싯 움직이고 있었다. 나를 향해 부릅 뜬 눈동자를 사납게 굴리고 있는 검사 X 씨를 나는 내려다보았다. (…중략…) "X 검사님 말씀 누구하고도 한 적이 없습니다. 할 만한 계제도 없었구요." 내가 대답했다. 사실 그럴 만한 까닭도 계제도 없었다. "Y 씨 안 되겠어, 상당히 건방지단 말이야." 그는 턱으로 Y 씨에게 무슨 지신가를 했다.(손소희, 『한국문단인간사』, 앞의 책, 154~155면)
>
> 검사 X 씨는 내가 검사 K 씨를 빽으로 믿고 자신인 X 씨를 소홀히 생각했다고 오해한 것도 같은데, 그날 그는 이미 나를 우습게 대해 가시 하나를 속에다 숨겨 두었고 그래서 보련서는 빼내주지 않았던 것이라고 나름대로 나는 풀이 되었다. (손소희, 앞의 책, 164면)

는 매우 격렬하며 감정적인 것에 치우쳐 있으며, 이는 그들이 기록한 언어에 의해서 완성된다. 또 부역의 혐의에 대해서는 정당화 혹은 합리화하려는 의지가 강하게 표출되고 있다. 합리화의 내용이란 대부분 '어쩔 수 없이 행한 행위'이며 '마음'이 없는 '소극적 수준'에서 이루어 졌음을 강조한다. 반면 자신들의 마음에 없는 소극적 행위를 강제한 북한에 대해서는 강한 비난의 언어를 사용한다. 이러한 행위는 "생존의 논리가 어쩔 수 없는 것이었다 하더라도 지식인의 자기반성이나 자기비판적 자세보다 자기합리화의 방편으로 드러나는 것은 당시 문인들의 지성의 한계"[40]를 드러낸 것이었다. 즉 그들의 글쓰기란 일종의 정치적 감각을 드러내기 위한 제스처였으며, 공산주의에 대한 비판은 감정적인 형태로 들어날 뿐 이데올로기 자체에 대한 비판적 인식은 결여되어 있었다.

『적화삼삭구인집』이 갖는 의미를 정리하면 다음과 같다.

첫째, 부역문인들의 이념적 세례를 위한 고해성사의 장의 역할을 했다. 국가는 부역문인의 처리를 위해 이데올로기적 국가장치의 하나로 반공텍스트라는 장을 마련했고, 문인들은 국가로부터 공인받은 그곳을 통해 반공주의자로 거듭 태어날 수 있었다. 이는 단순히 생명의 지속보다는 국가라는 대주체로부터 남한 사회의 구성원임을 인정받는 '주체로의 호출'에 무게 중심이 있다. 그들은 문인 이전에 남한의 국민이 되어야 했고 그러기 위해서는 이념의

40 이은자, 『1950년대 한국 지식인 소설연구』, 태학사, 1995, 76면.

보증수표가 필요했기 때문이다. 그래서 부역문인들은 재빨리 종군작가단에 가입한다. 종군작가단에 가입함으로서 생활을 유지할 수도 있었으며 무엇보다 "사상적 위험, 즉 보도연맹 사건이나 부역문인사건의 위협으로부터 확실한 안전지대"를 확보할 수 있었기 때문이다. 이것은 "결과적으로 우익문예조직의 이데올로기적 성격을 반공으로 강화하게 되는 결정적인 요인"[41]이 된다. 특히 부역작가와 출생지가 북한인 관계로 항상 감시의 대상이 되었던 월남작가들에게 종군작가단은 일종의 메시아와 같은 존재였다.

둘째, 1950년대 이후 남한 문단의 보수화 과정의 내면풍경을 보여준다는 점이다. 전후문단의 재편과정에서 보수우익의 문예조직이 형성됨은 이미 알려진 바이다. 하지만 문단조직의 전개과정과 달리 문인 개개인의 이념 선택과정을 보여주는 논의는 찾기 어려웠다. 『적화삼삭구인집』은 이에 대한 해답을 보여주고 있다. 문인들이 기록한 고백의 행간마다 국가와 이념의 폭력성이 숨겨져 있었고 그로인한 진정성이 부재한 고해성사만이 강제되고 있었다. 특히 1952년 11월 조영암의 글로 촉발된 백철과 조영암의 소송 사건과 이를 계기로 1954년까지 지속된 임긍재, 이형기 대 백철, 김용호 등의 논쟁은 당시 문단의 이념적 경박성과 경직성을 그대로 보여주는 것이다.

조영암은 1952년 11월 『자유예술』에 발표한 「동란중의 문단개

41 김철, 「한국 보수우익 문예조직의 형성과 전개」, 『실천문학』, 1990 여름, 36면.

관」에서 백철을 "일제와 공산당의 走狗인 文化王列"라 비난한다. 이에 백철은 조영암을 명예훼손으로 고소한 후 1953년 11월 『신천지』에 「문학자로서의 나의 처세와 그 모랄」이란 글을 발표한다. 그는 자신의 글이 "나에게 가해해 온 하나의 무단적인 잡문행위에 대하여 정당방위의 자세"임을 강조하면서 임긍재와 조영암을 싸잡아 문학지식이 부재하며 권력만을 노리는 "저능아", "불량청년", "뒷골목의 어깨", "문단부로커" 등 원색적인 비난을 가한다. 이에 김용호도 힘을 가세해 백철을 지지한다. 김용호는 1953년 9월 「문학 이전의 과제」(『신천지』)에서 소장파 부류에 대한 비판을 하는데, 그들을 "사이비 비평가", "매문", "권력지향"으로 비판하고 있다. 김용호의 이러한 반응은 자신도 부역문인이었다는 점 그리고 이러한 자신에게 비난의 화살을 던졌던 소장파에 대한 감정에서 비롯된 것으로 보인다.

반대쪽의 저항도 만만치 않다. 넉 달 후인 1954년 3월 이형기는 「인격 · 문학 · 양심」(『신천지』)이란 글에서 양비론을 내세워 둘을 함께 비판한다. 하지만 이형기의 양비론은 객관성을 나타내려한 제스춰일 뿐 실제로는 주된 책임을 백철에게 전가시키고 있다. 즉 욕설비평을 한 조영암도 나쁘지만 그것을 문단 내에서 해결하지 않으려는 백철의 태도—이형기에 따르면 백철은 평소 문단 문제는 문단 내에서 해결함을 주창했다함—를 더욱 큰 문제로 보고 있다. 사실 이형기는 이 논쟁의 한 가운데에 설 입장이 아니었다. 백철은 그에게 스승이었으며, 조영암은 그 학교의 선배였던 것이다.

이러한 무의미한 논쟁에 종지부를 찍는 자가 있는데 바로 이봉래이다. 그는 1954년 3월 「논쟁. 집단. 비평의 자유」(『문예』)에서 현 문단의 문제점을 정확히 지적하고 있다. 그는 현 소송의 책임은 조영암과 저널에게 있음을 분명히 한다. 이는 스스로를 투철한 반공주의자라는 조영암의 "저속한 영웅 심리와 잔박한 우월감"이 만든 일이며 이는 "문학이전, 인간 이전의 문제"일뿐만 아니라 "정신적 테로", "악랄한 변태적 악취미"라는 것이다. 또 문학적인 것과 비문학적인 것의 구별 없이 활자화시킨 "쩌너리즘"에 대한 비판도 날을 세운다. 그러나 무엇보다 중요한 원인은 문단간의 파벌이다. 그들에게 파벌이란 곧 정치성에 다름 아니며, 이는 1950년 6월 25일의 역사적 사건에서 비롯된 피난과 잔류로 거슬러 올라가는 일이다. 피난과 잔류는 도강파와 잔류파로 이어지고 이는 다시 반공 대 친공 그리고 민족문학 진영과 부역문인들로 고착되고 있었다.

3. 노천명의 글쓰기와 필화사건

1) 노천명

노천명은 서울 수복 이후 부역자로 지목되어 재판을 받게 되는

데 1950년 10월 29일자 『동아일보』에 이에 대한 상세한 내용이 나오고 있다. 기사에 의하면 1950년 10월 27일 오후 1시 대법원 2호 법정에서 재판장 고원명 중령 주심 하에 재판이 속개된다. 노천명의 혐의는 "괴뢰군이 서울에 들어오자 문학가동맹에 자진 가맹하여 그들에게 적극 협력하였으며 유세대에 참가하여 그들에게 적극 협력하였으며, 유격대대장 최(崔)에게 여학사 규약과 명부를 제공하는 등 괴뢰군에 적극 협력하였다는 것"이었다. 이에 노천명은 자기 변호를 하기 시작한다. 내용인 즉 "문학가동맹에 가입한 것은 자기 생명을 보호할 목적과 모(모윤숙) 여사의 거처를 아는 고로 그것이 두려워 가맹한 것으로 표면적으로 협력하려는 태도로 나온 것이며 진심으로 그런 것이 아니다"라고 진술한다. 또 "그때 정세와 환경으로는 도피할 도리가 없었으며", 또 그들에게 적극 협력하였다면 모(모윤숙) 여사의 거처를 왜 끝까지 숨겼겠냐며 "하등의 범죄사실이 구성되지 않는다며 무죄를 요구"한다. 하지만 검찰관은 다음의 이유로 사형을 구형한다.

> 六·二五이후에는 도피할 기회가 있었다는 것과 문학가동맹이 어떤 단체며 그에 가맹하면 어떠한 일을 한다는 것을 알면서 가맹하여 그들에 적극 협력하였다는 것은 용서할 수 없음으로 맛당히 국가경비법 제 三십二조에 비추어 사형을 구형한다.[42]

---

42 「여류시인 노천명 등 군재에서 사형을 구형」, 『동아일보』, 1950.10.29.

이 재판은 "하오 5시에 폐정"했으며, "재판장의 최후언도는 10월 28일 상오에 서면으로 있을 예정이다"라고 기사가 마무리되고 있다. 당시 여러 증언들에 비추어 봐도 정상적인 재판을 기대하기 어려운 상황이었다. 재판을 통해서는 노천명의 부역 동기나 양상의 진실을 알 수 없었다. 우여곡절 끝에 노천명은 문인들의 도움으로 풀려나게 되고, 조연현 등의 도움으로 다시 문단에 나오게 된다.

그러던 중 1951년 10월에 간행된 반공텍스트『自由를 위하여』(오제도 편, 서울 문예서림)에 「文化人優待도 헛宣傳」이라는 글을 싣는다. 이 글 역시 다른 잔류파 문인들의 글과 같은 범주에 들어가는 것으로 부역에 대한 정당화, 북한공산주의 비판, 자유대한민국에 대한 충성 맹세 등이 주조음을 이루고 있다. 여타 잔류파 문인들처럼 노천명도 이 텍스트를 부역에 대한 적극적인 변호의 장으로 활용한다. 하지만 여기서 주목해야 할 점은 자신을 향한 이념적 의심과 비난을 어떠한 방식으로 대처하는 가이다. 이는 노천명이 남한에서 존재해야 하는 당위를 표명하는 작업이자 동시에 마녀사냥식 처벌에서 살아남기 위한 '기술'이기도 했다.

노천명이 글 전면에 내세우고 있는 장면은 문화인에 대한 북한의 이중성이다. 노천명은 이를 두고 "文化政策이 아니라 愚化政策", "정치의 도구", "기만적 문화정책" 등으로 비난한다. 하지만 이런 유의 글쓰기가 남한의 자유로운 분위기와의 차이를 배가시키기 위한 전략임은 잔류파 문인들을 통해 익히 보아왔다. 이 외에도 관찰자 시점을 사용하여 부역의 주체가 자신이 아닌 타인으로 전환시키거나 남과 북의 극단적 대비를 위한 수사학 등도 이미 익숙한 모습이다. 그럼에도 노천명만의 특징이 있다면 그것은 왜 문화인들이 정치에 관심을 가져야 하는가에 대한 당위성이다.

> 文化人이 政治에 加擔하는 것을 애껍게 보아오고 여기서 조촐히 떨어져 도사리고 있음을 마치 淸川江에 귀를 씻은 옛 사람 모양 자긍하는 것은 벌써 어제로 돌려보내어야할 態度인 것 같다.[43]

노천명은 글의 앞 머리에서부터 정치적 무관심에 대한 그간의 심경이 변화해야 함을 강조하고 있다. 해방 이전에는 "정치적으로 날뛰는 시인을 볼 때 순결성을 상실한 처녀"라고 생각했다. 하지만 한국전쟁을 계기로 생각이 바뀐다. 스스로 "정치는 정치인들에게 맡기자 우리는 문화의 탑을 쌓는 이름없는 지게꾼이 되"는 것이 "가장 옳은 기본적 위치"이자 "자유주의 입장"이라고 생각했는데, 이러한 태도로 인해 한국전쟁 발발과 함께 "반동분자라 하여 괴뢰군에게 일루 절루 끌려다니게" 되었기 때문이라고 한다. 이러한 진술은 스스로를 비정치적 인물이자 부역의 계기가 비자발적이었음을 드러내는 것이다.

서두에서 제시한 비정치성과 부역의 비자발성은 앞으로 전개될 문화인에 대한 기만적인 태도와 연결되면서 부역의 강제성을 강조

---

43 노천명, 「문화인우대도 헛선전」, 오제도 편, 『자유를 위하여』, 서울 문예서림, 1951, 123면. 이하 각주 생략하며 면수만 표기함.

하는 효과를 가져온다. 실제 노천명은 관찰자 시점을 통해 북한의 기만적이고 폭력적인 문화정책을 폭로하면서 한편으로는 수수방관적인 자신의 모습을 대비시킨다.

> 얼굴이 신 사람들과 地下운동을 했다는 이름도 姓도 모르는 젊은이들에게 나는 함부로 휘둘렸다. 달포를 다녀도 詩 하나를 못 썼다. (126면)

> 나는 석 달 동안 한편의 詩도 못쓰는 병신이 되어 버렸다. 잘 써서 新聞에가 실려지는 詩를 주면 가장 욕을 잘한 시들이다. "욕을 썩 잘한 것이 결국 잘 쓴 詩로 통과가 되는구려" 했더니 "그건 그래" ×형도 웃으며 이렇게 대답을 하는 것이다. (…중략…)
>
> 이 鐵의 帳幕 속에서 나는 숨이 맥혀 죽는 수밖에 없는 것 같았다. 자유, 자유, 자유가 그리웠다. (128~129면)

그녀는 물리적 압제 속에서 자유대한민국을 그리워하는 연약한 여류 문인으로 그려지고 있다. 더불어 "석 달 동안 한 편의 시도 못 쓰는 병신"이 되었다는 기술을 통해 자신의 부역행위가 얼마나 보잘 것 없는 것인가를 강조하고 있다. 그러다 겨우 써 낸 것이 "욕을 썩 잘한 것"이고 이것이 "잘 쓴 시로 통과"된 것에 자조하고 있다. 노천명은 이러한 방식으로 자신의 부역행위를 합리화하고 있다.

또 하나 주목해야 할 점은 반공주의자임을 드러내는 방식이다. 노천명은 유달리 "우리"라는 용어를 빈번하게 사용하고 있다. 124

면에만 "우리가 어떻게 찾은 대한민국이기에 꿈속에서도 그리워 하던 우리 조국이 아니냐", "우리 문화인도 우리의 자유의 디딤돌을 위해서", "우리 남한에서는" 등 여러 차례 사용되고 있다. 이러한 글쓰기의 의도가 무엇인지는 쉽게 노출된다. '우리'라는 용어를 통해 자신이 대한민국의 구성원과 동일한 존재임을 지속적이면서도 암묵적으로 강요하고 있는 것이다.

이제 그녀는 자유대한민국을 그리워하는 연약한 여류 문인이 아니다. 또 정치에 대한 관심을 더 이상 "순결성을 상실한 처녀"로 바라보지도 않는다. 정치에의 관심은 "우리의 자유의 디딤돌을 위해서 정치에 적극 가담할 필요"가 있기 때문이다. 이제 그녀는 강인한 반공전사로 다시 태어났음을 만인에게 선포한다.

> 무엇보다도 우리에게는 自由가 있지 않으냐. 이것을 빼앗기지 않기 위해 우리는 打共戰列에 열렬히 나서야 하겠다.
>
> 원수들의 虛僞를 벗기자, 기만을 찢자.
>
> 모두다 일어나 祖國을 지키는 참다운 戰士가 되자. (131면)

모두가 그랬듯이 노천명도 부역에 대한 고해성사, 북한에 대한 저주 그리고 열렬한 반공주의자임을 증명하는 글로 마무리 짓고 있다.

2) 조연현의 노천명 구타사건과 이봉구의 익명 글쓰기

노천명은 어느 여류 문인보다도 삶의 굴곡이 많은 작가였다. 일제식민지 당시 변절로 인해 친일문인으로 지목되었으며, 한국전쟁 때는 부역혐의로 징역 10년을 언도 받았으나 동료 문인들의 탄원으로 약 6개월 가량의 감옥 생활을 마친 후 출옥하였다. 잔류파 문인들이 그러했던 것처럼 노천명도 다시 문단으로 나오기까지 쉽지 않았다. 하지만 조연현의 도움으로 다시 문단활동을 시작하게 된다.[44] 하지만 노천명은 조연현과 해프닝을 벌이게 되는데, 그 발단이 이른바 '이봉구의 익명 글쓰기' 사건이다.

> 우연히 노여사를 만났다. 내가 반갑게 인사를 하려고 하니까 "당신 같은 사람하고는 만나기도 싫다" 하며 홱 돌아서 버리는 것이었다. 불쾌했지만 나도 갈 길이 바빴기 때문에 그 이유를 묻지도 못하고 이상스럽게 생각했었다. 며칠 전에 새삼스럽게 고맙다고 인사까지 한 사람이 별안간 웬일일까.
>
> 그러한 일이 있은 또 며칠 후 출판 기념회 석상에서 다시 노여사와 마주치게 되어 무슨 일이 틀어졌느냐고 농담조로 물었다. 그는 큰 소리로 "너 같은 ××하고는 말하기 싫어" 하며 돌아서 버렸다. 노 여사

44 조연현은 "노여사의 재기를 도와주는 뜻에서 원고의 집필을 권유"했고, "이것이 노여사의 문단 재기의 한 실마리가 되었"다고 회고하고 있다(조연현, 『문학과 사상과 인생』, 문학세계사, 1982, 196면).

는 여러 사람 앞에서 아주 흥분한 어조로 나에게 욕설을 퍼붓는 것이다. 피가 거꾸로 솟았지만 장소가 출판 기념회고 해서 나는 참았다. 이 모욕에 대해선 다시 따질 작정을 하고……

며칠 후 모 신문사 앞에서 노 여사와 딱 마주쳤다. 내가 먼저 말할 사이도 없이 노여사가 먼저 욕부터 퍼부었다. 입에 담을 수 없는 욕설이 마구 튀어나왔다. 며칠 전 출판 기념회에서 내가 참은 것처럼 노여사도 참았던 것인지 그날 밤의 유가 아니었다. 이유가 뭐냐고 따져도 그저 욕만 퍼부었다.

노여사의 성격이 좀 별난 것은 그 전부터 알고 있는 일이지만 그 때문에 내가 죄없이 일방적으로 당하고만 있을 만큼 나는 훌륭한 인물이 못 되었다. 참다못해 따귀를 한 대 갈겨 버렸다. 그것만으로도 분이 안 풀려 또 한 대를 갈겼다. 그리고 그 이유를 대라고 윽박질렀다. 나의 기압에 놀란 노여사는 처음으로 이유를 밝혔다.

그것은 『현대공론』이라는 잡지에 6·25때 부역한 문인들을 비난하는 글이 익명으로 발표되어 있는데 그것을 내가 썼다는 것이고 자기를 가장 많이 비난하고 있었다는 것이었다.[45]

사건을 요약하면, 어느 날 모윤숙이 거리에서 만난 조연현에게 "너 같은 자식하고는 말하기도 싫다"[46]고 면박을 주자 감정이 격해진 조연현이 노천명의 빰을 때려 고소로까지 번진 사건이다. 잔류파

45 위의 책, 196~197면.
46 조연현, 『내가 살아온 한국문단』, 현대문학사, 1968, 139면.

를 비난하는 글을 읽은 노천명은 이 글이 조연현이 썼다고 확신하고 욕을 한 것이고, 조연현은 자신이 도와준 노천명의 행위에 한없는 서운함을 느꼈던 것이다.[47] 결국 둘은 그 글이 발표된 『현대공론』사에 가서 확인하게 되는데, 이봉구가 익명으로 발표한 글로 밝혀진다.

이 사건에 주목하는 이유는 이봉구가 익명으로 발표한 글의 실체이다. 사소하게 보일 수 있는 부분이지만, 한국문학의 실증적 정확성을 위해서는 확인 작업도 필요하다고 생각된다. 이봉구의 글에 대한 문제는 두 가지이다. 하나는 이 글이 실린 매체의 확인이며, 또 하나는 이 글이 실제 이봉구가 작성한 것인가라는 점이다. 이에 대한 논의가 필요한 것은 실제 이 글의 진위 여부가 분명치 않기 때문이다. 분명히 노천명과 조연현 간의 사건은 존재하지만, 실제 그 사건을 촉발시킨 물증 자료(이봉구의 글)의 실체는 확실히 밝혀진 바가 없기 때문이다. 이 사건과 함께 이봉구의 글이 실린 매체에 대한 기억은 현재 3가지 정도로 요약되고 있다.

---

47 노천명이 조연현을 의심하게 된 시작은 아마도 1950년 11월 11, 12일 양일에 걸쳐 『서울신문』에 기고한 「부역문인에 대해(상・하)」 때문이었을 것이다. 조연현은 이 글에서 부역문화인들의 무차별적인 처벌은 지양해야 한다고 말하고 있지만, '협력'과 '항쟁'이라는 구도 속에서 부역문화인들을 '타협분자'로 보고 있다는 점에서 노천명 등 잔류파 문인들은 섭섭함을 가졌을 것이다. 조연현은 1・4후퇴 당시 부산에서 노천명을 만나 반가워했지만 "내가(조연현 : 인용자) 가장 자기(노천명 : 인용자)를 가장 많이 욕할 줄 았았다는 이러한 선입견의 원인이 무엇이었는가"(조연현, 「노천명 편모」, 『문학과 생활』, 탐구당, 1964, 83면)라고 회상한 바 있는데, 이러한 노천명의 선입견은 아마 앞의 글 때문이었을 것이다. 노천명은 "생래적인 자존심"과 "자기가 하고 싶은 이야기는 때와 장소를 막론하고 거침없이"(이어령, 『한국 작가전기연구(상)』, 동화출판공사, 1975, 148면)하는 "성격이 좀 별난"(조연현, 『문학과 사상과 인생』, 문학세계사, 1982, 197면) 성격이었던 만큼 조연현의 글에서 꽤 깊게 상처를 받았던 것으로 보인다. 결국 이러한 기억들이 이봉구의 글을 조연현의 글로 오해하게 만든 것으로 보인다.

첫째로는 조연현의 기억이다.

> 여기에서 某誌라는 것은 『현대공론』을 지적한 것인데 발행인은 유치진 씨였고, 편집은 이종항[48]씨가 맡아있었다. 그 『현대공론』에 실린 노여사를 욕했다는 원고는 이봉구 씨의 집필로 된 것인데 익명으로 발표한 것이었다. 익명으로 발표된 이봉구 씨의 그 글은 6·25때 부역한 문단인들을 비판한 내용인데, 노여사는 이것을 내가 쓴 것이라고 혼자 판단하고 있었던 것이다.[49]

조연현의 기억에 따르면 이봉구가 익명으로 남긴 글은 『현대공론』에 실린 것이다. 사건의 당사자인 조연현은 『현대공론』 잡지사에 직접 찾아가 발행인과 편집인의 실명을 밝히고 있다.

두 번째로는 황금찬의 기억이다.[50] 황금찬은 1956년에 노천명이 조연현에게 욕을 하고, 이에 화가 난 조연현이 그녀를 '자유공론'사에 데리고 간 것으로 기억하고 있다. 황금찬은 '자유공론'이 화신백화점 3층에 위치하고 있었으며, 그곳의 편집장이 이종환이라고 기억하고 있다. 황금찬에 의하면, 이종환은 노천명에게 글의 저자가 조연현이 아님을 확인해주었지만 실제 저자는 끝끝내 밝히지 않았다고 술회하고 있다.

---

48 '이종환'의 오기이다.

49 조연현, 『내가 살아온 한국문단』, 현대문학사, 1968, 141면.

50 황금찬, 「그 글을 누가 썼을까 – 노천명」, 『문학세계』, 2007. 9, 53~55면.

세 번째로는 장석주의 기억이 있다.

어느 날 이봉구는 명동에서 '사슴'의 시인 노천명과 마주친다. 두 사람은 『조선중앙일보』에 함께 몸담은 적이 있어서 오래 전부터 꽤 각별한 사이였다.

"노여사 오랜만입니다. 그동안 잘 지내셨습니까?"

"이봉구 씨가 내게 어떻게 그럴 수가 있어요?"

노천명은 반갑게 인사를 건네는 이봉구를 쏘아보며 대뜸 따져 묻는다. 시인의 말투에 적대시하는 태도가 잔뜩 묻어났다.

"뭘 말입니까?"

"『조선일보』에 쓴 글 말이에요. 「6·25와 부역문화인」 말이에요."

"그건 꼭 노여사를 겨냥하고 쓴 글이 아닙니다."

"이봉구 씨 변명 따위는 듣고 싶지 않아요. 그리고 앞으로 당신과는 절교예요. 어떤 자리에서도 날 아는 척 하지 마세요." (…중략…)

이즈음 노천명은 평론가 조연현과도 한바탕 싸워 문단을 떠들썩하게 만든다. 두 사람은 어떤 신문사 앞에서 우연히 만나는데, 노천명이 다짜고짜 욕설을 퍼붓자 참다못한 조연현은 노천명의 따귀를 갈겨버린다. 당시 『현대공론』이라는 잡지에 6·25 때 부역한 문인들을 비난하는 익명의 글이 실렸는데, 노천명은 그것을 조연현이 쓴 것이라고 오해한 것이다.

"나는 그런 글이 실렸다는 사실조차 몰랐어. 현대공론사로 함께 갑시다. 가서 누가 그 글을 썼는지 알아봅시다."

화가 머리끝까지 치민 조연현은 이제 오해가 풀렸으니 그만두자는 노천명을 끌고 현대공론사로 가 편집 책임자에게 그 글의 필자가 자신이 아님을 확인시킨다. 익명으로 실은 그 글은 알고 보면 이봉구가 쓴 것이었다. 결국 이봉구와 노천명은 그 일로 크게 사이가 틀어져 공공장소에서 만나도 서로 모르는 사이처럼 외면하고 지낸다.[51]

장석주의 기억에 따르면 조연현과의 다툼 이전에 이미 이봉구와의 사건이 존재한다. 뿐만 아니라 노천명을 향한 이봉구의 글도 『현대공론』외에 또 다른 글이 있는 것으로 나타난다.

이봉구 글의 실체를 밝히기 위해서는 위 세 가지 기억들의 정확성에 대해 검증해 볼 필요가 있다. 먼저 이봉구의 글이 실렸다고 주장하는 매체의 기억이다. 조연현은 『현대공론』을, 장석주는 『조선일보』와 『현대공론』을, 황금찬은 『자유공론』을 주장하고 있다. 『현대공론』은 조연현과 장석주가 일치한다는 점에서 이 논의는 잠시 뒤로 미루고, 차이가 나는 『조선일보』를 먼저 살피겠다. 장석주는 『조선일보』에 이봉구의 「6 · 25와 부역문화인」이 실렸다고 구체적인 제목까지 지적하고 있다. 그래서 『조선일보』 홈페이지에 원문기사검색을 해 보았다. 그러한 기사는 검색되지 않았다. 각종 키워드로 검색해보았지만 그러한 기사는 존재하지 않았다. 그래서 『조선일보』에 직접 기사 확인을 요청하였다. 담당자의 확인 결과

51 장석주, 「이봉구－명동백작으로 불린 작가」, 『20세기 한국문학의 탐험』, 시공사, 2007, 415~416면.

그런 기사는 존재하지 않는다는 답변이 돌아왔다. 아마도 장석주는 이어령이 학생들과 함께 조사한 『한국 작가전기연구(상)』(동화출판공사, 1975)을 참조한 것으로 보인다. 이 책에도 노천명의 사건을 이봉구와 조연현 둘로 나눠 기술하고 있는데, 이봉구의 「6・25와 부역문화인」이 『조선일보』에 실렸다고 기록하고 있다.

다음은 황금찬이 기억하는 『자유공론』이다. 이는 황금찬의 착오로 보인다. 노천명은 1957년에 작고했는데, 『자유공론』은 1958년에 창간되었기 때문이다. 아마도 편집장이 이종환이라는 표현으로 보아 『현대공론』을 『자유공론』으로 잘못 기억한 것으로 보인다.[52] 그렇다면 신뢰할 수 있는 장면은 『현대공론』이라는 매체이다. 조연현과 장석주 그리고 황금찬까지 포함하여 공통되게 말하고 있는 것이 편집장의 이름인데, 바로 『현대공론』의 편집장 이종환이다. 이렇게 볼 때 이봉구의 글이 실렸을 가능성이 가장 높은 매체는 『현대공론』이다.

또 하나는 사건발생 시점이다. 사건의 당사자인 조연현은 노천명과의 사건 시점을 "『문예』가 폐간되고, 『현대문학』이 아직 나오기 전 이 사이에 나의 신변에는 한 가지 괴로웠던 일이 있었다. 내가 노천명 여사의 뺨을 때리고……"[53]라고 기억하고 있다. 『문예』가 1954년 3월 통권 21호로 폐간되고, 『현대문학』이 1955년 1월

---

52 황금찬은 다른 글에서 이종환이 1954년에 『현대공론』 편집일을, 1956년에는 『자유공론』 편집장이었다고 회고한 바 있다(황금찬, 「황금찬의 문단 반세기(28)—이종환 편」, 『문학세계』, 2009.5).

53 조연현, 『문학과 사상과 인생』, 문학세계사, 1982, 195면.

에 창간되었으므로, 조연현의 기억에 따르면 대략 1954년 3월 이후에 발생한 사건이다. 이에 대해 황금찬은 1956년이라고 구체적으로 년도를 기술하고 있지만, 조연현의 다른 글이나 장석주의 글에서도 "환도 이후"로 보고 있다는 점에서 1956년은 시기적으로 너무 멀다. 그렇다면 가장 근접한 시간은 1954년 3월부터 12월 사이가 된다.

그런데 이 사이에 흥미로운 글이 하나 더 실린다. 바로 1954년 『현대공론』 6월호에 실린 허남희의 「六・二五와 文化人의 良心」이다. 이 글은 『현대공론』이 한국전쟁 1주년 특집을 맞아 기획한 것으로, '1950・6・25'이라는 주제로 한 여러 인사들의 글 중 하나이다. 허남희의 「六・二五와 文化人의 良心」은 한국전쟁 당시 적치 하에서 부역한 문화인들을 비판하고 있는 글이다.

이 글에 주목해야 하는 이유는 이 글이 이봉구가 익명으로 발표한 글에 가장 근접하고 있기 때문이다. 우선 시기적으로 조연현, 장석주가 기억하는 사건의 시점에 가장 근접하고 있다. 특히 조연현이 기억하는 시점인 1954년 3월 이후의 글이라는 점에서 그렇다. 1953년 『현대공론』 창간호부터 노천명이 작고한 1957년까지를 대상기간으로 삼고 조사해 보았지만 부역문화인과 관련된 글은 허남희가 유일했다.[54] 둘째, 조연현, 장석주 그리고 황금찬까지 공통된 기억이 『현대공론』이라는 매체이기 때문이다. 비록 황금찬은 사건

54 현재 『현대공론』은 서울대 중앙도서관에 가장 많은 양이 소장되어 있다. 1953년 창간호부터 1955년 3권 1호까지 소장하고 있다. 필자는 서울대 자료를 참고하였다.

시점이나 발표 매체는 부정확했지만, 매체의 편집장을 '이종환'이라고 기억하고 있기 때문에 『현대공론』으로 추정해도 큰 무리가 없어 보인다.

글의 내용을 살펴보면 조연현, 장석주, 황금찬이 말하고 있는 부역문화인을 향한 비난이 주를 이루고 있다.

> 구구절절이 대한민국을 찬양하는 것으로 신문잡지에 9·28을 당한 부역문화인들이 붓대를 휘둘러 세상을 놀라게 하였다. 6·25땐 광태에 가깝도록 빨갱이가 되어 날뛰던 자들이 이제와선 6·25 때 형언 못 할 수난 속에 싸운 애국문화인 이상으로 '님'을 찾고 '조국'을 노래하고 '대한민국'을 찬양하는 데는 정말 어이가 없어 볼 수 없는 가증한 꼴이었다. (…중략…)
>
> 6·25같은 사태가 또 다시 이곳에 버러진다면 지금까지 우리 편이던 그 무렵 부역문화인들이 어떻게 태도를 취할른지 의심스럽고 걱정이 되는 것이 또한 어쩔 수 없는 심정이라 할 수 있다.[55]

"그 당시 부역문화인을 돌이켜보고"라는 부제로 시작하는 이 글은 부역문화인들이 "언제 어느 때 우리 앞에 총 뿌리를 대고 대들지 모르기" 때문에 "날카로운 메스"가 필요하다고 외치고 있다. 부역문화인들의 반역행위를 근접한 거리에서 자세히 묘사하고 있는

55 허남희, 「六·二五와 文化人의 良心」, 『현대공론』, 1954.6, 98면.

데, 그들이 보인 기회주의적 속성 때문에 끝까지 잠재적인 적으로 간주하고 있다. 이러한 기술 가운데 노천명으로 추정할 수 있는 부분이 나온다.

> 9·28은 이들에겐 청천벽력이었다. 꿈에도 생각 못한 변화가 이들 앞에 일어난 것이다.
>
> 우리의 날카로운 '메스'는 이들 부역문화인들에게 파고들었다.
>
> '문총'에서는 당국을 협조하는 뜻에서 부역문화인 심사 명부가 작성되었고, 악질적인 것은 형을 받고 철창으로 향하였다. 이 속엔 최고 이십년의 형을 받고 넘어간 여류문화인도 있었다.[56]

1950년 10월 30일 『동아일보』 기사에 따르면 "국방경비법 제32조(이적행위)에 의거하여 노천명과 박경희에게 징역 20년에 처한다"라고 나오고 있다. 당시 노천명은 문인 중 유일하게 징역형을 선고 받아 세간에 주목을 받기도 했다. 따라서 "악질적인" 부역행위로 "최고 이십년의 형을 받고 넘어간 여류문화인"이란 노천명을 두고 한 말인 것이다. 이렇게 볼 때 "익명으로 발표된 이봉구 씨의 그 글은 6·25때 부역한 문단인들을 비판한 내용"이라는 조연현의 기억과 유사하다.

이제 가장 중요한 점은 허남희라는 사람의 정체이다. 시기적으

56 위의 글, 97면.

로, 그리고 매체의 공통점은 있지만 허남희가 과연 실재 존재하는 사람인지의 확인되어야 할 것이다. 그래서 현재 발간된 문인사전과 인터넷 검색, 국가전자도서관, 국회도서관, 국립중앙도서관 등 각종 도서관 검색을 시도해 보았지만 글의 성격과 부합하는 '허남희'라는 사람과 글은 존재하지 않았다. 그렇다면 익명의 이봉구의 글에 가장 근접하는 글은 허남희의 「六・二五와 文化人의 良心」일 가능성이 매우 높다.

하지만 여전히 의문점은 남는다. 실제 노천명의 실명을 언급한 부분이 없으며, 노천명으로 짐작할 수 있는 부분마저도 매우 적은 분량이라는 점이다. 무엇보다 의문이 남는 지점은 나레이터의 신분이다. 이 글은 부역문화인들의 곁에서 그들이 행한 것을 기록하는 형태를 띠고 있다. 저자도 "그 날의 육이오와 그 동태를 듣고 본 한계 안에서 도리켜 보자는 것"이라고 언급하고 있다. 즉 현장에서 목격한 것을 기록했음을 밝히고 있는 것이다. 그렇다면 허남희 역시 잔류파이자 부역에 동참한 문인이라는 것이다. 그런데 이봉구는 도강파이다. 역시 시원하게 해결되지 않고 있다.

하지만 이 부분도 다음과 같은 방식으로 이해가 가능하지 않을까 조심스런 추정을 해본다. 허남희의 글은 분명 현장의 시점으로 그리고 있지만 철저하게 관찰자 시점에서 그리고 있다. 만일 본인도 부역에 동참한 작가였다면, 다른 잔류파 문인들이 그러했듯이 자신의 부역에 대해 합리화하는 장면을 삽입했을 것이다. 게다가 실재 부역작가였다면 이렇게 강한 어조로 부역문화인을 비판하는 일은 불가능하다. 그들에 대한 비난은 곧 자신을 향한 것이기 때문이다.

우리는 이봉구의 글쓰기 스타일을 알고 있다. 환도 이후 명동의 모습을 그리는 이봉구의 글쓰기 스타일은 자신의 직접적인 체험과 그렇지 않은 것을 구별하지 않고 있다. 마치 자신의 모든 체험처럼 기술하고 있는 고은의 『1950년대』처럼 이봉구도 그러한 작법을 가지고 있다. 그렇다면 허남희의 글쓰기 방식과 이봉구의 글쓰기 방식은 여러 면에서 닮아있다. 이렇게 본다면 허남희의 글이 이봉구의 글일 가능성이 높은 것이 아닐까? 조심스런 추정을 해 본다.

3장 도강파의 이념적 우월성 혹은 과시로서의 글쓰기

1. 『고난의 90일』과 탈출의 서사시

한국전쟁기 동안 문단과 문학인들에게 가장 비극적인 사건은 무엇이었을까? 철저히 문단 내적인 문제로 집중한다면 아마도 1차 피난 여부로 인한 도강파, 잔류파의 구분과 서울 수복 후 이루어진 부역문인처벌이었을 것이다. 이 사건으로 인해 남한의 문인들은 일제 식민지로부터 해방 이후까지 불분명했던 이념의 경계가 '주홍글씨'의 낙인처럼 명확해졌으며, 이념의 지형도까지 새롭게 배치된다.

잔류파 문인들은 적치의 공간에 있었다는 이유로 부역혐의자, 부역자, "붉은 군대"의 "충견노릇"을 한 불순분자로 호명되어야 했고, 반면에 도강파 문인들은 피난에 성공했다는 이유로 개선장군 행세를 했다. 남한에서 함께 문단활동을 하던 그들은 피난의 여부를 두고 아(我)와 피(彼)를 구분하고 척결하려 했던 것이다.

하지만 잔류파와는 정반대일 것 같은 도강파 문인들도 스스로 끊임없이 반공주의자임을 증명해야 했다. '개선장군'처럼 서울에 입성한 도강파 문인들도 가만히 있는다고 해서 반공주의자가 되는 것은 아니기 때문이다. 중요한 것은 끊임없이 스스로 반공주의자임을 천명해야 했던 것인데, 대표적인 방식이 잔류파 문인들을 향한 이념 공세였다. 이른바 서울 수복 후 이루어진 부역문인처벌은 잔류파 문인을 향한 문단의 대표적인 이념공세 사건이었다. 조영암은 이를 두고 "최태응 씨를 중심으로 문단부역행위자특별심사위원회를 조직하고 그들 부역잔당에게 엄격한 철퇴를 내린 것은 또한 잊을 수 없는 '문총구국대의 활약의 대단원"[1]이라고 평하고 있다. 많은 문인들이 잔류파 문인을 향한 이념공세를 펼쳤는데 그 중에서도 조영암의 독설은 유명했다. '보도연맹의 재판을 경고한다'라는 부제를 달고 나온 조영암의 욕설비평은 단순한 개인적 감정의 발로가 아닌 '월남실향민'의 현실 감각이 최대치로 발현된 사건이었다.

임긍재의 「문학정신과 자유의 옹호」는 일종의 조영암식 저주의 고상한 표현에 해당한다. 임긍재는 부역문인을 포함한 "괴뢰문학

1 조영암, 「'문총'구국대의 저항운동」, 『현대공론』, 1954.6, 125면.

가"들을 향해 "그대들"이라는 호칭으로 글을 시작한다. 문학의 본질이 "眞善美의 探求"와 "表現의 强烈한 自由擁護"라면, 괴뢰문학이란 "문학은 인민에 복무하여야 된다"라며 "미친놈처럼 항상 성경구절이나 수학공식을 외다시피" 하는 "기만적인 공식주의 문학"이요, "삐라식 문학"이요, "지령문학"이다. 이에 임긍재는 "참다운 문학정신과 자유를 옹호하기 위해서라도 우리 애국문학가들은 끝까지 싸울 작정"이며 "일생동안 모든 장애물과 싸울 것을 마음 굳게 맹서"[2] 한다. 조영암과 임긍재의 이념 공세는 지속성을 띠면서 이후 한국문단의 정치적 파벌을 이루는 계기가 된다.

이 가운데 『고난의 90일』은 여러모로 『적화삼삭구인집』과 대비된다. 둘 다 체험 혹은 수난을 기록하고 있지만 내용과 서술의 톤에 있어서 정반대의 자세를 취하고 있기 때문이다. 1951년 3월에 발간된 『적화삼삭구인집』의 필자들이 모두 적치 하에서 부역의 혐의를 받은 자들인 반면 4개월 전에 발간된 『고난의 90일』(수도문화사)의 필자는 유진오, 모윤숙, 이건호, 구철회 등으로, 모두 도강파이거나 지하에 잠적해 있다 국군의 품에 안긴 자들이다. 『적화삼삭구인집』의 주조음이 부역에 대한 죄의식과 정당화라면, 『고난의 90일』은 민족과 국가의 장래를 위해 적치로부터 벗어나 후일을 도모해야 한다는 사명감으로 가득 차 있다. 그들은 자신들의 피난이 죽음의 회피가 아님을 강조한다. 도강파들의 피난에 대한 사명감의

2 임긍재, 「문학정신과 자유의 옹호」, 『전시문학독본』, 계몽사, 1951, 150~154면.

선언문은 유주현은 「눈 내리는 밤」에서 확인할 수 있다.

> 나는 本意아닌 避難을 해야한다. 죽엄을 避하여 살아가는 것이 아니라 살 수 있는 날까지 살아서 가장 價値있는 죽엄을 가지려는 것이 아닌가, 이것이 避難하는 壯丁들의 本意일 것이다.[3]

이들에게 도망자의 부끄러움이나 죄의식을 기대하는 것은 쉽지 않다. 그래서일까? 그들의 글쓰기에는 일종의 이념적 우월의식이 자리하고 있다. 도강파의 자신감은 심지어 공산주의를 긍정하는 발언으로까지 이어지는데, 유진오는 "도대체 민주주의는 말썽이 많고 느린 것이 결점이다. 그 반대로 공산주의는 말썽이 없고 신속한 것이 장점이다"[4]라고 말할 정도이다. 도강파의 탈출 서사에는 민족과 국가의 장래와 어떻게 해서든지 공산주의자의 무리들로부터 벗어나 후일을 도모해야 한다는 사명감으로 가득 차 있다. 이러한 대표적인 양상이 바로 모윤숙의 글쓰기이다.

---

3 유주현, 「눈내리는 밤」, 『전시문학독본』, 앞의 책, 23면.
김광주도 「암흑의 삼개월 – 하누님을 찾는 아내」에서 "이를 깨물고라도 살아야지? 내가 죽고 저것들만이 살면 어찌할 것이며 저것들이 다 죽고 내가 살면 또 무엇을 할 것인가"라고 생존의 목적을 밝힌 바 있다.

4 유진오, 「서울 탈출기」, 『고난의 90일』, 수도문화사, 1950, 47면.

2. 모윤숙–탈출의 신화화

1) 판본의 문제와 기억의 정치성

(1) 피난 체험에 대한 4개의 판본

모윤숙이 남긴 도강(渡江)의 기록은 크게 4가지로 집약할 수 있다. 시기적으로 봤을 때 가장 앞선 것은 1950년 11월 서울수도문화사에 발간한 『고난의 90일』에 수록된 「나는 정말로 살아있는가?」(이하 ①로 표기함)이다. 그 다음이 1951년 3월 계몽사에서 간행한 『전시문학독본』에 수록된 「천지가 지옥화」(이하 ②로 표기함)이며, 세 번째는 1968년 중앙출판공사에서 간행한 『회상의 창가에서』에 수록된 글(이하 ③으로 표기)이다. 마지막이 1983년 중앙일보사에서 제작한 『민족의 증언』 2에 수록된 내용(이하 ④로 표기)이다. 모두 피난이라는 동일한 사건을 기술하고 있음에도 불구하고 시기별로 소환하는 기억의 내용과 기술방식은 매우 상이하게 나타나고 있다.[5]

---

5 1956년 6월 28일 『조선일보』에 모윤숙의 피난기인 「목숨의 고비–6・25와 나」라는 글이 실려 있다. 이는 피난 도중의 에피소드를 짤막하게 쓴 것으로 산에서 만난 인민군들과 평안도 사투리로 대화를 나누던 장면이다. 위에서 언급한 자료들과 큰 차이가 없어 따로 언급하지는 않는다.

번호	판본	출처	사건 기간
1	「나는 정말로 살아있는가?」	『고난의 90일』 (서울수도문화사, 1950.11)	1950.6.25~수복직전
2	「천지가 지옥화」	『전시문학독본』 (계몽사, 1951.3)	1950.8.15~서울탈출 이전
3	『회상의 창가에서』	중앙출판사, 1968.	유년시절~1967년
4	『민족의 증언』2	중앙일보사, 1983.	1950.6.27~ 수복이후

우선 판본 ①은 1950년 6월 25일 정오에서 시작하여 수복 직전 광주에서 국군을 만나기까지이다. 판본 ②는 1950년 8월 15일 이후 서울을 벗어나기 직전의 이야기이며, 판본 ③은 유년시절부터 1967년까지를, 판본 ④는 6월 27일 KBS에서 김현수 대령과 방송을 하던 시간부터 수복 이후의 이야기까지 회고담 형식으로 진행되고 있다. 판본 ②는 판본 ①과 판본 ③, ④에서 공통된 어느 한 시점의 에피소드라는 점 그리고 그 분량이 매우 짧다는 점에서 본격적인 기억은 판본 ①과 판본 ③, ④이다. 우선 판본 ①과 판본 ③, ④의 가장 큰 차이점은 사건의 주체이다. 물론 4개의 판본 모두 모윤숙, 자신이 주된 등장인물로 기술되고 있지만, 무엇보다 큰 차이점은 판본 ①이 전적으로 모윤숙 개인의 서사로 이루어져 있는 반면 판본 ③, ④는 모윤숙 집안의 '운전사'와의 관계 속에서 기술되고 있는 점이다. 판본 ①의 모든 사건은 모윤숙 개인 사건으로, 피난의 시작과 탈출 그리고 국군의 품에 안기기까지의 모든 고난이 모윤숙 혼자의 체험으로 기술되고 있다. 하지만 판본 ③, ④에서는 모윤숙과 자신의 딸 그

리고 운전수가 함께 피난을 시작하고 그로 인해 3인의 고난과 갈등이 피력되고 있다. 몇 군데 실례를 살펴보면 다음과 같다.

> **〈판본 ①〉** 바로 문밖에서 銃聲이 요란하다. 얼겁결에 나는 地下室로 뛰어내려가 귀를 막으며 앉았다. 곁에는 自動車運轉手와 護衛警官이 몸을 사리고 귀를 기울이고 있었다. 그는 拳銃을 쥐었으나 공포에 떨고 있었다. (54면)

> **〈판본 ④〉** 내 경호원은 벌써 도망치고 집에 없었어요. 나는 급히 지하실로 들어가서 평소에 저명인사들로부터 받은 편지뭉치를 땅에 파묻었습니다. 그리고는 내가 가장 존경하는 춘원 이광수선생과 영문학자 장기제 씨로부터 받은 편지 7통만 가슴에 간직했어요. (68면)

판본 ①과 ④의 차이점은 호위경관의 존재 유무이다. 판본 ①에서는 호위경관과 함께 지하실로 내려갔으며, 그가 권총을 지니고 있었으나 공포에 떨고 있었다는 등 매우 구체적으로 묘사되고 있다. 반면 판본 ④에서는 경호원의 존재가 아예 사라지고 만다. “벌써 도망치고” 없었기 때문이다. 경호원에 대한 기억은 권총을 쥐고 공포에 떨고 있는 것까지 묘사할 정도로 생생했다. 하지만 30년 후의 기억 속에는 자신의 본분마저 망각한 채 도망간 겁쟁이 경호원으로 그려지고 있다. 대신 경호원의 부재로 비어버린 자리는 저명인사들의 편지뭉치를 땅에 묻고 춘원과 영문학자의 편지를 가슴에

챙겨 나오는 모윤숙 자신으로 채워져 있다. 판본 ①에서는 정신이 황망한 모윤숙에게 빨리 도망가라고 깨워준 은인인 경호원이 판본 ④에서는 도망자로 전락하고 대신 모윤숙은 그 다급한 상황에도 민족인사들의 기록물을 보관하려는 '애국시민'으로 그려지고 있는 것이다.

또 다른 사건을 보자.

〈**판본 ①**〉 문득 麻布江으로 나가보면 하고 발을 옮겼다. 어둠을 더듬어가며 江가에 다달으니, 江邊을 監視하는 步哨들의 銃聲이 쉴 사이 없이 귀를 찢는다. (…중략…) 그들에게 잡힌다는 것은 나의 自尊心이 許諾ㅎ지 않는 일이다. (…중략…) 나는 그 자리에서 죽기로 결심하였다. 강물에 빠져죽으려고 물가로 나서며 適當한 處所를 찾으려 할 때, 난데 없이 낯선 青年이 앞을 막는다. 가슴이 덜컥 내려 앉는다. 너무나 놀란 나는 두어 걸음 물러섰으나, 紳士적인 그의 擧動이 저으기 나의 疑訝心을 풀어주었다. 그는 나에게 반시간 동안이나 自決의 어리석음과, 사흘만 참으면 美軍이 서울을 奪還할 것이니 목숨을 아끼라고 力說하였다. 그는 나를 짐작함인지 自己집으로 가서 사흘만 숨으라고 勸하였다. 그가 '共產黨'이 아니요, 우리를 支持하는 青年同志임을 확인하게 되자 어느덧 痲痺되었던 心境에 餘裕를 얻게 되었다. 나는 서슴지 않고 그의 勸告대로 그 青年의 집으로 따라가 벽장 속에 자리를 잡고 밥을 받아먹으려 숨어있게 되었다. (56~57면)

〈**판본 ④**〉 룟(외동딸 경선, 당시 13세 : 인용자)[6]에게 "엄마가 잡히거든 너는 빨리 도망쳐야 한다"고 일러주고는 역시 모녀가 거리를 두고 걸어 그날 저녁에 마포강변에 도착했습니다. 배를 타고 강을 건너 水原이나 大田으로 정부를 따라갈 생각이었지요. 그런데 어디 배가 있어야지요. 두리번거리고 있는데 웬 청년이 다가와 내 얼굴을 들여다보며 "毛允淑 선생님이시죠" 하고 물어요. 가슴이 철렁 내려앉으며 대답이 안 나와요. 그랬더니 그 청년은 "나는 체신부 기계과 직원 金在憲인데 아주머니 詩를 늘 애독하고 있습니다"라는 거예요. 그제서야 사정 이야기를 했더니 자기 집 다락에 숨겨줄 테니 같이 가자고 해요. 金 씨는 국군이 곧 반격해 들어올 테니까 염려없다는 겁니다. 그래서 나는 그 집 다락에 숨어 경이와 운전수는 마루에서 자면서 3일을 지냈지요. (69~70면)

모윤숙의 탈출 서사 중 가장 드라마틱한 장면 가운데 하나가 바로 마포강변 사건이다. 판본 ①과 ④의 가장 큰 상이점은 자살 사건의 유무이다. 판본 ①에서 마포강변 사건이 극적인 이유는 모윤숙이 자살을 결심하고 실행에 옮기려는 그 순간, 청년의 등장과 함께 목숨뿐만 아니라 피신처까지 구한다는 서사 때문이다. 그런데 이 극적인 장면이 판본 ④에서는 그저 평범하게 그려지고 있다. 배를 구하지 못해 두리번거리던 때 한 청년이 등장하고, 모윤숙은 그를 따라간다는 것뿐이다.[7] 그나마 극적인 장면이라 할 수 있는 것은

---

6 판본 ③에서는 '일선'이로 나온다.

7 이러한 장면은 이미 판본 ③에서 나타나고 있다. 자살에 대한 언급은 아예 존재하지 않았다.

그 청년이 모윤숙의 시를 애독하는 독자였으며, 단번에 그녀를 알아보았다는 것뿐이다. 하지만 판본 ①에 비하면 싱겁기 그지없다. 우연성조차 신파조마냥 힘이 없다. 판본 사이의 공통점이 있다면 마포강변에서 청년을 만나 그의 집에서 3일을 묵었다는 점뿐이다.[8] 판본 간의 상이점은 이 외에도 여러 곳에서 발견된다.

모윤숙의 탈출 서사에는 스스로 인상적이라 여기는 장면들이 공통으로 등장하는데, 메논의장이 기념으로 준 금시계와 관련된 기억이 대표적이다. 모윤숙 스스로 밝히고 있듯이 메논이 준 금시계는 그녀에겐 분신과도 같은 것이었다. 그래서 판본①과 판본③, ④에 모두 등장한다. 하지만 기억의 내용은 또 다르다.

> **〈판본 ①〉** 소위 괴뢰측의 의용군을 피하여 서울을 탈출하는 수명의 청년들이 내 앞으로 지나갔다. 나는 자석에 끌리는 철판처럼 그네들 앞으로 다가섰다. 그리하여 나는 고이고이 간직하여 두었던 팔뚝시계를 꺼내어들며, 그들에게 이것을 사달라고 체면도 없이 懇請하여보았다. 내 일생을 통하여 떨어질 일이 영원히 없으리라고 믿었던 그 시계—내가 가장 사랑하고 내가 죽은 뒤에라도 같이 묻히기를 원했던 그 시계를! 그들은 약간 당황하였으나, 나의 소청이 절실함을 알자 그들은 應諾하였다. 나는 그 시계를 사천원에 팔았다. 한줄기 뜨거운 눈물이 솟아오른다. 몸과 더불어 아끼던 시계와 떨어지고난 나는

8 그런데 이마저도 판본 ③에서는 5일로 나온다. 그러나 나머지 판본에서는 모두 3일로 기억되고 있다.

참을 수 없는 외로움이 더한 층 간절하다. 나는 그 돈으로 산 수수떡으로 다시 산중에서 사흘을 더 지냈다. (67면)

〈**판본** ③〉 신노인과 광나루 다리를 건너서 광주 산길에 들어서면서 손목시계(메논 의장에게서 받은 선물)를 팔았던 일이 후회도 났다. 떡 몇 개와 몇 푼 안되는 돈을 받아 신노인에게 맡겼던 것이다. 이제 나는 피할 곳도 의지할 곳도 끝이 나버렸다. (372면)

〈**판본** ④〉 어느날 나는 신노인에게 메논 씨로부터 선사받은 금시계를 팔아 쓰라고 주었어요. 3천원에 팔았다면서 밀가루떡 여섯 개와 실바지(속옷)를 사다줍디다. 나머지 돈으로 밀가루를 사다가 숨겨 놓고 내가 밥을 못 얻어 먹을 때에는 풀을 쑤어 주고요. 이때쯤 내 옷은 걸레가 다 돼서 새벽이면 추워서 못 견디겠어요. (75면)

판본 ①과 판본 ③, ④ 사이의 거리는 쉽게 파악된다. 우선 사건의 시공간부터 차이가 난다. 판본 ①에서는 신노인의 집에서 나온 뒤 바로 일어난 일인 반면, 판본 ③과 ④에서는 신노인의 집에서 나와 그의 딸 집에서 식모살이 중에 일어난 사건으로 그려지고 있다. 이러한 차이는 오랜 시간으로 인한 착오 정도로 이해할 수 있다.

하지만 다음 장면의 오차는 이해하기 힘들다. 판본 ①에서는 모윤숙이 배고픔을 견디다 못해 금시계를 팔았고 그것으로 수수떡을 사서 산으로 들어갔다고 기억하고 있으며, 판본 ③도 같은 맥락이다.

하지만 판본 ④에서는 신노인의 고마움에 대한 표시로 건네주고, 신노인은 그것으로 밀가루떡과 속옷 그리고 밀가루를 사가지고 온 것으로 되어 있다. 이 정도 되면 단순한 착오로 보기 힘들다. 왜냐하면 모윤숙에게 메논 의장이 준 시계는 스스로 밝힌 것처럼 “내가 가장 사랑하고 내가 죽은 뒤에라도 같이 묻히기를 원했던 그 시계”였기 때문이다. 그녀는 그토록 소중한 것을 본능적 욕구인 허기를 달래기 위해 팔 수밖에 없었다는 절절한 심경을 판본 ①에서 밝히고 있는 것이다. 이토록 강렬한 심경이 시간의 흐름 속에 전혀 다른 기억으로 재구성될 수 있는 것일까. 그런데 그것이 판본 ④에서 현실이 된다. 그 강렬한 기억이 전혀 다른 방식, 즉 신노인에 대한 고마움의 표시로 건네주는 것으로, 그것도 매우 덤덤한 문체로 기술되고 있다. 그리고 신노인은 그 돈으로 모윤숙에게 속옷 몇 벌을 사주었다고 한다. 이정도 되면 기억의 착오라기보다는 기억의 재구성이라 불러야 옳을 것이다. 그리고 여기에는 그 어떤 강한 목적성이 내재되어 있음을 짐작할 수 있다.

(2) 기억의 재구성과 정치성

하나의 사건을 두고 다른 4가지 기억이 상존한다는 것은 체험의 진실성보다는 왜 기억이 상이할 수밖에 없는가에 더 집중하게 만든다. 이 말은 모윤숙의 기억과 그 기술이 단순히 그녀의 체험을 표현하고 드러낸다기보다는 다른 목적 하에 이루어졌음을 강하게 시사하는 것이다. 그리고 흥미로운 점은 이 4가지 판본 모두 동일한 사건(기본 서사가 동일한)을 다루고 있다는 것이다. 이렇게 기억이 다를 바에야 다른 사건을 기술하는 것이 좋을 것임에도 불구하고 모윤숙은 고집스럽게 동일한 사건만 이야기한다. 그런데 문제는 그 동일한 사건을 형상화하는 방식이 모두 다르다는 데 있다.[9] 이는 작가의 상상력이 개입되고 있음을 보여주는 증거이다. 그리고 그 상상력은 체험의 핍진성보다는 그때그때 텍스트가 요구하는 방향에 맞춰 구성되고 있다. 상황이 이렇다면 모윤숙의 체험에 대한 진실 혹은 사실의 여부를 묻는 일은 이제 의미가 없다. 대신 왜 모윤숙은 자신의 체험을 텍스트마다 재구성해야 했으며 그 목적은 무엇이었는지가 중요해 진 것이다.

앞에서 지적한 것처럼 판본간의 상이점은 어느 하나가 진실 혹은 사실과 거리가 있으며, 사실이 아닌 판본은 매우 과장된 글쓰기임을 보여주는 것이다. 그런데 이 4개의 판본 모두 사실을 확신할 수 없을 때, 문제는 더욱 심각해진다. 4개의 판본 모두가 각기 다른

9 이 상이한 세 가지 기억 중 그나마 가장 객관적 사실에 가까워 보이는 것은 1983년 중앙일보사에서 제작한 『민족의 증언』 2에 수록된 글로 여겨진다. 우선 모윤숙과 그를 둘러싼 인물들이 지속적으로 관련을 맺으면서 사건이 전개되고 있다는 점, 그리고 당시 관계 인물들뿐 아니라 현재까지 이어진 관계 인물들이 실명으로 언급되고 있다는 점, 또 문체가 다른 텍스트와 달리 담담하게 그려지고 있다는 점 등에서 비교적 사실에 근거한 글이 아닌가 싶다. 하지만 언급한대로 체험의 사실성을 확인하는 작업은 큰 의미가 있어 보이지 않는다. 중요한 것은 그녀의 체험이 이념적 목적에 의해 굴절되어 재생산 및 유통되고 있다는 것이다.

방식으로 과장되었을 가능성이 높기 때문이다. 게다가 과장의 장면이 판본마다 다르다면 이는 각 판본(텍스트)의 목적에 따라 기억이 재구성된 것이라 말할 수 있다. 그렇다면 1950년 11월에 간행된 모윤숙의 글쓰기와 1983년에 간행된 것 사이에는 어떠한 목적의 차이가 있을까? 둘 다 반공주의를 구성하기 위한 텍스트임에는 틀림이 없어 보인다. 하지만 같은 반공담론이라 하더라도 시대적 요청사항에 따라 전략과 전술이 상이할 수 있음을 인정한다면 그 강조점이 각각 어디인가를 확인할 수 있을 것이다.

우선 판본 ①과 ②는 한국전쟁기에 나왔다는 공통점이 있기에 시대적 요청 사항 역시 같다고 볼 수 있다. 게다가 이 둘은 모두 모윤숙 개인의 서사에 초점을 맞추고 있다는 공통점도 있다. 판본①은 서울 수복 직후 발간된 반공텍스트였다. 가장 중요한 목적은 반공담론의 창출과 유통이었고, 좀 더 세부적으로는 적치 하의 기억을 반공 담론으로 구조화하는 것이었다. 삼 개월 간의 적치 경험은 추상적인 반공담론을 구체화할 수 있는 절호의 계기였다. 또 도강파 문인들에게는 잔류파 문인들과 차이를 생산할 수 있는 기회였다. 도망자에서 개선장군으로 변신한 도강파문인들 역시 스스로 도강에 대한 명분과 정당성을 찾아야 했기 때문이다. 판본 ①에서 모윤숙 일인(一人) 주인공의 원인은 도강파 대 잔류파라는 대립구조의 선명성에서 찾을 수 있다. 도강파 문인들이 잔류파 문인들과 '차이'를 생산하기 위해서는 그 치욕의 공간으로부터 탈출하려는 모습이 강하게 부각되어야 했고, 이를 위해서는 철저하게 잔류파

대 도강파 문인 간의 '생의 방식'이 비교되어야 했다. 바로 이것이 문인 대 문인이라는 일 대 일 구도를 만들었고, 모윤숙 일인 주인공의 원인이 된 것이다.

판본 ②는 판본 ①의 연속선상에서 볼 수 있다. 전쟁기 교과서 형식의 텍스트였던 판본 ②[10]의 내용은 판본 ①, ③, ④에 공통으로 등장하는 사건이다. 즉 광주 어느 산골의 집에서 벌어진 일로서, 식모 일을 하며 피신해 있던 도중 인민군의 검문을 항아리 속에 들어가 피한다는 이야기이다. 에피소드 형식이라는 점에서 매우 짧은 분량이며, 역시 모윤숙 개인의 체험으로 기술되고 있다.

하지만 판본 ④는 전쟁 30년 후의 회고담 형식이라는 점, 게다가 한국 근현대사 속에서 반공에 대한 총결산의 인상을 준다는 점에서 모윤숙 자신을 전면에 내세울 필연적 이유가 그리 강하지 않다. 말 그대로 30년 전에 당한 사건에 대한 '민족의 증언'이었기 때문에 체험의 사실성을 더 강조할 필요가 있었다. 그래서 판본 ①과는 달리 인물의 실명을 제시하며, 그 인물과의 관련성을 강조하면서 사건을 기술하고 있는 것이다. 또 그 사건들 속에서 신세 입은 사람들과의 후일담을 소개하는 기술은 말 그대로 체험의 사실성과 진

---

10 판본 ②인 『전시문학독본』은 1951년 3월 계몽사에서 나온 것으로 작가 김송이 편집한 것으로 되어 있다. 구성은 수필과 단상, 시편, 수난과 종군기, 단편소설, 논설 및 평론으로 구분되어 있다. 31명의 작가들이 참여했으며, 후기에 나온 바대로 문학애호가들의 만족뿐만 아니라 "중등 이상 학도들의 교재"로서의 역할도 기대했던 것으로 보인다. 「전시문학독본」은 인기가 매우 좋았던 것으로 보인다. 1951년 6월에 창간된 잡지 『신조』 79면에는 "드디어 중판!"이란 제목으로 광고가 나온다.

실성을 담보하려는 행위에 다름 아닌 것이다. 특히 이승만 대통령의 수염을 잡고 앙탈을 부리는 장면과 미군이 자신의 탈출서사를 영화로 제작하려했다는 기술은 더더욱 이를 분명하게 보여준다. 이처럼 모윤숙은 자신의 체험을 텍스트의 목적과 활용에 맞춰 재구성하고 있었다.

2) 모윤숙 혹은 행동하는 반공주의자

모윤숙은 무엇을 위해 자신의 피난 체험을 재구성하는 것일까? 이에 대한 단서는 『고난의 90일』(1950.11)에 수록된 글 「나는 정말로 살아있는가?」에서 찾을 수 있다. 앞에서 지적한 것처럼 이 텍스트는 잔류파 문인들의 고해성사용 텍스트인 『적화삼삭구인집』과 대척점에 서 있다. 『적화삼삭구인집』이 부역행위에 대한 죄의식과 정당화로서의 글쓰기라면 『고난의 90일』은 도강파 문인들만이 가질 수 있는 자부심과 반공주의자로서의 모습을 한껏 드러내는 글쓰기로 구성되어 있다. 그 방식은 필자들마다 다른 양상으로 드러내고 있는데, 모윤숙은 고대 영웅서사시 구조에 기대고 있다.

잘 알려진 대로 영웅서사시는 '떠남(쫓겨남) ⇒ 고난 ⇒ 귀향'의 구조로 이루어져 있는데, 모윤숙의 탈출 서사 역시 동일한 패턴으로 이루어져 있다. 자신의 의지와 무관하게 발생한 1950년 6월 25일의 사건이 모윤숙의 생의 터전을 몰수해 간다는 장면에서 시작하여 몇 번의 죽을 고비와 자살의 유혹을 거쳐 다시 국군의 품속에 안긴다는 서사는 그대로 영웅서사시와 닮아있다. 비록 모윤숙의 글이 영웅의 그것처럼 화려한 대결과 승리의 장면은 보여주지는 않지만 그녀의 시공간은 영웅서사시처럼 "지옥 같은 현실"이었으며, 그 속에서 "사나운 악마들"인 괴뢰군과 사투를 벌이며 기지를 펼치는 장면은 영웅서사시에 비길 만하다.

모윤숙이 보여준 도강파의 자부심은 탈출 서사 곳곳에 나타나고 있는 극적 장면의 연속에서 두드러진다. 6월 25일 새벽, 갑작스런 전쟁처럼 모윤숙의 행동도 예고 없이 이루어진다. 예고 없는 행동이란 "총알이 바로 귀밑을 스쳐 가는데도", "방송국으로 달려가서 자작애국시를 낭독"하는 것이다. 모윤숙이 표나게 강조하는 '행동하는 반공주의자'의 모습이 시작되고 있는 것이다. 그리고 모윤숙은 바로 집으로 달려와 지하실에 몸을 숨긴다.

> 몇 시나 되었는지, 운전수와 호위경관이 정신을 차리고 어서 빨리 도망가자고 나를 흔들었다. 바로 이때다. 괴뢰군 놈들의 거센 목소리가 문 밖으로 들리며 벼락 치 듯 총알이 방문을 뚫고 날아든다. 나는 어디서 솟는지도 모르는 힘에 끌리어, 반사적으로 튀어 일어나서 재빨리 뒷문으로 몸을 빼며 골목새로 자꾸자꾸 기어 올라갔다. (55면)

모윤숙의 탈출서사가 시작되는 지점이다. 체험의 사실성은 차치하더라도 서술 자체만 보면 긴장의 밀도가 높게 그려지고 있다. 잠시 혼절한 모윤숙을 깨우는 장면과 괴뢰군의 총알이 방문을 뚫는 장면이 "이때다"라는 시간부사 속에서 이어지는 모습은 중세 기사도 소설의 장치와 흡사하다. 게다가 총알이 방문을 뚫고 날아드는 순간 모윤숙은 알 수 없는 힘에 이끌리어 "반사적으로 튀어 일어나서 재빨리 뒷문으로 몸을" 빼는 장면은 험난한 여정의 시작을 긴박하게 보여주고 있다.

이렇게 시작한 탈출서사에는 몇 개의 드라마틱한 장면들이 등장한다. 마포강변에서의 자살 시도, 함경도 사투리 기지(奇智), 아편을 이용한 자살시도가 그것이다. 먼저 마포강변에서 행한 자살시도는 우연성에 의해 극적 장면을 획득한다. 모윤숙은 도강을 하기 위해 마포강변으로 온다. 하지만 이미 그곳에는 도강을 감시하는 인민군들로 가득 차 있다. 그녀는 절망 끝에 자살을 결심하고 강물에 몸을 던지려는 순간 낯선 청년이 등장한다. 이러한 우연성은 마치 모윤숙이 존경했던 이광수의 『무정』의 한 장면을 연상시킨다. 이 낯선 청년의 정체는 판본 ④에서 모윤숙의 시를 애독하는 '체신부 기계과 직원 김재헌'으로 구체화된다.[11] 모윤숙은 낯선 청년의 도움을 받아 목숨을 건지고 그 청년의 집에서 3일 동안 피신하게 된다.

두 번째 극적 장면은 함경도 사투리를 통해 인민군의 검문을 피한다는 이야기이다.

---

11 판본 ③에서도 실명은 밝히지 않았지만 약 30대쯤의 체신부 직원으로 서술되고 있다(363면).

> 그 자들(인민군 : 인용자)의 목소리를 들으니 함경도 출신이다. 나도 오래간만에 함경도 고향 사투리를 써보리라 마음먹고 審問의 차례를 기다린다.
>
> "어데가능거야?" 퉁명스런 첫 질문이다.
>
> "감자 팔라 간당이……" 하고 나는 무지한 태도를 보였다. 그는 짐짓 반가운 듯이,
>
> "함경도 아주망이 양요?"라고 묻는다.
>
> "어찌 앙이겠음. 내 함흥서 온지 한 십년 되능기……"
>
> "그래 이 산넘에 모윤숙이란 여자 숨어있단 말 못 들었소?" 하고 소리를 크게 한다. 다리와 팔에는 벼락이나 맞은 듯 공포의 전율이 일었으나, 나는 입술을 꽉 깨물고,
>
> "그런 여자를 내 어찌 알겠음. 천하에 그런 이름도 첨 들어보오. 어서 가게 해주오. ㄱ자 하나 모르는 무식한 여자 보구서 벨거다 물어보오" 하고 나는 정색을 하고 연극을 했다. (61면)

마치 영화의 한 장면처럼, 시내 한 복판 철두철미한 인민군의 검문을 함경도 사투리를 통해 벗어나고 있다. 인민군 병사의 고향과 모윤숙의 고향이 우연히 같은 함경도라는 점 때문에 위험을 벗어난다는 이야기다. 이 우연성은 인민군이 들고 있었던 사진으로 연결되는데, 그녀의 말대로 "天幸"이었다. 그 사진은 그녀가 "파리에서 豪奢스럽게 차리고 박은" 것이어서 지금의 모습과 너무나 달랐기 때문이다. 그래서 인민군은 "아래 위를 훑어 보더니 사진을 나

에게 보이며, 가기는 가도 이런 여자보거던 곧 내무서에 알려야돼" 라고 말하고, 모윤숙은 "어디 한번 그 사진 더 봅시다"라며 여유까지 부린다. 연속된 우연성이 만들어낸 이 장면은 이 글 가운에 가장 드라마틱하면서도 통쾌한 부분이다. 이 외에도 아편을 먹고 자살을 감행했으나 다시 정신을 차리게 되었다는 부분과 죽을 고비를 넘겨 드디어 국군의 품에 안기게 되었다는 장면 등이 있다.

모윤숙이 제시하는 드라마틱한 장면들은 결코 잔류파들의 글에서는 발견할 수 없는 것이다. 부역의 죄의식과 정당화로 가득 찬 잔류파 문인들에게 극적인 장면이란 기껏해야 서울 상공에 나타난 미군 비행기의 소리를 듣고 환희를 지르는 정도이다. 즉 그들에게 극적장면은 철저히 외부로부터 주어진 것이며, 정작 본인들은 배제되어 있다. 하지만 모윤숙의 서사는 다르다. 모든 극적 장면은 모윤숙 자신이 주체가 되어 연출되고 있다. 자살 직전 은인을 만난 것이나, 고향 사투리로 위기를 넘기는 것이나, 약을 먹었지만 깨어나는 장면들은 그녀의 소유였다. 그리고 이러한 극적장면은 도강의 완성을 향한 과정뿐만 아니라 도강파의 자부심을 드러내기 위한 장치였던 것이다.

하지만 이러한 장면의 제시가 도강파의 자부심만을 위한 것일까? 자부심 외에는 다른 의도가 없는 것일까?

> 등과 앞가슴에는 어느덧 땀이 철철 흘러내린다. 불이라도 붙을 듯이 눈에서는 열이 난다. 어쩌면 좋을까? 내가 이처럼 고난을 겪고 있

> 는 것을 누가 알아줄까? 강 건너 간 우리 동지가 이것을 알까? 울고 싶어도 주위가 무서워 눈물을 삼키며 또 다시 걸어야 하는 내 신세…… 뒤에서는 조사하던 그들이 쫓아오는 듯 하고, 앞에는 그 무서운 내무서 앞과 똑같은 관문을 몇 번이나 지나야 될 터이니(62면)

위의 글은 모윤숙의 진솔한 내면을 읽을 수 있는 유일한 부분이자, 도강파 문인들의 탈출 서사(피난기, 수난기) 글쓰기의 본질이기도 하다. 서울 수복 직후 스스로 개선장군이라 여겨왔지만, 그들은 도망자라는 죄의식으로부터 자유로울 수 없었다. 잔류파 문인들은 억울함에도 불구하고 고해성사의 글쓰기를 해야 했고, 이를 통해 반공주의자로 새롭게 태어날 수 있었다. 반면 도강파 문인들은 잔류파 문인들에 비해 비교적 이념적 의심으로부터 자유로웠다. 하지만 이러한 자유로움은 결코 완전하지 못했다. 주지한 바처럼 도강파 역시 스스로 반공주의자임을 증명하지 않으면 안 되었기 때문이다. 그들이 피난지에서 보여준 모습은 결코 도강의 명분이나 전시(戰時)의 투철한 반공주의자와는 거리가 멀었기 때문이다. 이러한 불안감이 표면화 된 것이 바로 모윤숙의 발언이다. 그녀가 가장 걱정하는 것은 다름 아닌 이 고난에 대해 과연 "누가 알아줄까?"이다. 이미 서울은 공산주의의 세계로 물들어 버렸다. 따라서 서울에 남아 있는 것 자체가 친공(親共)의 증표가 된다는 판단은 모윤숙 정도의 정치적 감각을 가지고 있는 이에게는 너무나 쉬운 것이었다. 따라서 그녀는 서울을 빠져나가야 한다. 그리고 그 과정 중에 있다.

그런데 이 과정이 너무나 힘들다. "뒤에서는 조사하던 그들이 쫓아오는 듯 하고, 앞에는 그 무서운 내무서 앞과 똑같은 관문"이 기다리는 진퇴양난의 상황이다. 그러나 더 두려운 것이 있다. 바로 "강 건너 간 우리 동지가 이것을 알까?"이다. 강 건너 동지란 바로 도강에 성공한 자들이자, 적어도 표면적으로는 반공주의자로 호명된 자들이다. 그런 그들에게 지금의 이 고난이 알려지지 않는다는 것은 반공주의자로 남기 위한 지금까지의 고생이 모두 수포로 돌아갈 수 있기 때문이다. 더욱이 탈출에 실패할 경우에는 갑자기 '부역문인'이나 '친공분자'로 낙인찍힐 수 있기 때문이다. 그래서 등과 앞가슴에 땀이 차고 눈에 불이 나는 듯해도, "울고 싶어도 주위가 무서워 눈물을 삼키며 또 다시 걸어야" 할 수밖에 없는 것이다. 모윤숙에게 생의 지속이란 오직 적치를 탈출하여 이 모든 고난을 "강 건너 간 우리 동지"들에게 알리고 이념적 증명서를 받는 데서만 가능하기 때문이다. 이처럼 도강의 자부심으로 가득 찬 이 글에도 스스로 반공주의자임을 증명하지 않으면 안 된다는 강박증이 드러나고 있는 것이다.

3) 생의 방식을 통한 잔류파와 차이 드러내기

모윤숙의 글에는 반공주의자임을 증명하는 또 다른 방식이 등장하는데, 바로 잔류파와의 차별성을 강조하는 것이다. 극적 장면의 제시 역시 잔류파와의 차이를 드러내는 방법이지만, 구체적인 비교의 준거에 의거한 차이라기보다는 영웅담 보여주기나 아니면 자신의 고난을 알리기 위한 방법이었다. 하지만 이와 달리 여기서 언급할 차이점은 동일한 상황을 전제로 잔류파와 도강파 문인(모윤숙)이 어떻게 구별되고 차이를 만들어내는가이다.

여기서 모윤숙이 제시하는 동일한 상황, 즉 준거 기준은 개인적인 차원을 넘어선다. 다시 말해 잔류파와 도강파를 구분 짓는 가장 중요한 준거의 조건이 되는 것인데, 바로 "어떻게 할 것인가"가 그것이다. 이 준거의 중요성을 증명해 줄 하나의 기억이 있다.

> "살아야지"
>
> 이 본능—인간의 가장 강렬한 이 생존본능을 부인할 자는 없는 것이다. 그러나 문제는 어떻게 사느냐에 있는 것이다. 굴욕도 모멸도 일상적인 윤리로서도 수긍될 수 없는 그러한 행위를 스스로 범해가면서라도 살아야 된다는 이 점에 대하여 오늘의 문화인은 깊은 반성이 있어야 하는 것이다.[12]

이 글은 이헌구가 1953년에 쓴 글이다. 그가 여기서 제시하고 있는 것은 말 그대로 생존의 본능과 생의 방식에 대한 문제이다. 전쟁이라는 죽음의 시공간에서 생에 대한 본능이 더욱 강렬해지는 것

12 이헌구, 「거부하는 신념」, 『신조』, 1953.12, 36면.

은 너무나 자명한 것이다. 이헌구는 생의 본능을 부정하지 않는다. 말 그대로 "인간의 가장 강렬한" 본능이기 때문이다. 그러나 문제는 그 본능과 생의 방식이 불협화음을 일으킬 때다. 즉 윤리라는 초자아의 개입으로 '생의 본능'과 '생의 방식' 사이에 갈등이 발생했을 때, 문화인은 무엇을 선택해야 하는가를 질문하면서 반성을 요구하고 있다.

이헌구의 문제제기가 중요한 이유는 본능적인 삶과 윤리적인 삶 사이의 선택 문제가 한국전쟁기 당시 잔류파와 도강파의 이념적 문제를 윤리적 관점으로 바라보게 만들기 때문이다. 즉 잔류파 혹은 부역문인을 향한 도강파 문인들의 이념적 공격 안에는 '어떻게 살아 남았는가'라는 선택의 윤리성까지 포함하고 있었던 것이다. 이것이 바로 도망자였던 도강파 문인들에게 도강에 대한 도덕적, 윤리적 합리화를 가능케 한 동력이었다. 이 때문에 도강파 문인들이 그래도 한때 한솥밥을 먹었던 잔류파 문인들을 비난하면서도 죄의식을 느끼지 못했던 것이다. "부역잔당에게 엄격한 철퇴를 내린 것은 또한 잊을 수 없는 '문총구국대의 활약의 대단원"이라는 조영암의 목소리에 죄의식이 느껴지지 않는 이유도 여기에 있다.

> 어지러운 마음을 가다듬으며 살길을 궁리하였다. (…중략…) 나를 잡으려고 총칼을 겨누고 있다는 그들에게 나는 용감히 대적하여 싸울 결심이 났다—살아나자는 충동은 강렬한 본능이다. 쇄약한 두 주먹에는 자꾸만 뜨거운 땀이 고인다. (…중략…) 가다가 잡히는 한이

> 있더라도 종로 네거리를 빼젓이 걷고 싶었다. (…중략…) 어떤 수단이든 써가지고 적을 피해보리라는 결의가 서자 나는 맨발로 나섰다. (59~60면)

모윤숙이 선택한 "어떻게 살 것인가"에 대한 방식은 적들과 "용감히 대적하여 싸울 결심"을 하고, 수단방법을 가리지 않고 "적을 피해" 보는 것이었다. 몇 줄 안 되는 문구이지만 이것이 잔류파와 도강파의 운명을 가르는 지점인 것이다. 당시 잔류파와 도강파 문인들의 글 속에 빠지지 않는 내용이란 바로 "어떻게 살 것인가"에 대한 해명이었다. 잔류파는 생에 대한 본능 때문에, 즉 생에 대한 맹목적 의지로 인해 부역을 했다고 고백하고 있다. 그리고 그것은 너무나 부끄러운 일이었지만 한 번 북한공산주의를 경험해봤기 때문에, 누구보다 그들의 속성을 잘 알고 있기에, 한 번만 기회를 준다면 '멸공의 전사'로 나서겠다는 것이 그들의 공통된 입장이었다. 마치 '감염과 면역의 효과'를 강조하는 것과 같다.

반면 도강파는 도강의 명분을 '복수'에서 찾고 있다. 비록 지금은 가족을 버리고 홀로 강을 건너지만 살아있어야 복수를 할 수 있다는 명분으로 생의 방식을 정당화하고 있다. 모윤숙도 마포강변에서 딸과 헤어져야 했다. 물론 후회하였지만 그것조차도 "어떻게 살 것인가"에 의해 합리화, 정당화되고 있었다. 그녀는 위기의 순간에 포기하지 않는다. "생존권이 완전히 박탈될 순간을 앞두고, 혈관으로 신경으로 스며드는 공포증은 가슴 깊이 때 아닌 旋風을 일으"키지만 "스탈린, 김일성의 사진과 붉은 기가 널린 거리"를 "용기를 내어 걷기 시작"하였으며, "동대문 네거리를 지나 종로를 거쳐 겨우겨우 동대문까지 떨리는 다리를 끌고"가는 것이다. 이는 잔류파 문인들에게는 기대할 수 없는 장면이다. 그들은 그 떨리는 마음 때문에 잔류를 했다고 고백했기 때문이다. 이처럼 모윤숙은 자신의 모든 고난이 '적과 싸우고 적을 피하는' 과정이었으며 이것이 바로 잔류파와의 차이점임을 드러내는 것이라 믿고 있었던 것이다. 모윤숙이 자신을 잔류파와 구별 짓는 방식으로 이를 선택한 것은 결코 우연이 아니었다. 이러한 명분과 논리는 상황이 가져다 준 필연적인 것이었다.

모윤숙이 행한 "어떻게 살 것인가"의 백미는 자살의 결심이다. 그녀는 운명의 순간마다 자살을 결심한다. 그러나 그 자살은 허무적 도피의 자살과는 거리가 멀었고, 반공주의자로서의 모윤숙을 빛나게 해주는 방식으로 기록되고 있다.

> 잡히면 필연코 생명을 더럽히게 되리라. 비록 이 몸이 총에 맞아 죽는 한이 있을찌언정, 그들에게 잡힌다는 것은 나의 자존심이 허락하지 않는 일이다……. 나는 그 자리에서 죽기로 결심하였다. (57면)

> 이제는 어떠한 위협이 다가오든 대한민국의 애틋한 정만은 잃지 않고 죽는 것이 마지막 소원이 되었다. (59면)

그와 같은 비운에 내 자신이 끌려들지 않으리라고야 뉘 어찌 보장할 수 있으랴? 차라리 이 가련한 목숨을 내 두 손으로 끊어버리는 것이 오히려 깨끗한 주검을 이룰 수 있으리라. (63면)

하염없이 흐르는 눈물을 머금으며 간직하였던 아편을 서 너 알 입속에 넣었다. 정녕 이제는 한 많은 이 삶도 그만이다. 이 최후의 시간까지도 서울을 탈환하는 국군의 모습을 보지 못한다는 것이 오직 하나의 遺恨이다. 의식이 마비되기 시작한다. (64~65면)

괴뢰들의 더러운 총탄에 쓰러지느니보다는, 과실일망정 UN군의 총탄에 희생됨이 오히려 떳떳하라리고 느껴진다. (66면)

우선 잊지 말아야 할 것은 모윤숙의 이 글이 후일담 형식의 글이라는 것이다. 후일담이란 어떠한 사건에 대한 회고담이라는 점에서 진실이나 사실뿐만 아니라 과잉감정도 문제가 될 수 있다. 그리고 이미 모윤숙의 이 기억이 일정하지 않음을 파악한 바 있다면, 자살에 대한 그녀의 심경을 순수한 당시의 상황감정이라고 보기는 힘들어진다. 이에 대해서는 조연현의 입장을 참고할 필요가 있다.

"이 무렵 政訓局後援으로 發刊되고 있는 勝利日報의 主幹으로 일하고 있는 具常형은 九十여일의 敵治下의 生活을 알리는 글을 勝利日報에 연재해달라는 부탁을 해왔다. 分量은 아무리 길어도 좋고 原

稿料는 특별히 많이 주겠다는 것이었다. 九十여일의 짧은 期間이지만 너무나 많은 것을 경험했다고 생각하고 있는 나는 이를 곧 승낙했다. 그러나 十餘回도 못가서 붓은 움직이지 않았다. 할 이야기가 없었던 것이 아니라 너무나 많은 각종의 생생한 感情과 事件들이 서로 다투어 한꺼번에 솟아오르기 때문에 도저히 文章으로써 쉽게 정리가 되지 않았다. 상당히 많은 原稿料의 先拂을 받고서도 나는 十餘回만에 이것을 중단할 수밖에 없었다.

이로 인해 『文藝』 戰時版에 내가 반영시키고 싶었던 그 조급한 意圖가 왜 뜻대로 되지 않는가를 알게 되었다. 글이란 그것이 아직도 생생한 經驗일 때는 결코 쓰여지지 않는 것이 아닌가. 戰時 중에 훌륭한 戰爭題材의 文學이 나올 수 없는 것도 결코 까닭없는 일이 아닌 것이다. 하물며 敵治下의 질곡 속에서 이제 방금 벗어나왔을 뿐이 아닌가. 이 때문에 『文藝』戰時版은 그저 조급한 意慾의 한 表示밖에는 될 수 없었었다.[13](밑줄 : 인용자)

회고담이 여러 문제를 갖고는 있지만 조연현의 경우처럼 순기능도 있다. 바로 객관적 입장이라는 것인데, 시간의 경과와 함께 사건에 대한 객관적 시선을 갖게 만든다. 사건의 자장 속에서는 상황 속에 매몰되어 전체를 볼 수가 없다. 하지만 시간의 경과가 주는 객관적 거리로 인해 사건을 대상화할 수 있다. 조연현의 글은 이런 입장

13 조연현, 『내가 살아온 한국문단』, 현대문학사, 1968, 86면.

을 보여준다. "글이란 그것이 아직도 생생한 經驗일 때는 결코 쓰여지지 않는" 이유가 "할 이야기가 없었던 것이 아니라 너무나 많은 각종의 생생한 感情과 事件들이 서로 다투어 한꺼번에 솟아오르기 때문"이라는 입장에 비추어 볼 때, 모윤숙의 글은 '과잉감정'의 글쓰기로 읽힐 수 있다. 그렇다면 무엇에 대한 '과잉감정'일까?

그녀는 글의 여러 부분에서 자살을 결심하고 있다. 마포강변에서 피난갈 배가 없을 때도, 허기에 힘들어 할 때도, 국회의원이 인민군의 협박에 못 이겨 했던 라디오 방송을 들을 때도, 지하실의 삶이 고달플 때도 자살을 생각한다. 그런데 그녀의 자살결심이 빛나 보이는 이유는 그것이 결코 허무의지의 발현이 아니라는 데 있다. 모윤숙은 자살을 '반공의 순결성'을 지키는 방식으로 기술하고 있다. 그녀가 자살을 시도하려고 한 시점은 인민군과의 접촉을 앞둔 시점이었다. 그리고 그녀의 인식(그 당시 보편적인 인식) 속에서 공산괴뢰군이란 "사나운 악마들의 듥끓는 하소"이었으며, 그들이 점령하고 있는 서울은 "지옥 같은 현실"이었다. 이러한 서술 속에서 괴뢰군에게 잡히는 것은 말 그대로 반공의 순결을 처참히 유린당하는 것이다. 그래서 모윤숙은 인민군과의 거리가 좁혀질 때마다 자살을 기도했다고 고백하고 있다. 잡히면 "필연코 생명을 더럽히"게 되기 때문에, 그러느니 "목숨을 내 두 손으로 끊어버리는 것이 오히려 깨끗한 주검"이 될 수 있다는 것이다.

'반공의 순결을 위한 자살' 모티프는 각종 수난기, 피난기, 문학 작품을 통해 재생산될 정도로 반공주의 생산, 유통에 빠지지 않는 소재였다.

그 놈들의 손에 죽는다는 것은 정말 참을 수 없는 굴욕이었다. 그러나 비겁하지는 말자 깨끗이 죽자![14]

1954년 6월, 한국전쟁 1주기를 기념하는 이헌구의 글이다. 기사 첫 장 아래에는 굵은 고딕체로 "六月二十五日! 진정한 歷史와 참된 自由를 위하여 휩쓸려 오는 濁流를 헤치며 英雄的으로 鬪爭한 피의 記錄"이라 적혀 있는 이헌구의 글은 '반공의 순결을 위한 죽음'이 얼마나 중요한 테마였는지 보여준다. 휴전 후 일 년이 지난 시점에서 도강의 서사를 기억하는 과정에서도 여전히 자살은 중요한 장치였다. 이는 반공주의자임을 증명하는 공통된 방법이자 가장 확실한 방법이었음을 보여주는 것이다. 모윤숙은 자신을 투철한 반공주의자로 그리고자 했다. 반공주의자로 그려야 한다는 과잉감정은 자살을 미화시켜 스스로 '순결한 반공주의자'로 형상화하였다. 이른바 '자살의 정치적 글쓰기'를 보여주고 있는 것이다. 결국 모윤숙에게 피난의 체험이란 어떠한 목적을 위해서라면 언제든지 재구성될 수 있는 일종의 원형콘텐츠, 즉 반공기제의 콘텐츠였던 것이다.

한국전쟁의 시작과 함께 일어난 중요한 사건은 피난이었다. 피난은 단순히 생을 위한 행위에 그치지 않았다. 피난은 한국사회의 이념의 지형도를 새롭게 배치시킨 사건이었다. 피난에 실패한 문

---

14 이헌구, 「짓밟히는 조국과 더불어—남하했던 일 공무원의 수기」, 『현대공론』, 1954.6, 68면.

인들(잔류파)의 글쓰기가 부역행위에 대한 죄의식과 정당화였다면, 피난에 성공한 문인들(도강파)의 글쓰기는 반공주의자임을 한껏 드러내는 기회였다. 모윤숙은 이를 위해 피난의 기억을 재구성하기 시작한다. 그녀는 각 시기별로 혹은 시대가 요구하는 방향에 맞춰 자신의 피난 기억을 새롭게 배치하고 조직했으며, 그 결과물이 피난에 대한 서로 다른 4개의 판본이었다. 모윤숙은 텍스트가 요구하는 목적에 맞춰 각기 새로운 판본을 만들어 냈다. 또 모윤숙은 자신을 투철한 반공주의자로 그리고자 했다. 그래서 각 텍스트마다 극적구성을 적극 활용하였다. 긴박한 위기의 순간을 핍진성 있게 그려냈으며, 그로 인해 우연성과 과잉감정이 넘쳐나기도 했다. 반공주의자로 그려야 한다는 과잉감정은 자살을 미화시키는 데 까지 나아갔다. 적군에게 잡혀 육체와 정신을 더럽히는 것보다 차라리 깨끗한 죽음을 선택하겠다는 이른바 '자살의 정치적 글쓰기'를 하고 있었던 것이다.

3. 유진오-피난의 윤리적 정당화

1) 도강파 유진오의 차별성

도강파 문인들은 잔류파의 죄의식이나 지하잠적파의 이중성과는 다른 특징이 있다. 바로 우월의식이다. 도강파 문인들은 적치 외부에 있었다는 점에서 이념적 순결을 지켰다고 생각했고, 이것이 그들을 '개선장군'처럼 만들었다. 잔류파 문인을 향한 이들의 우월의식은 크게 두 가지 양상으로 나타난다. 첫째는 조영암식의 '비난과 저주의 욕설'이다. 조영암, 이헌구, 허남희 등의 글에는 부역문인을 향한 가혹한 비난과 저주로 점철되어 있다. 둘째는 모윤숙처럼 피난서사를 '영웅화'하는 작업이다. 이들은 자신의 피난 체험을 영웅서사시처럼 극적인 사건으로 그리고 있었다. 이헌구는 피난 중 한강 주변에서 인민군의 포탄에 대퇴부가 부러지는 사고를 당하는데, 이를 두고 문인들은 "전 동란기를 통하야 예술의 부상으로 효시였다"[15]라고 칭송한 바 있다. 모윤숙도 드라마틱한 사건의 연쇄를 통해 자신을 행동하는 반공주의자로 그리고 있다.

이들 가운데 특이점을 보이는 이가 바로 유진오이다. 유진오는 도강파 문인이면서도 그들과는 다른 모습을 보여준다. 다른 도강

15 조영암, 「문총구국대의 저항운동」, 『현대공론』, 1954.6, 121면.

파 문인들이 피난이라는 '사건'에 초점을 맞췄다면, 유진오는 '사유'에 방점을 두고 있다. 그리고 우월의식보다는 피난에 대한 지식인의 윤리를 앞세우고 있다. 그래서 많은 지면을 피난의 이유와 목적에 할애하고 있다. 이처럼 유진오는 다른 도강파 문인들과 다른 글쓰기 양식을 보여주면서 동시에 새로운 유형을 제공하고 있다. 결국 핵심은 왜 유진오는 사건보다 사유를 선택했으며, 우월의식보다는 반성적 입장을 취해야 했는가이다.

2) 유진오와 도강파 문인 사이의 유사성

파편적이지만 유진오도 도강파 문인들이 보여준 공통점을 공유하고 있다. 도강파 문인들의 글쓰기 특징 가운데는 북한에 대한 환멸과 혐오의 수사적 표현이 있다. 문인들은 환멸의 수사학을 통해 북한과 공산주의에 대한 집단기억을 형성하고자 했는데, 유진오도 예외는 아니었다.

> 나는 共産主義의 '鐵의 統制'을 싫어하고, '無慈悲한 闘爭'을 厭忌한다. (…중략…) 俗惡한 市政의 浮浪輩들은, 共産主義를 있는 놈의 것을 빼앗아 나누어 먹는 主義로 알고 이를 讚揚하고 있다. 또 共産主義者들은 그러한 浮浪輩의 盜賊놈 맘보를 利用하여 그들을 大衆의 蜂起에 動員하고 있다. (…중략…) 勤儉을 厭忌하고 遊食과 豪奢를 貪내어

妄動하는 무리들이여. 그들은 永遠히 '人民의 敵'임을 알라.[16]

"멸공성전에 이바지"하겠다는 서문처럼 『고난의 90일』은 철저한 반공텍스트였으며, 유진오는 텍스트의 성격에 부합하듯 북한에 대한 혐오의 수사학을 적극 도입하고 있다. "철의 통제", "부랑배", "도적놈", "인민의 적" 등의 표현은 한국전쟁기 당시 북한을 향한 매우 전형적인 수사였다. 북한을 향한 집단기억은 고정된 수사적 표현들을 끊임없이 반복적으로 생산·유통하는 가운데 형성된 것이다. 유진오도 여기에 일정 역할을 담당한 셈이다. 반면 미국이 인천상륙작전 후 설치했던 "맥아더사령전투지휘소"는 "민주주의의 기적"이라고 극찬하고 있다.

두 번째 공통점은 이념적 자신감이다.

> 美國의 態度가 怨望스럽기 짝이 없었다. 大體 美國 사람들은 무엇을 생각하고 있는 것인가? 大韓民國의 成立에 對해서는 그들도 全的으로 責任이 있는 것이 아닌가? 率直히 말해서 美國의 絶對한 支援 없이는 大韓民國은 成立될 수 없었다. 右翼指導者들의 封建的 尊大, 理論的 貧困, 無氣力 無能한 것과는 對照的으로, 左翼 運動者들은 戰鬪的이며, 猪實的이며, 옳고 그르건 一定한 目標 밑에 統一된 攻勢를 取하고 있었다. (…중략…) 그러고 보니 韓國側의 懇切한 要請에도 不拘하고,

16 유진오, 「서울탈출기」, 유진오, 모윤숙, 이건호, 구철회, 『고난의 90일』, 서울수도문화사, 1950.11, 43면. 이하 이 책의 인용은 면수만 표기함.

武器 特히 近代的 武器의 援助를 拒否하는 美國의 態度는 우리로서는 理解하기 힘드는 바였다. (28～30면)

한국전쟁기 당시 미국을 비판하는 글을 찾기는 쉽지 않다. 특히 문인들의 글 속에서 미군(미국)을 비판하는 글은 더더욱 그렇다.[17] 잔류파 문인들에게는 더욱 기대하기 어려운 모습이다. 그들에게 미군이란 "비행기 소리만 들어도 우선 반갑기 그지"[18]없는 것이자 "가장 위안이 되고 보기에 속이 시원"[19]한 일종의 구세주였기 때문이다. 하지만 유진오는 한국전쟁을 전후로 한 미국의 태도에 대해 '원망스럽다', '이해하기 어렵다' 등 비판의 어조를 비추고 있다. 이른바 대한민국 성립과 전쟁에 대한 책임론을 들고 나온 셈이다. 뿐만 아니라 좌익과의 비교를 통해 우익의 열등함을 강조하고 있다. 좌익은 전투적이며 통일된 모습인 반면, 우익인사들은 봉건적 존대, 무기력, 무능함으로 비하시키고 있다. 유진오에게 이러한 글쓰기가 가능했던 것은 그의 신분적 위치도 역할을 했겠지만, 무엇보다도 그가 도강파였기 때문이다. 이념에 대한 의심으로부터 자유로울 수 있는 그의 위치가 이러한 자신감으로 표출될 수 있었던 것이다. 하지만 객관적 정세를 통한 비판은 단순히 이 글을 미국과

17 윤금숙의 「대구의 하로」(『전시문학독본』)에도 미군 폭행을 고발하거나 자주독립 및 통일을 하지 못한 채 외세를 끌어 들인 전쟁을 한탄하는 장면이 나온다. 하지만 이러한 모습 역시 매우 파편적으로만 드러날 뿐이다.

18 황신덕, 「암흑의 삼개월－평양탈출기」, 『신천지』, 1951.12, 52면.

19 고의동, 「암흑의 삼개월－나의 체험기」, 『신천지』, 1951.12, 48면.

우익을 향한 비판으로만 볼 수 없게 만든다. 게다가 아군 진영의 비판은 결국 아군의 독려를 위한 메시지로 전환되며, 곳곳에 배치되어 있는 반공의 목소리로 인해 전체적인 맥락은 통일성을 유지하고 있다. 대표적인 예가 한강 다리 폭파에 대한 기술이다.

> 漢江鐵橋에 다달으니 웬 일인지 鐵橋 위에는 사람 그림자가 하나도 없다. 自動車도 보이지 않는다. (그것이 爆破作業을 하기 때문인 줄 그 때 나는 알 理 없었다) 텅 빈 鐵橋 위를 내가 탄 軍用車는 서슴지 않고 突進한다. (25면)

당시에도 많은 논란을 불러왔던 한강 다리 폭파에 대해 유진오는 객관적 사실을 호도하고 있다. 이미 많은 목격자가 있었으며, 이 사건으로 인해 50대 이상의 차량이 물에 빠지고, 500~800명이 폭사했다는 미군 장교의 주장부터 4천명 이상의 사람이 다리 위에 있었다는 증언들[20]이 나오고 있는 상황에서 유진오는 "철교 위에는 사람 그림자가 하나도 없"었다고 기술하고 있다. 이러한 글쓰기는 유진오의 윤리적 피난의 진정성을 의심하게 하는 대목이기도 하다. 이는 "마흔 다섯 해 동안 나를 길러 준 서울. 지금 그 서울을 등지고 나는 어디로 가는 것인가?"(25면)라고 소회하는 장면을 지식인의 존재론적 고민으로만 받아들일 수 없게 만드는 것이다.

---

20 강준만, 『한국 현대사산책』 1권, 인물과사상사, 2009, 59면.

3) 윤리적 피난으로서의 글쓰기

(1) 서울 탈출의 윤리성 찾기

유진오는 자신의 글이 "사변 발발 직후 서울을 떠나 수원에 도착하기까지의 일기를 기초"로 "보고 느낀 그대로 기록"한 것이라며 사실성을 강조하고 있다.[21]

유진오의 「서울탈출기」의 가장 큰 특징은 서울 탈출에 대한 윤리성을 확보하려는 노력이다. 고은의 지적처럼 문인들이 서울 한강을 건너는 일은 자랑스러운 사건이 아니었다. 조용한 일요일 아침, 갑작스런 전쟁 소식이었지만, 문인을 비롯한 많은 국민들은 늘 있어왔던 휴전선 부근의 작은 총격전이라 생각하고 생업에 종사하고 있었다. 하지만 몰려드는 피난민의 행렬로 정신을 차렸을 때는 이미 인민군이 창동을 지나 미아리 고개를 넘어오던 때였다. 대포 소리와 '콩 볶는 총알' 소리가 점점 가까워질수록 생에 대한 의지도 점점 더 강해지고 있었다. 정신을 차린 서울 시민들이 피난을 서두르고, 거리에는 북에서 내려온 피난민과 서울의 피난민이 한데 엉켜 거대한 흐름을 만들고 있을 때, 문인들도 상황의 심각성을 깨닫고 피난을 서두르기 시작했다. 쇼펜하우어가 말한 '생의 맹목적 의

21 한편으로는 "당시에는 하도 갑자기 또 의외에 당하는 일이라 누구나 사변의 앞뒤를 올바르게 전망할 수 있는 사람이 없었을 것이다"(9면)라며 오해의 여지가 있을 수 있음도 밝히고 있다.

지'가 발동하는 시간이었다. 이 상황에서 "죽엄을 피하여 살아가는 것이 아니라 살 수 있는 날까지 살아서 가장 가치 있는 죽엄을 가지"[22]겠다는 이른바 '복수를 위한 피난'은 과장된 명분에 불과하다.

> 아 서울을 떠나는 大韓民國! 저 限없이 列을 지어 疾走하는 自動車 속에는, 政界 要人도 軍人도 警官도 武器도 物質도 重要書類도 모두 들어 있으리라. 그리자[23] 끝없는 寂寞感, 絶望感이 내 가슴을 사로잡는다. 어둠과 비를 뚫고 뛰어 나가 疾走하는 自動車를 가로 막아라도 보고 싶은 衝動을 느꼈다. 그러나 그것도 안 될 말이고 보매, 나는 默默히 어둠 속에 서서, 慌忙한 爆音과 輝煌한 불빛을 바라볼 뿐이었다.(34면)

그만큼 급작스런 상황이었고, 왜 전쟁이 났으며, 우리 국군의 상황은 어떠하며, 대통령은 어디에서 무슨 전략을 가지고 있는지 아무도 알지 못했다. 유진오의 말대로 "저녁 후 라디오를 틀어 놓고 귀를 귀울였으나, 평상시대로 '프로그람'이 진행될 뿐 전황보도도 아무것도 없다. 답답해 견딜 수가 없었"(11면)던 것이다. 따라서 류주현이 말한 '가치있는 죽엄'을 위한 피난이란 수사적 문구 이상은 아니었다.

그래서였을까? 유진오의 글에는 서울 탈출에 대한 윤리성을 확보하려는 흔적이 곳곳에서 보인다.

---

22 유주현, 「눈내리는 밤」, 『전시문학독본』, 앞의 책, 23면.
23 '그러자'의 오기로 보임.

어제 같이 南下하자 하던 Y가 行裝을 차리고 또 찾아왔다. 어제와는 달라 나는 일어날 기운도 없었다.

"그래두, 가는 데까지 가 보아야잖어요. 鐵橋를 끊었다니 敵도 그렇게 쉽사리 건너오지는 못할 것 아니예요?"

그러자 對答 대신 나는 눈을 감았다. 지금 나섰다가 길 위에서 追擊하는 敵에게 부뜰리는 것보다는 차라리 집에 뻐젓이 앉았다가 잡히는 편이 낫다고 생각이 든다. 그러나 조금 後 I가 찾아왔을 때에는, 어쩐지 이번에는 떠날 마음이 불현듯이 도로 들었다. 집에 가만히 앉았다가 잡히는 것은 역시 숭거운 일이아 생각한 것이다. 그래 가방을 열고 쌀 몇 말 살 돈을 누이에게 내어 주고는 불이야불이야 집을 나섰다. 그러나 그 마음도 오래 繼續되지는 못하였다. 뒤 고갯길을 올라가는 동안에 마음이 또 變하였다. 무엇이 무서워 도망을 가는 것이냐? 무슨 罪를 지었기에 나는 도망을 가야 하는 것이냐? 주검이라는 것이 그렇게도 무섭더냐? 한 번 죽으면 萬事가 다 解決되는 이 人生에 그렇게도 愛着이 들더냐?

"난 안가겠소."(37면)

유진오의 글은 '탈출 결심-탈출 포기-탈출 결심'의 반복을 보여주고 있다. 유진오가 최초로 피난을 결심하게 된 때는 6월 27일 오전 6시 "적은 수도 서울에 접근하였으므로 정부를 수원으로 이전한다"는 라디오 방송을 들은 직후이다. 유진오는 방송을 듣자마자 "즉각 나는 피신을 결심하였다"(16면)고 쓰고 있다. 집에 있다가 잡히는 것은 "숭거운 일"이기 때문이다. 그러나 결심은 오래 가지 않는다. 유진오가 피난을 포기하는 표면적 이유는 도강(도망)에 대한 부끄러움 때문이다. 그의 말처럼 "도망을 가다가 길 우에서 부뜰리는 건 암만 생각해도 창피한 노릇"(37면)이기 때문이다. 그래서 유진오는 피난을 포기하고 가방 속의 물건들을 꺼내 광 안쪽 땅에 묻고, 2층 천정에 숨을 장소를 마련한다.

그러나 유진오가 표명한 부끄러움은 일회성 심리 표현은 될 지언정 본질은 될 수 없다. 그가 보인 탈출의 결심과 포기의 반복이야말로 무력한 개인의 현존재를 그대로 노출하는 것이기 때문이다.

> '나'라는 人間의, 이 나라 이 社會에 있었서의 存在가 지금 이 瞬間처럼 있는 그대로 드러난 적은 없었다. 學者네 文筆家네 先生님이네 하고, 平常時에 내 귀전에 속삭이던 말이 다 무엇에 쓰는 것이란 말이냐? 지금 이곳에는 모든 裝飾을 다 벗어 버린 兪鎭午라는 中年의 한 사나이가, 발가벗은 알몸뚱이로 죽느냐 사느냐 하는 단판 씨름을 하고 있는 것이다. (20~21면)

유진오가 말한 도강의 부끄러움은 명분에 지나지 않는다. 탈출기 내용의 전체적인 흐름에 인간 유진오의 나약함이 드러나기 때문이다. 헌법학자요, 고려대학 법대학장인 유진오도 갑작스런 전쟁의 한복판에서는 너무도 무기력한 한 개인에 불과했다. 무기력 때문에 가족마저 놔둔 채 홀로 피난을 떠나게 된다. 정훈감실에서

"서울을 떠나는 것이 좋을 듯"하다고 말하자 "차편이 있으면 승차시켜 달라고 졸라댔다"(23면)는 장면은 "모든 장식을 다 벗어버린 유진오라는 중년의 한 사나이"(20면)의 맨얼굴을 보여주는 것이다.

그런데 문제는 피난 결심의 번복이 갖는 의도이다. 피난을 결심하게 된 이유는 외부의 상황, 즉 점점 가까워지는 적과 죽음에 대한 공포 때문이다. 반면 피난을 포기하는 이유는 내부의 상황, 즉 지식인으로서의 윤리적 문제 때문이다. 대한민국 헌법기초자인 유진오가 국가의 수도 서울과 가족을 버리고 홀로 피난을 간다는 것은 윤리적으로나 이념적으로 용납될 수 없었던 것이다. 따라서 어떠한 방식으로든지 이 문제는 해결을 짓지 않으면 안 되는 상황이었다.

유진오는 이러한 상황을 외부와 내부로 분명하게 대립시키고 있다. 외부의 상황이란 적군이 점점 다가오는 객관적 현실 속에서 취해야 할 합리적 판단, 곧 피난을 감행하는 것이다. 집에 있다 잡혀 죽는 것은 "숭거운 일"이기 때문에, 현실적인 상황에서는 피난이 가장 현명한 것이다. 그러나 피난은 곧 윤리적 문제와 부딪힌다. 그렇게 피난을 가버리면 대한민국 건국의 일원으로서의 책무감, 즉 지식인의 윤리 부재가 드러나기 때문이다. 그런데 문제는 여기서는 그 어떤 선택도 박수를 받을 수 없게끔 되어 있다는 것이다. 피난을 떠날 경우 목숨은 부지할 수 있겠지만 윤리적 비난은 피할 수 없다. 반면 적에게 잡혀 죽임을 당할 경우, 윤리적 문제는 해결되겠지만 어떻게 평가될지는 알 수가 없다. 그에게는 다른 도강파 문인들처럼 영웅적인 사건이 없었기 때문이다. 혹은 부역에 동참할 경우,

조영암식의 저주스러운 비난의 대상이 될 수도 있다. 그렇다면 방법이 없는 것일까? 유진오의 글이 갖는 가장 큰 의미는 바로 이 지점, 생과 윤리를 모두 획득하는 방법을 발견하는 것이다.

> "나는 가족까지 전부 내버리고 왔으니, 일곱 명 가족을 다 죽이고 나 혼자 살아서 무엇한다 말이요. 나 하나 죽으면 고만 아니겠소? 나는 죽을 결심을 했소" 그랬더니
>
> "別말씀을 다 하세요. 그게 무슨 말씀이세요"말하며 L君은 별안간 뜨거운 눈물을 뚝뚝 떨어뜨린다.
>
> "美軍이 오기로 됐다지 않어요? 그때까지만 버티면 解決될 것 아니겠어요? 전 여기서 冠岳山으로 들어가 며칠 形勢를 보다가 南漢山城으로 가겠어요. 거기서 또 버틸 수 없으면, 利川, 驪州로 해서, 忠淸道로 해서 빠지겠어요. 山줄기를 타고 내려갈 작정이에요. 그러면 先生님 안녕히 계세요." 눈물을 닦고 L군은 도로 총총하게 길을 떠나갔다.
>
> L군의 그림자가 고개 너머로 사라질 때까지 나는 몸도 꼼짝 안 하고 그곳에 서 있었다. 그러나 갑자기 '가야 하겠다' 하는 생각이 온몸을 휩쓸었다. 나는 奔走하게 누이집으로 돌아가 이번에는 정말 떠나기로 결심하였다는 말을 남기고, 땅 속에 묻었던 물건들을 꺼내어 가방 속에 넣고, 그리고 途中에 적에게 부뜰리는 경우를 생각하여 名銜과 一切의 身分證明書 등속을 燒火해 버리고 총총하게 집을 나섰다. (39~40면)

유진오의 자살 결심은 같은 도강파 문인인 모윤숙과는 전혀 다

른 의미를 지닌다. 모윤숙의 자살결심은 투철한 반공주의자임을 증명하는 것이었다. 살아서는 절대 민족의 적과는 '접촉'하지 않겠다는 의지의 표현으로 쓴 것이자 반공이라는 이념적 순결을 보존하겠다는 결의의 표현이었다. 하지만 유진오의 자살 결심은 죄의식의 산물이다. 유진오의 죄의식은 L군의 말—K선생은 가족을 모두 데리고 피난을 갔다—에서 생성된 것이다. 그런데 중요한 것은 유진오의 그 다음 모습이다. 피난여부를 여러 차례 번복하던 유진오는 이 장면을 기점으로 피난에 대해 확고한 결심을 한다. 중요한 것은 피난을 결정하는 상황이다.

유진오는 생과 피난의 명분을 모두 표명해야 했는데, L군의 말이 해답이었다. 유진오는 L군의 말에서 피난을 가야하는 상황 논리를 발견한다. 그런데 L군의 말 안에는 피난을 가야한다는 상황논리뿐만 아니라 내부적 문제, 즉 윤리적 차원까지 포함하고 있는 것이다. 특히, "美軍이 오기로 됐다지 않어요? 그때까지만 버티면 解決될 것 아니겠어요?"라는 말이야말로 유진오의 모든 문제를 말끔하게 해결해주는 '명약'인 것이다. 미군이 곧 도착하는 상황이라면 죽을 이유가 없기 때문이다. 이것이 피난을 가야하는 외부 상황 논리이다. 게다가 미군이 도착하면 모든 문제가 해결이 된다는 논리는 외부뿐만 아니라 내부, 즉 윤리적 문제까지도 상쇄시켜주는 효과가 있다. 무의미하게 죽을 이유가 없다는 것이다. 조금만 참으면 미국이 오고 그러면 모든 문제가 해결되는데, 굳이 이렇게 무기력하게 죽음을 기다릴 필요가 있냐는 것이다.

유진오는 이 말의 의미가 자신에게 무엇을 뜻하는 것인지 잘 알고 있었다. 그래서 "L군의 그림자가 고개 너머로 사라질 때까지 나는 몸도 꼼짝 안 하고 그곳에 서" 있었던 것이다. 그리고 그 깨달음이 몸으로 전해지자 "갑자기 가야 하겠다하는 생각이 온 몸을 휩쓴" 것이다. 이러한 내용이 사실인지 아닌지는 확인할 수 없다. 하지만 유진오가 이를 전면에 내세우고 있다는 것은, 이를 통해 형성되길 바라는 메시지가 분명하다는 것이다. 이는 피난의 명분이었다.

또 하나 중요한 점은 피난 결정의 주체이다. 물론 피난의 결심은 유진오의 몫이지만 문제는 결심의 동력이 외부에서 주어진다는 점이다. 이러한 글쓰기는 피난이라는 도망행위의 원인이 자신이 아닌 외부에 있음을 강조하는 효과를 가진다. 미군의 참전여부와 관계없이 피난이란 기본적으로 '도망'의 속성을 지니고 있기 때문에 그 어떤 이유도 명분을 쌓기 위한 것에 불과한 것이다. 따라서 유진오가 마지막으로 피난을 결심하는 장면도 역시 L군의 이야기 때문이지 결코 유진오 스스로 내린 것이 아니라는 것이다. 유진오의 내면은 마지막까지도 이곳에서 죽으리라는 것이었기 때문이다. 그런데 그 죽음마저도 외부의 상황에 의해 이루어질 수 없다는 것을 유진오는 표나게 강조하고 있는 것이다.

하지만 대한민국 헌법의 기초자요, 대학교수인 그가 일개 문교부 직원의 말에 깨달음을 얻었다는 것은 쉽게 수긍하기 어렵다. 더구나 L군의 이야기가 그리 대단한 것이 아니기 때문이다. 실제 그 당시 많은 사람들은 미국을 위시한 유엔군이 곧 참전하리라고 믿고 있었다. 단지 시기의 문제만 있을 뿐 미군의 참전은 의심치 않는 분위기였다. 누구나 다 알고 있는 이 같은 말로 새삼 모든 문제가 해결된다는 이야기는 쉽게 용인되지 않는다. 그리고 유진오는 이 글에서 한국전쟁과 국제정세에 대해 이미 깊은 통찰력을 보여준 바 있기 때문이다. 유진오는 1950년 『자유신문』 신년호에 「세계와 한국」이라는 글을 통해 한국전쟁의 가능성을 지적한 바 있으며, 당시의 북한공산주의를 서구의 '진보적 공산주의'와는 다른 '봉건적 공산주의'로 규정하는 등 외적 상황에 대해서는 분석적인 모습을 보인 바 있다. 이러한 그가 자신의 피난 여부를 스스로 결정짓지 못했다는 것, 게다가 누구나 알고 있는 소문 정도의 말에 복잡한 심경을 정리하고 피난을 결정했다는 것은 피난의 명분(윤리) 쌓기 이상은 아닌 것이다.

(2) 윤리적 피난의 두 양상

유진오의 글에도 도강파 문인들처럼 극적 장면들이 여러 군데 나타나고 있다. 주로 피난 도중에 발생한 우연찮은 인연이나 구사일생의 장면들이다. 다른 문인들과 차이가 있다면 '전쟁기 지식인의 윤리의식'이다. 이 부분은 당시 전쟁기 소설 속 인물들과의 비교가 필수적인데, 이는 전시상황 속에서 대한민국의 국민과 지식인이 보여주는 윤리의 차이가 드러나고 있기 때문이다. 게다가 이러한 윤리의식의 차이는 후에 잔류파를 향한 시선에도 영향을 미친다.

유진오는 피난 과정에서 많은 사람들의 도움을 받게 되는데, 그 상황에서 유달리 자주 나오는 장면이 있다. 바로 군용트럭을 빌리는 장면이다.

> ① 무슨 좋은 方道가 없을까 생각하고 있는데, 문득 머리에 뜬 것은 어저께 얻어 찬 公務員訓練院 車였다. 그러면 그곳으로 가서 C君과 함께 그곳 '찌프'車로 서울을 탈출하리라. (19면)
>
> ② "난 서울을 떠나야 하겠는데……" 그곳 여러 사람의 意見을 求하 듯이 말을 꺼냈더니 "先生은 가셔야죠. 무슨 意味로든지" 하고, 역시 모두들 나에게 卽時로 避身하기를 勸한다. 그러면 이곳 '찌프'車를 좀 便乘하자 하였더니 (…하략…) (20면)
>
> ③ 이러다가는 서울 탈출은 커녕 정확한 전쟁 뉴우쓰 하나 못 듣고 이곳에서 傀儡軍에게 부뜰리는가보다 하였다. 문득 서울市 警察局을 찾아가면 惑 南으로 나가는 '찌프'車나 트럭이 있을 것이니, 그것을 얻어 탈 수 있으리라 하는 생각이 난다. 그러나 疲困은 甚하고 時間은 벌써 열한時가 지났다. 그 이상 더 머물거리고 있을 수가 없어서, 큰길 가운데로 나가 不顧廉恥하고 疾走하는 軍警의 車를 向해 손을 들기 시작하였다. (20면)
>
> ④ '쓰리 · 코터'가 한 臺 삐－ㄱ하고 소리를 내며 내 눈 앞에 急停車하였다. 덮어 놓고 올라 탔다. 타고 보니 警察車였다.
>
> "어디로 가십니까?"한다.

"서울市 警察局으로 데려다 주시오."

"아이구 이 車는 警務臺 편으로 가는 車인데요."

"서울市 警察局으로 데려다 주시오!"

나는 高壓的으로 命令하 듯 외쳤다. 憤怒와 絶望이 나에게 그런 勇氣를 준 것이다. 말을 걸던 警官은 아무 對答없더니, 車가 中央廳 앞에 이르자 運轉手한테 서울市 警察局으로 가자고 命한다.

서울市 警察局 門間에서도

"난 兪鎭午요!" 하고 生後처음으로 高壓的 態度를 取하였다. (21면)

⑤ 서울서 南으로 나가는 警察車는 없는가, 있으면 便乘을 시켜 달라 했더니(22면)

⑥ 政訓局에는 아직도 軍人들이 많이 있어 奔走하게 일들을 하고 있었다. (…중략…) 나도 서울을 떠나는 것이 좋을 듯하니 車便이 있으면 便乘시켜 달라고 졸라댔다. (23면)

⑦ 그 憲兵에게 付託하여 겨우 南行하는 軍用車를 얻어 타고, 그곳까지 따라온 妹夫와도 作別하였다. (41면)

유진오는 피난 도중 유달리 군용차를 많이 이용한다. 생을 유지하기 위해 자신의 지위를 남용하기도 하며 심지어는 빌기까지 한다. 생의 촌각을 다투는 시점에서 군용차를 타는 것은 문제가 되지 않을 수도 있다. 하지만 유진오가 군용차에 편승하려는 모습은 다음의 장면과 너무나 대조적이다.

"아버지! 저희들은 악전고투를 거듭한 끝에 본의는 아니나마 서울을 저들 앞에 내 놓게 되었습니다. 괴뢰군들은 미리부터 계획적으로 탱크며 여러 가지 중무기를 장비 가지고 딸겨드는데, 저희들은 무기래야 몸에 지닌 소총밖에 없으니 갑자기는 어떻게 도리가 업습니다. 사세가 이렇고 보니 위에서도 하는 수 없이 ○○지점까지 후퇴명령을 내렸습니다. 그래서 지금 후퇴하는 길에 아무래도 아버지의 신변이 걱정이 돼서 근근 추럭 한 대를 얻어가지고 아버지를 모시려 나왔습니다. 가족들과 함께 지금 곧 떠나실 준비를 하십시오."

병기는 조금 전과는 딴판으로 얼굴빛이 몹시 심각해지면서 아무런 말이 없다. (…중략…)

"제가 가는데 까지만 자동차로 가셔서 기차를 타고 대전 형의 집엘 가셔얍니다. 여기 계시다간 놈들에게 큰일 납니다. 어머니도 어서 준빌 하세요."

병기는 그제야 입맛을 쩍 다시고 나서 심히 괴로운 표정으로 입을 떼었다.

"아무튼 내 걱정은 말고 가서 싸워라. 가족에 대한 것은 내가 책임지마." (…중략…)

자식에 대한 애정을 이때처럼 뼈저리게 느껴 본적은 일즉 없었다. 오직 귀엽고 귀여운 생각뿐이었다. 생각만 같아서는 와락 달겨 들어 부둥켜안고 언제까지든 놓지 말았으면 싶은데, 외부에 나타나는 표정은 그와 정반대로 성낸 표범처럼 위엄을 띠고 종시 일관 정중한 태도로 굳어졌다. (…중략…) 아버지는 백번을 고쳐 생각해도 창기가 가지고 온 자동차를 타고 피란길을 떠날 마음은 나지 않았다. 지금 조국의 운명이 최후의 일전에 달린 이 엄숙한 시각에 군부의 공용차를 일

> 개인의 사용에 돌려 가족과 살림을 실어 내다니, 생명도 귀하고 재산도 중하지만, 한 계단 초월해서 잠시 내드린 발은 멈추고 다시 한 번 냉정히 생각해야 할 일이었다. (밑줄 : 인용자)[24]

위 장면은 1950년 12월 『문예』 전시판에 발표된 최인욱의 소설 「목숨」의 한 대목이다. 군인인 아들 창기는 작전 수행 중 집을 찾아가 자신이 타고 온 트럭을 통해 피난 갈 것을 재촉한다. 하지만 아비이자 병원 원장인 조병기는 아들이 가져온 트럭을 거부한다. "조국의 운명이 최후의 일전에 달린 이 엄숙한 시각에 군부의 공용차를 일 개인의 사용에 돌려"내는 것은 "백번을 생각해도" 옳지 않기 때문이다. 아버지는 오히려 "창기야! 너는 군인이다. 지금 곧 군부로 달려가서 최선을 다해 싸워라"[25]라고 말한다. 그리고 나머지 가족을 피난시킨 후 아비 조병기는 "적의 손에 굴욕을 당하느니 보다는 차라리" 하며 자살을 한다.

「서울탈출기」와 한 달 차이로 발표된 「목숨」의 조병기와 유진오의 모습은 극명한 대조를 보인다. 하나는 전쟁기에 발표된 허구적 구성물이고 하나는 실존인물의 체험담이다. 전쟁기 소설이 강한 목적의식을 가지고 있다는 점을 인식할 때, 위의 장면은 당시 지식인에게 요구되던 상 혹은 반공국민의 자세를 읽을 수 있다. 그렇다면 왜 이러한 내용의 허구적 창작물, 즉 소설이 생산, 유통되었을

---

24 최인욱, 「목숨」, 『문예』 전시판, 1950.12, 94면.
25 위의 글, 94면.

까? 마치 노인문제가 심각해져야 언론에서 노인문제를 다루는 것처럼, 전시(戰時) 지식인의 모습이 기대에 미치지 못해서 이런 창작물을 통해 지식인의 역할을 요구하는 것은 아닐까?

생의 욕망은 지식인의 윤리적 태도를 넘어서는 것이었고, 유진오의 군용차 편승 사건은 이에 대한 예증이다. 이 장면들을 자신 있게 써 내려 갈 수 있었던 동력도 당시의 상황이란 철저히 생의 충동이 지배하던 때임을 모두가 암묵적으로 인정하고 있다는 자신감에서 였을 것이다. 즉 그의 말대로 "제 목숨을 건지려고 狂奔하는 꼴, 動物的 本性, 禮儀도 廉恥도 教養도 다 벗어 버린 赤裸裸한 人間의 正體"(20면)란 유진오만이 아니었다.

> 그동안 살아야 되오. 무슨 일이 있든지 무슨 짓을 해서든지 살아야 되오.(17면)

그래서 유진오는 가족을 남겨두고 떠나면서 위와 같이 말한다. '살아 있으라. 무슨 일이 있어도 살아있으라' 유진오의 이 말이야말로 전쟁을 맞이한 인간의 공통된 심정이다. 서울 수복 후 만난 문인들의 입에서 나온 첫마디는 모두 "아아 자네! 자네 살았군!"[26]이었다. 살아야 한다는 당위성의 강조는 유진오의 말처럼 "동물적 본성, 예의도 염치도 교양도 다 벗어 버린 적나라한 인간의 정체"이

26 고은, 『1950년대』, 민음사, 1973, 174면.

기 때문이다. 존재가 모든 것에 앞선다는 실존주의를 꺼내지 않더라도, 유진오가 가족을 향해 처절히 외친 명령 아닌 명령이 이해되는 것은 바로 이 때문이다.

그런데 이 장면을 다음의 장면과 오버랩 시키면 어떻게 될까? 다름 아닌 부득이하게 서울에 남아 생존을 위해 부역을 해야 했던 '잔류파 문인'들 말이다. 가족에게는 허용되는 저 말이 왜 잔류파 문인들에게는 허용이 되지 않았을까? 유진오의 말대로 생명의 욕망이 "인간의 적나라한 정체"가 맞다면, 잔류파 문인들도 가족을 향한 유진오의 명령, "무슨 일이 있든지 무슨 짓을 해서든지 살아야 되오"를 충실히 이행한 자들이다. 그러나 잔류파 문인들은 살기 위한 행위로 인해 심판을 받아야 했으며, 이로 인해 "사회적으로 정신적 금치산자"[27] 취급을 받아야 했다.

도강파 문인들의 논리가 허술한 근본이유가 여기에 있다. 모윤숙을 비롯한 도강파 문인들이 내세운 피난의 명분이란 잔류파 문인들이 내세운 '생의 욕망'과 조금도 다르지 않았다. 도강파 문인들이 행한 피난 역시 생의 욕망에 기인했기 때문이다. 그런데 강을 건넜느냐 그러지 못했느냐의 기준, 그것도 도강의 명분을 찾지 못한 상태에서 일어난 사건을 가지고 문단과 이념을 배치하는 근본동력으로 삼았다는 것은 여전히 많은 문제를 노정하고 있는 것이다. 이러한 양상은 당시 체험담의 재생산 과정에서도 그대로 나타

27 위의 책, 156면.

난다. 도강파 문인들의 '탈출 체험담'은 모윤숙처럼 지속적으로 재생산된다. 유진오의 탈출 서사도 1966년 『구름위의 만상』(일조각)에 재수록 된다. 하지만 잔류파 문인들이 썼던 고해성사의 글들은 재생산되지 않는다. 백철과 양주동의 전집에는 『적화삼삭구인집』에 실렸던 글들이 제외되어 있다. 잔류파 문인들이 외쳤던 반공의 목소리가 도강파의 그것처럼 자랑스러움이 아니라 부끄러움이었기 때문이다. 피난의 여부를 두고 벌어졌던 사건은 이후 남한의 문단과 문인에게 피할 수 없는 트라우마로 남게 된 것이다.

한국전쟁은 모든 문인들에게 동일한 재난이 아니었다. 특히 전쟁 직후 벌어진 피난의 성공 여부는 남한 내의 이념적 구분을 가져온 중요한 사건이었다. 문인들도 예외는 아니었다. 도강파, 잔류파, 지하잠적파라는 호칭은 문인들에게도 그대로 적용되었고 이는 매우 민감한 사안이었다. 호칭에 따라 문인들의 존재론적 위상과 문단적 위계 그리고 생존의 여부가 결정될 수 있기 때문이다.

그래서 문인들은 각종 글쓰기를 통해 자신들을 향한 호칭에 대응하고 있었다. 그 가운데 도강파 문인들은 잔류파나 잠적파에 비해 여러 면에서 우월한 위치를 차지하고 있었다. 하지만 그들에게도 치명적인 약점을 보완하는 일이 필요했는데, 이른바 도망의 다른 말인 '피난'의 정당성을 부여하는 일이었다. 그들은 이를 위해 잔류한 부역문인을 공격하거나 자신의 피난 과정을 극대화하였다. 그리고 이를 통해 도강파의 우월성을 지속시키고자 하였다.

하지만 이 가운데 유진오는 다른 방식을 통해 자신의 존재론적 위치를 지속시키고 있었다. 같은 도강파이면서도 차이를 보이는 유진오의 특징은 이른바 피난에 대한 윤리성이었다. 유진오에게는 영웅적인 이야기도 없다. 다만 끊임없이 피난에 대한 회의와 반성이 주를 이루고 있었고, 이는 피난의 윤리성을 담보하는 과정이었다. 유진오는 피난의 결정을 외부를 통해 공급받는 방식으로 기술하고 있다. 유진오는 기나긴 장을 할애해 도강에 대한 고민을 거듭하다 급기야 자살을 결심하는 그때, 외부에서 해답이 주어지는 것으로 기술하고 있다. 그 해답은 생을 보장해줄 뿐 아니라 피난의 필연성도 함께 담보해주고 있다. 그제서야 유진오는 피난을 결정하고 실행에 옮긴다. 이는 우유부단함이 아니었다. 더 나아가 우유부단함으로 비치지도 않는다. 피난에 대한 계속된 유진오의 고뇌는 자연스럽게 지식인의 양심으로 전환되고 있었기 때문이다. 결국 유진오는 「서울 탈출기」를 통해 대한민국 헌법기초자인 자신이 피난을 할 수밖에 없었던 이유를 내세우고 있었던 것이다. 이처럼 한국전쟁기 당시 남한의 문인들이 작성한 반공텍스트는 반공담론뿐만 아니라 자신들이 처한 상황에 대한 적극적인 해명의 공간이기도 했던 것이다.

4장 지하잠적파와 두 얼굴의 글쓰기

1. 조연현의 경우

지하작가는 적치 하에 남아 지하에 숨어있었던 작가들을 말한다. 지하작가들은 잔류파의 하위 범주로서 그들 역시 공산주의라는 '질병'의 세계에 노출되어 있던 자들이다. 단지 다른 사람들의 증언 혹은 자신의 강력한 항변에 의해 '접촉을 통한 감염'이 없었음을 인정받은 자들일 뿐이다.[1] 잔류한 부역문인도 아니요 그렇다고 도강파도 아닌 애매한 이들의 처지는 양쪽 모두의 눈치를 봐야 하는 상황이었다.

---

1 1950년 12월에 간행된 전시판 『문예』지 첫 장에 「문단은 다시 움직인다」라는 제목으로 수복 후 문인들의 상황이 제시되어 있다. 이 중 "괴뢰군 치하에서 완전히 지하 잠복했던 문인"으로 분류된 자들로는 박종화, 오종식, 유치환, 이하윤, 장만영, 김동리, 조연현, 최인욱, 유동준, 김광주, 최태응, 박두진, 강신재, 방기환, 소창수, 임옥인, 한무숙 등이다.

이러한 상황으로 인해 그들은 자신들의 정체성을 더욱 분명히 할 필요가 있었는데, 크게 두 개의 양상으로 나타난다. 첫째는 고생담 중심의 글쓰기로서 대표적인 것이 1951년 12월 『신천지』에 소개된 「암흑의 삼개월」이란 수기이다. 이들은 잔류의 고생을 표나게 강조함으로써 동정심의 유발 및 잔류의 정당화를 꾀하고 있다.[2] 둘째는 공산주의에 대한 강한 비난이 중심을 이루는 경우이다. 고생담보다는 공산주의의 부정적인 면에 초점을 맞춰 이념적 공세를 가함으로써 자신의 이념적 색채가 분명함을 드러내고자 한 경우다. 조연현과 김광주의 글이 대표적인 경우인데, 먼저 조연현은 서울 수복 3개월 만에 간행된 『문예』(1950.12)지에 「공산주의의 운명—6·25사변의 세계사적 의의」와 「납치된 작가에의 회원—홍구범은 어디에 있는가」라는 두 편의 글을 싣는다. 전자가 원론적인 차원에서 공산주의의 몰락을 예고한 글이라면,[3] 후자는 지하잠복 작가 조연현의 정치적 감각이 보이는 글이다.

이 글은 표면적으로는 비이념적인 홍구범의 서사(납치사건)을 다루고 있지만, 한편으로는 조연현의 서사(반공주의자로서의 조연현과 부역문인에 대한 변호)가 한 축을 이루고 있다. 이 글이 발표된 시점이 1950년 12월이기 때문에 실제 이 글이 구상되고 쓰여진 시기는 부역자처벌이 한창이던 11월경으로 추정된다. 부역자 처벌 문제로

2 대표적인 글로는 고의동의 「나의 체험기」, 황신덕의 「평양탈출기」, 조연현의 「기아와 공포의 90일」, 우승규의 「사선방황기」, 감동명의 「암흑에의 서설」 등이 있다.

3 여기에서는 6·25를 민주주의 대 파시즘의 대결인 "제 3차 세계대전"으로 규정하면서 결국은 전인류(UN)의 의사에 역행하고 있는 공산주의 멸망이 필연적임을 밝히고 있다.

민심이 흉흉하던 그 때 지하잠적파 조연현이 적치 하에서 납치된 홍구범의 이야기를 꺼낸 것은 복잡한 배경이 작용했을 것이다. 이러한 추론이 가능한 것은 조연현의 글에 나타나는 이념의 흔적들 때문이다.

> 민중일보의 二面은 완전히 九範과 나의 뜻대로 制作되었다. 우리는 每日같이 他紙에서는 到底히 볼 수없는 防共指導記事를 二面톱에 실고 주먹만한 活字四, 五段式 뽑아놓았다. 新聞의 이러한 編輯態度는 新聞을 하나의 報道機關으로서만 생각하는 他紙나 同僚記者들에는 偏向的이라고만 解釋되었으나 우리에게는 新聞도 文學과 같이 信念의 表現機關이어야 한다는 것으로 理解되었던 것이다.[4]

조연현에게 민중일보 시절은 홍구범과의 인연을 알리는 소재이기도 했지만 한편으로는 자신의 이념적 좌표가 어디에 있는지를 알리는 기회이기도 했다. 조연현이 힘주어 강조하고 있듯이 "그때 모든 문화인들과 모든 언론기관이 좌경해 가는 것을 하나의 명예로 삼고" 있던 때에도 조연현과 홍구범은 "편집국내의 중간적인 쩌너리스트들의 증오와 항의를 무릅쓰고 오직 하나의 방공투쟁지인 민중일보를 이렇게 이끌어" 갔다는 언급을 통해 자신의 이념적 지형이 반공주의에 있음을 표나게 드러내고 있다. 특히 홍구범과

---

4 조연현, 「홍구범은 어디에 있는가」, 『문예』, 1950.12, 31~32면.

함께 신문 2면을 "반공지도기사"로 작성했으며 이는 순전히 자신들의 의지임을 피력하는 장면이야말로 지하잠복 작가의 이중적 처지를 벗고 투철한 반공주의자임을 천명하는 단적인 모습이다. 이처럼 홍구범과의 관계를 통해 자신의 이념을 드러내는 장면은 어렵지 않게 확인할 수 있다. 공산주의를 향해 "눈이 시퍼런 반역자"라는 수사적 표현이나, 홍구범의 비정치적인 면과 달리 자신은 "투쟁적인 평론을 써" 왔기 때문에 "반동의 깊은 인상"이 남아 있다는 표현 등은 반공주의자임을 드러내는 일이다. 특히 반공 검사로 유명한 정희택 검사와 함께 피신한 사건에 대한 언급은 자신의 이념적 정체성을 더 없이 잘 보여줄 수 있는 증거였다.[5]

한편 조연현은 강하지는 않지만 부역문화인에 대한 포용을 언급한다. 홍구범의 사례를 통한 언급이 그것인데, 비정치적인 홍구범이 피신 중에 체포되어 자수서와 문맹가입원서를 작성한 후 괴로워하는 모습을 보고 이를 동정하는 장면이 있는데, 부역의 불가피성을 언급하는 대목이기도 하다.

> 나는 체포되면 누구든지 형식적인 자수서와 단체가입정도의 강요를 거절할 수는 없다는 점과 그러한 조건하에서 강요된 불쾌한 몇 가지 사실에 면목이니 뭐니 신경을 사용할 필요는 조금도 없으니 시간을 놓치지 말고 다시 숨어라고 타일렀다. (58면)

5 정희택 검사와의 피신 이야기는 조연현의 다른 글에서도 반복된다. 1968년 현대문학사에서 간행한 『내가 살아온 한국문단』에 자세히 언급되어 있다.

부역문화인을 향한 이 같은 장면은 다른 글에서도 일관되게 나타난다. 이러한 배경은 조연현의 피신 체험과 무관하지 않다. 조연현은 피신 중에도 여러 루트를 통해 서울의 정세와 문화인들의 동태를 듣고 있었는데, 그 중에서도 조연현의 6촌 동생이자 동아일보 기자인 "진흠(璡欽)"을 통해 많은 소식을 접하고 있었다. 조연현은 그의 정보를 전적으로 신뢰하고 있었다. 당시 인민군은 남한의 문화인들에게 '자수'라는 회유책을 쓰곤 했는데, 많은 문화인들이 이를 믿고 자수를 했지만 곧 후회해야 했다. 조연현이 자수를 하지 않은 것도 전적으로 진흠의 정보 때문이었다.

> 이러한 진흠군이 나에게 와서 하는 말은 "절대로 자수해서는 안 된다." "지금 문학가동맹에 나가고 있는 사람들도 결코 마음이 편한 것은 아니다. 그곳에 나가서 떨고 있거나 마음에 없는 협력을 가장하는 것보다는 철저하게 숨어 있는 것이 오히려 편하다." 늘 이렇게 나를 격려해주었다. 그는 이병철을 만났더니 "조연현이만은 구정을 위해서라도 내가 책임지고 무사하게 할테니 내보내라." 이렇게 말하더라고 알려주면서도 "이병철을 못 믿는 게 아니라 괴뢰정권을 믿을 수 없지 않은가"라고 했다. 그가 이 점을 자꾸 강조한 것은 가친께서 나의 자수를 권고하고 있는 것을 그가 알고 있었기 때문에 혹시 아버지의 권유 때문에 내가 잘못 실수를 할까봐 그것을 걱정한 때문이었다.[6]

6 조연현, 『내가 살아온 한국문단』, 현대문학사, 1968, 72면.

진흠이 건네준 정보는 조연현에게는 한 줄기 빛과 같았다. 그만큼 진흠의 정보를 신뢰하고 있었기 때문이다. 그리고 그 정보 안에는 부역문화인에 대한 동정도 포함되어 있었다. 조연현은 자신의 고생만큼이나 부역문화인들의 어려움도 소식을 통해 알고 있었던 것이다. 게다가 함께 고생한 정희택 사상검사가 '매부의 종형(從兄)'이었다는 사실은 후에 부역 혐의의 문화인들에게 관용을 베푸는 요인이 되기도 했다. 이처럼 조연현의 글에는 지하잠적파가 갖는 이념의 정체성을 분명히 하는 부분과 함께 잔류파, 특히 부역혐의를 받고 있는 문화인들에게 대한 관용의 포즈를 취하고 있다.

조연현은 위의 글과 비슷한 시기에 한 편의 글을 신문에 연재하는데 「부역문인에 대해」(『서울신문』, 1950.11.11~12)가 그것이다. 제목에서 볼 수 있듯이 이 글은 부역문화인에 대한 좀 더 직접적인 견해를 드러내고 있다. 1950년 11월에는 조연현 외에도 많은 문인들이 부역문화인에 대한 견해를 발표하는데, 부역자처벌이 한창이던 당시 여론 형성의 의도에서 기획된 것으로 보인다. 이 글의 가장 큰 특징은 조연현의 조심성이다. 이 글의 주제는 부역문화인에 대한 관용이지만 때가 때인 만큼 매우 조심스러우면서도 정교한 논리를 통해 논지를 펴고 있다.

조연현은 부역문화인에 대한 관용을 주장하기 위해 2가지의 안전망을 치고 있다. 첫 번째는 적치 하 문화인의 태도에 대한 구도이다. 조연현은 당시의 주된 상황이었던 "협력(타협, 열성분자) 대 항쟁(거부, 반동분자)"의 구도를 인정한다. "이 사변에 대한 문화인들의 태도는 일반 국민의 그것과 마찬가지로 잔인무도하게 침략해온 반역도당들에게 협력하느냐, 이를 거부 항쟁하느냐 하는 명백한 구분된 두 길 밖에" 없음을 분명히 하고 있다. 이러한 구도는 지하잠적파로서의 애매함과 이념적 의심을 한 번에 일소하는 효과를 갖는다.

이러한 전제 위에 조연현은 또 다른 영역을 제시한다. 이른바 부역문화인에 대한 분별의 문제이다. 부역문화인은 "협력과 타협"의 축이지만 내부적으로는 이 축을 균열시키는 존재가 있다는 전제이다. 조연현은 부역문화인 중에서도 "기회주의자"와 "사회주의 분자", 그리고 "형식상의 부역문화인"들을 분별해야 한다고 주장한다. 그 방법이란 "그들의 모든 범죄의 형식과 내용을 검토하고 그들의 과거의 경력을 종합"하면 "정체가 명료하게" 밝혀진다는 것이다. 특히 보도연맹원의 기회주의적 행태와 사회주의 분자들은 "근본적으로 일소해 버리지 않으면 아니 될" 부류이다. 하지만 "형식상의 부역문화인"은 좀 더 다르게 봐야 한다는 입장이다.

> 정치적으로는 아무 것도 아닌 선량한 일반 대다수의 시민들이 마음속으로는 대한민국을 은근히 사모하고 있으면서도 표면적으로는 열성적인 괴뢰정권의 지지자처럼 가장하지 않을 수 없었던 것이 그 때의 수도의 현실이었던 것이다. 이러한 무서운 환경 속에서 권력 앞에 무력하고 정치적인 신념이 불안정한 대다수의 문화인들이 괴뢰군당의 범죄에 가담하는 형식을 취하지 않을 수밖에는 별도리가 없었던

> 사정을 우리는 이해해 주지 않으면 아니 될 것이다. 그것은 국민 전부가 모두 열성적인 애국자가 아닌 것과 마찬가지로 모든 문화인의 그 전부가 지하에 숨어버린 애국문화인들처럼 철저한 신념의 투사가 되기를 바랄 수는 없는 것이기 때문이다. 그러므로 우리는 약간의 과오가 있었다 해도 형식적인 노력에만 그친 본의 아닌 가담자들을 구태여 부역문화인이라는 죄명으로써 배척해서는 아니 될 줄로 안다.[7]

조연현이 새롭게 설정한 영역의 기준은 이념이 아닌 '양심'의 문제이다. 누구나 다 인정하듯 당시는 존재하는 것이 가장 큰 목적이었고, 이를 위해서는 신념과 민족, 이념까지고 팔 수 있었다. 많은 잔류파 문인들의 고해성사 내용이 '어쩔 수 없음'으로 채워진 것도 목숨을 유지하기 위해 어쩔 수 없는, '마음에 없는' 행위를 했다는 것이다. 조연현은 이러한 흐름들을 잘 알고 있었다. 그래서 이러한 흐름들이 보편적이었음을 보이기 위해 "선량한 일반 대다수의 시민들이 마음속으로는 대한민국을 은근히 사모하고 있으면서도 표면적으로는 열성적인 괴뢰정권의 지지자처럼 가장하지 않을 수 없었던 것이 그 때의 수도의 현실"이었음을 전제한다. 그리고는 대한민국 국민의 행위 속에 문화인들을 포함시킨다. "대다수의 시민들"이 그러했듯이 "약간의 과오"가 있는 문화인들을 "부역문화인이라는 죄명으로 배척"해서는 안 된다는 것이다. 특히 "문화인의 순

7 조연현, 「부역문인에 대해」, 『서울신문』, 1950.11.11.

수한 문화적인 범죄에 대해서만 보통의 범죄자와 그 처벌을 구별해 주기를" 강조하고 있다. 이어서 부역문화인들이 범한 "약간의 과오"를 "순수한 문화적인 범죄"라는 새로운 개념으로 규정하는데, 이는 "문화적인 범죄"의 성립요건에서 이념적인 것을 배제해 버리는 효과를 갖는다. 이제 문화적인 범죄는 이념이 아닌 "문화적인 과오에서 발생된 것인 이상" 이는 "문화의 힘으로써만 처음으로 정정되고 개정될 수 있"다는 논리가 성립된다. 그래서 조연현은 주장한다. 우리의 민족문화는 모든 반민족적인 문화의식을 능히 교화시킬 만큼 강력해지고 있으며, 민주주의의 이상과 이념 역시 공산주의를 충분히 정복하고 남을 만큼 확고하다고. 부역문화인의 갱생 역시 "사직의 손에 있는 것이 아니라 이 방의 모든 애국적인 문화인이 공동으로 부하한 사명"임을 강조한다. 이를 통해 마지막으로 "부역문화인을 모조리 처벌하는 방법보다도 그들에게 이러한 갱생의 길을 열어주는 문화적인 사업에 더 큰 의무를 가져야 할" 것을 주장한다.

사실 이러한 발언들은 조연현을 상당히 곤혹스럽게 만들 수도 있다. 당시 조영암, 이헌구처럼 극우성향의 도강파들의 살벌한 분위기와 부역자처벌에 혈안이 되어 있던 당국의 분위기를 감안한다면 조연현의 발언은 위험수위를 넘나드는 것이었다. 게다가 조연현은 지하잠적파여서 더더욱 조심해야 했다. 조연현도 이러한 사실을 잘 알고 있었으며, 그래서 누구보다도 더욱 조심스럽게 논지를 전개해 나간다. 그의 조심성이란 논지의 전개 방식에서도 그대로로 나타난다. 그는 부역문화인에 대한 신중한 분별을 요구하는 메시지 앞뒤로 반드시 "원론(부역자 처벌의 당위성)"을 배치한다. 즉 부역자 처벌의 당위성을 먼저 이야기 한 후 다음에 "그러나"라는 접속어를 통해 "관용"을 이야기하고 다시 원론을 전개시킨다. 원론의 선배치를 통해 반공주의자임을 천명하고 그다음에 '신중한 분별과 관용'을 배치하고, 이에 대한 반감을 완화시키기 위해 다시 원론을 배치하는 방식을 선택한다. 이 와중에도 지하잠적파를 "지하에 숨어버린 애국문화인들처럼 철저한 신념의 투사"로 기술하는 것도 잊지 않는다. 이처럼 지하잠적파로 살아남은 조연현은 여러 인연을 통해 당시 부역문화인들의 처지를 잘 알고 있었으며, 이를 함께 경험했던 사상검사 정희택 등과의 인연을 통해 부역문화인의 구원에 앞장섰다.

2. 김광주의 경우

김광주는 1950년 11월 20일에 「부역」(『서울신문』)과 같은 해 『문예』지 12월호에 「북으로 다라난 문화인에게」을 발표한다. 그리고 1951년 『신천지』 12월호에 「하누님을 찾는 아내」와 같은 해 발간된 단행본 『전시문학독본』에 「전쟁 · 인류 · 평화」 등의 글을 싣는다. 김광주는 1950년 『문예』지 12월호의 첫 면을 장식한 "문단은 다시 움직인다"에서 "괴뢰군 치하에 완전히 지하잠복했던 문인"의 명단에도 나와 있다.

김광주 역시 지하잠적파라는 이중적 위치로 인해 자신의 정체성을 보다 분명히 할 필요가 있었다. 그런 면에서 위에서 언급한 글들은 모두 반공주의자로서의 자신을 증명하고 천명하는 글에 해당한다. 김광주는 대략 3가지 방향에서 자신의 정체성을 입증하고 있다. 이중 「하누님을 찾는 아내」는 잔류의 불가항력과 인민군을 향한 적개심을 드러내고 있다. 다른 잔류파 문인들처럼 김광주도 상황의 심각성을 깨닫지 못하고 있었음을 서두부터 밝히고 있다. 이 글은 1950년 6월 27일을 기점으로 시작되고 있다. 인민군에 의해 서울이 장악되기 하루 전으로, 피난을 떠나기 어려운 시점이었다. 그럼에도 김광주는 "우리 國軍이 절대로 밀리지 않고 赤色徒黨들이 首都 서울을 그렇게 손쉽게 一朝一夕에 侵犯하리라고는 꿈에노" 믿지 않았다. 그의 말대로 "事態가 急迫해 오는 것을 나는 몰랐"던 것이다. 하지만 곧 상황의 심각성을 깨닫게 되는데, 여기서 잔류파 문인들과의 차이가 나타난다. 잔류파 문인들은 잔류의 불가피성을 밝히는데 전력하고 있다면, 지하잠적파 김광주는 이와 달리 자신의 이념적 좌표가 어디에 있는지를 기술한다.

> 한 알 두 알 총알이 팽—팽 집우위를 나를 때마다 두 손을 가슴에 얹고 애써서라도 冷情沈着해지랴고 努力해보았으나 왜 그런지 두려움보다

도 까닭모를 분함에 全身이 떨리고 神經이 칼날같이 이러서며 鎭靜할 道理가 없다.

나는 滿洲에서도 ○○(확인불가 : 인용자) 붉은軍隊들의 하는 짓을 똑똑이 보아왔고, 以北을 거처서 서울로 오는 동안에도 붉은兵丁들의 그 무지막지한 野獸 같은 꼴을 입에서 신물이 날 程度로 겪어왔다.

(…중략…) 정말 분함을 참을 길이 없다. 그 사람 같지 않은 무지막지한 놈들에게 서울을 빼앗기고 그 銃부리 앞에 우리가 쓸어져야 한다는 것은 아모리 생각해봐도 개죽엄 밖에 아모 것도 아니다.[8]

부역혐의자 양주동이 부역의 정당화를 위해 부역의 정도를 분류하고, 백철이 자신을 '어린 아이'의 상태로 만들면서까지 잔류와 부역의 불가피성을 말할 때, 같은 잔류파이지만 지하잠적파인 김광주는 조금 다른 각도에서 수난기를 작성한다. 김광주는 북한 공산주의에 대한 강한 적대감을 드러낸다. 물론 잔류파 문인들도 유사한 포즈를 취한 바다. 하지만 잔류파가 적치 경험의 결과임을 강조한 반면 김광주는 이미 전쟁 전에 경험한 것임을 전면에 내세운다. 만주에서 붉은 군대의 "무지막지한 야수 같은 꼴을 입에서 신물이 날 정도로" 보았으며, "그들의 일거일동을 내눈으로 보았고 또 무지한 행동에서 오는 피해를 친히 당해도 보았"으며 심지는 "위태로운 구사일생의 피난도 다녀"[9]보았음을 강조하고 있다. 게

8 김광주, 「하누님을 찾는 아내」, 『신천지』, 1950.12, 7~8면.
9 김광주, 「전쟁 · 인류 · 자유」, 『전시문학독본』, 계몽사, 1951, 10면.

다가 소련군이 "남침해온 괴뢰군보다는 훨씬 점잖었다"[10]고 주장하기도 한다. 이처럼 김광주는 공산주의의 야만성을 한국전쟁 이전에 경험했음을 강조하는데, 이러한 글의 기술과 배치는 잔류로 인한 이념적 불신을 사전에 차단하는 효과를 가져 온다. 그래서일까? 김광주의 수난기는 이러한 패턴을 일정하게 유지하고 있다.

이러한 배경 위에 북한을 향한 적개심을 정점에 올려놓는 글이 「북으로 다라난 문화인에게」와 「전쟁・인류・자유」이다.

> 그대들의 偉大하다는 爲政者와 붉은 軍隊의 손으로 恐怖, 戰慄, 詐欺, 殺人, 防火가 한데 어우러져서 火焰이 沖天하는 生地獄으로 化해버렸던 이 거리. (…중략…) 祖國을 입에 올리면서도 祖國에 불질른 그대들의 爲政者들 (…중략…) 民族을 입에 올리면서도 民族을 虐殺하기에 눈이 뒤집혔던 그대들의 爲政者의 압잽이 (…중략…) 祖國은 그대들을 두 번 다시 받아 드리지는 않을 것이다. 우리들의 새 歷史의 車輪은 그대들을 넘고 듸듸고서 앞으로…… 다름질칠 뿐이다.[11]

> 그들은(소련군 : 인용자) 異民族間에도 傀儡軍처럼 그렇게 殘忍하고 橫暴하고 無慈悲한 殺人이나 放火와 掠奪은 敢行치 않았거늘 그래도 뼈와 피와 살을 같이한다는 傀儡軍들의 所行은 實로 人類史가

---

10 위의 글, 10면.
11 김광주, 「북으로 다라난 문화인에게」, 『문예』, 1950.12, 77~78면.

있는 以後로 일직이 어느 나라에도 어느 民族 사이에도 있어보지 못한 發狂이라고 밖에 생각되지 않는다.

그러면 人間으로서 同族으로서 어째서 이다지도 殘忍無道한 蠻行과 發惡 發狂을 敢行할 수 있단 말인가[12]

북한을 향한 적개심은 다른 문인들과 다르지 않다. 북한을 향한 도식적인 수사들—공포, 전율, 살인, 이리떼, 야수적 만행—의 배치와 비상식적 사건들의 나열 등은 당시 반공텍스트의 답습이었다. 하지만 이러한 언급은 앞의 맥락(한국전쟁 이전에 공산주의를 경험했다는 기술)과 연관 지어 볼 때 잔류파와는 분명히 다른 의미로 다가온다. 전쟁 이전 소련군을 통해 공산주의의 경험은 일종의 백신 같은 것이었다. 그래서 김광주의 북한 비판은 훨씬 더 설득력 있게 다가온다. 적치 하를 통해 북한의 본질을 알게 되어 비판하는 잔류파와는 차원이 다른 것이다. 이러한 의미의 연쇄가 김광주의 지하잠복을 자연스럽게 설명해줄 뿐만 아니라 잠적기간의 고난에 대한 동정심이 더해져 이념적 정체성에 대한 의심이 제거되는 것이다.

하지만 이것만으로는 충분치 않다. 이념에 대한 정체성, 이른바 '자기증명 강박증'에 시달려 더더욱 폭력적이 되어야 했던 서북청년처럼, 김광주도 어쨌든 잔류의 범주에 포함된다는 이유로 지속적으로 자기 증명을 해야 했다. 즉 지하잠적파라는 불편한 위치는

12 김광주, 「전쟁 · 인류 · 자유」, 『전시문학독본』, 계몽사, 1951, 11면.

스스로 조금 더 강한 방식을 요구했고, 이는 잔류파를 향한 김광주의 시선에서 나타난다.

> 살기 위해서 였다고들 말한다.
>
> 그대로 죽을 수 없기 때문에 한 노릇이라고 변명들을 한다. 옳은 말이다. 일리가 없는 말이 아니다. 사람이 살아야 한다는 것은 무서우리만치 싸늘한 본능이기 때문이다. (…중략…)
>
> 그러나 우리에게 산다는 것만이 엄연한 것은 아니다.
>
> 살되 어떻게 살아야 하느냐는 것이 보다 더 엄연한 문제이다.[13]

김광주가 선택한 방식은 같은 잔류파 문인을 공격하는 것이었다. 조연현도 잔류파 문인, 특히 부역에 가담한 혐의가 있는 문인들을 비판하고 있지만, 본질은 그들의 구명에 있었다. 즉 조심스럽게 혹은 매우 정교하고도 교묘한 논리를 통해 부역문화인들을 옹호하는 방식이었다. 하지만 김광주는 다르다. 그의 지하잠복 옆에는 조연현처럼 사상검사가 존재하지도 않았다. 그의 사상을 증명해줄 수 있는 사람이 없는 것이다. 따라서 그는 모든 것을 혼자 해야 한다. 그러기 위해서는 비록 같은 잔류의 처지였지만 사사로운 인정 따위는 잊어야 한다. 그래서 부역문화인을 향한 그의 시선은 매우 냉정하며 비판적이다. 김광주의 이러한 입장은 당시 반공검사이자

13 위의 글, 12~13면.

부역자 처벌의 담당자였던 정희택 검사의 발언과 대비했을 때 더욱 분명해진다. 같은 지하잠복파였던 정희택 검사는 잔류파를 향한 연민과 관용의 입장을 고수하고 있었다.

> 사실은 서울시민들은 처음 열흘 동안은 어떻게 피해볼까 생각했었고 그 사람들이 들어와서 어느 정도 포섭정책을 쓰는 고로 그때부터 노출되어 가지고 아부한 사람이 다소 있습니다. 그러나 놈들의 기만책이 한달 지나 두 달 지나 표현될 때에는 정말 지긋지긋해서 처음에 일주일이라든지 열흘동안 날뛰었던 사람들도 나중에는 전부 숨는다든지 이러한 일이 있습니다. 내 생각 같아서는 계속적으로 석 달 동안 행동한 사람과 처음 일주일 동안 행동하다가 정말 회개한 사람은 구별해야 될 줄 압니다.[14]

정희택 검사는 잔류의 체험을 통해 잔류시민의 고통과 억울함을 알고 있었고, 그래서 최대한 신중한 입장에서 부역자 처벌을 행하고 있었다. 하지만 김광주는 많은 문인들이 공감하고 있었던 "생존을 위한 부역"의 어쩔 수 없음마저도 냉정하게 비판한다. 김광주가 이들을 비판하는 준거는 부역의 사실이나 정도(degree)가 아니었다. 중요한 것은 바로 "살되 어떻게 살아야 하느냐는 것이 보다 더 엄연한 문제이다"[15]라는 '생의 태도'였다. 비록 "살아야 한다는 이 엄

14 「좌담회 – 부역처단은 어떻게」, 『서울신문』, 1950.11.29.
15 김광주, 「전쟁, 인류, 자유」, 『전시문학독본』, 앞의 책, 13면.

연한 본능 앞에 우리는 예의도 염치도 체면도 양심도 어쩔 수 없이 굴복 당하는 사실을 얼마든지"알고 있지만 "인류는 살아야 한다". 라고 했을 때, 그 당위란 "살바에는 허수아비가 되지 말고 꼭두각시가 되지 말고 각자의 진정한 자유와 평화를 ○유해가면서 살아야 한다"라는 것이다.

여기서 강조한 '생의 태도(방식)'은 종국에는 '양심'의 문제로 이어진다. 이 문제는 1950년 11월 22일 『서울신문』에 실린 「부역」이란 글에서 보다 분명한 형태로 나타난다.

> 여기서 우리가 생각할 것은 '법' 이전의 문제다. 인간의 양심문제다. 누구보다도 자기 자신을 모르는 것도 인간이다. 그러나 누구보다도 자기 자신을 알 수 있는 것도 인간이다. 자신이 저지른 죄과는 누구보다도 자신이 잘 알 것이다. 하물며 '법'이 아니라도 잘 알 수 있고 지성과 이성에 산다는 문화인에게 있어서랴.
>
> 물론 문제는 그리 간단한 것은 아니다. 산다는 것 살아야 한다는 것은 무서우리만큼 엄숙한 인간의 본능이기 때문이다. 집을 비워 놓고 달아났다 와서 아우를 꾸짖는 형에게도 일리는 있고 형님은 달아나고 집을 지키자니 어쩔 수 없이 뛰어든 강도의 총부리 앞에 생명을 보전하려 애썼다는 동생에게도 일리는 있다.
>
> 요는 각자의 양심에 호소하는 길밖에 없다. 너나 할 것 없이 우리에게는 자성·자숙·자중의 길밖에는 없는 것이다.

1950년 11월에는 부역과 관련되어 여러 논자들의 의견이 많이 등장한다.[16]

이 글의 포인트는 부역문화인의 처리 방식이다. 조연현이 온갖 논리적 정합을 통해 부역문화인들을 옹호하려 했던 것과 달리 김광주는 다른 시선으로 그들을 바라본다. 이른바 양심의 문제이다. 이는 '어떻게 살 것인가'의 연장선으로 부역을 바라보는 또 다른 영역이 있음을 제시하고 있는 것이다. 이 글은 「전쟁·인류·자유」에서 끝맺지 못한 부역자 처리에 대한 완결로, 부역자에 대해 준엄함과 포용력이라는 양 잣대가 필요하다고 지적하고 있으나 이보다 선행하여 '양심'의 문제를 제시하고 있다. 즉 부역은 법과 관용으로만 해결될 수 없는 제3의 영역이 있으며, 그것이 바로 '양심'이라는 것이다. 그가 보기에 "엄연히 부역적 행위가 세인에게 공지되어 있음에도 불구하고 언제 무슨 일이 있었느냐는 듯이 뻔뻔스럽게 번화가를 갈팡질팡하는 문화인", 그리고 "자기변명으로 넋두리를 삼는 것도 보기 좋은 꼴은 아니라"라는 것이다. 그들에게 필요한 것은 "자성·자숙·자중의 길밖에는 없"다는 것이다. 부역문화

16 1950년 11월에는 많은 문인들이 부역과 관련된 글을 발표한다. 조연현과 김광주를 비롯하여 이무영(『서울신문』, 1950.11.20), 유치진(『서울신문』, 1950.11.23) 등의 글이 게재되며, 1950년 11월 25일에는 『서울신문』 주최로 "부역처단은 어떻게"라는 좌담회를 여는데, 여기에 김창룡대령(합동수사본부장), 장재갑(서울지검차장), 오제도(수사본부검사대표), 정희택(수사본부검사), 이른바 부역심사의 장본인들이 모두 참석했다. 본사 측에서는 사장과 주필이 참석했으며, 장소는 '天園'이었다. 이들의 좌담회는 11월 27일부터 29일까지 연재됐다. 이처럼 1950년 11월은 부역과 관련에 매우 민감한 시기였다. 김광주의 이 글도 이러한 분위기 속에서 나온 것으로 보인다.

인을 향한 '양심'의 외침으로써 부역은 이제 '윤리'의 영역이 된 것이다. 이로 인해 부역문화인에게 법의 처벌을 넘어 또 다른 징벌, 즉 스스로의 "양심에 호소"해야 하는 고해성사를 강요받게 되었다.

그런데 흥미로운 것은 지하잠복파 김광주의 이런 주장이 도강파와 많이 닮아 있다는 것이다. 모윤숙처럼 도강파들의 주된 도덕적 우월성은 바로 '생의 방식(양심)'에서 나오기 때문이다. 다른 이들은 괴뢰군의 총칼 앞에 굴종해야 했지만 우리들(도강파)은 죽음을 무릅 쓰고 적치 하를 탈출했다는 이른바 조국과 민족을 향한 '양심'의 우위를 주장하는데, 이를 지하잠복파 김광주가 그대로 반복하고 있는 것이다. 이는 스스로 도강파와 동일하게 여기는 것이거나 아니면 도강파를 향한 욕망이 만들어낸 허위의식이다. 또는 스스로 도강파의 지위에 구속시킴으로써 자신과 타자를 향해 반공주의자임을 천명하는 것이다. 이 세 가지 양상은 상호 간의 관계 속에서만 의미가 가능하다는 점에서 하나의 얼굴이기도 하다.

제 2 부

르포-평론-작품의 삼위일체와 집단기억의 재구성

1장 군과 문단의 카르텔과 문화전선의 구축

1950년, 남한에서는 인민군과의 물리적 충돌 외에 박차를 가하고 있던 사업이 있었다. 이른바 '반공담론의 구조화'였다. 이미 1947년 미군정의 등장과 함께 '반공언어'의 생산은 본격화되고 있었고, 문제는 이렇게 축적된 '반공언어'들을 어떻게 일정한 담론의 형태로 '조직화'하는가 였다. 반공담론의 조직화야말로 전쟁의 또한 축인 사상전의 다른 얼굴이었기 때문이다. 그래서 전쟁의 혼란 속에서도 반공담론의 조직화 사업은 매우 신속하게 이루어졌다. 특히 누구보다도 '언어' 생산에 앞장 서온 문단 역시 본격적인 담론화 작업에 들어가게 되는데, 이른바 문화전선의 구축이다.

문화전선의 구축은 전쟁 직후 조직된 '비상국민선전대'에서 시작된다. 전쟁 발발 다음날인 1950년 6월 26일, '문총' 본부에 모인 간부들은 '문총비상국민선전대'를 조직한다. 이는 "'문총'의 규약이나 정규적인 조직과는 상관없이 비상사태에 기동적으로 부응할 수 있는 별동조직"[1]의 성격을 지니고 있었다. 국방부 정훈국에서 파견된 연락장교가 '비상국민선전대'에 해야 할 일들을 지시하자, 문인들은 '문예사'를 본부로 삼고, 신속하게 움직이기 시작하였다. 정훈국의 발표문들이 이곳에서 기초되었고, 많은 벽보와 보도문이 제작되었으며, 방송국에 배치된 모윤숙, 김윤성 등은 수시로 애국시를 낭독하고 격문을 읽어야 했다. 하지만 이러한 일들은 6월 27일 오후를 기점으로 흐지부지해지고 만다. 북한군의 진군이 그만큼 빨라지고 있었기 때문이다.

문제는 일련의 상황이 아닌 한국문단과 군 간에 '생존(생물학적 생존과 이데올로기적 생존)'을 매개로 한 카르텔이 형성되었다는 데 있다. 동업관계의 표징은 두 가지였다. 이데올로기의 생산과 신분의 보장이었다. 하지만 문학이 군과 카르텔을 형성한 가장 중요한 이유는 '생에 대한 맹목적 의지' 때문이었다.

> 서정주, 조지훈들의 제의로 서울법대의 강단을 떠나서 일찌감치 국방부 정훈국장으로 특채된 이선근 대령을 찾아가서 전선에 종군하겠다고 재청했다. 말이 종군이지 밥 한끼라도 먹는 수단이었고 그들의 작가의식에 전쟁참여의 정신이 깃들일 만큼 준열한 앙드레 말로적 의지가 있었던 것은 아니었다. 이(李)대령은 종군문인단 결성에 찬

1 조연현, 『내가 살아온 한국문단』, 현대문학사, 1968, 61면.

성하였다. 찬성이고 거절이고 없는 형세였다. 사실상 대전에는 정부가 필요로 하는 문화수단은 전혀 없는 실정이었고 그런 때에 피난해온 시인과 작가가 정부의 공보활동이나 후퇴하는 국방 경비대의 사기를 위한 종군에는 때마침 잘 써먹을 수 있는 사돈영감 같은 인건(人件)이었다. 드디어 소수로 종군문인단은 결성되었다. (…중략…)

그들은 여순반란사건, 백운산사건, 대구푸락치사건들과 그리고 저 제주도의 4·3 사건들을 벌써 망각했고 해방직후부터 6·25 사변까지의 만 5년 동안을 지속한 극단적인 테러행위 및 음모와 관련된 민족적 참상의 탄생을 인식할 수 없었다. 다시 말하면 비극적인 능력이 없기 때문에 모든 비극에 의미를 부여하지 못하고 촌락의 지식인 예술인이 되었던 것이다.

서정주들은 신문기자의 대거 잔류로 신문과 방송, 심지어 벽보 붙이는 일, 가두 스피커방송까지 맡아서 초기 매스컴의 전부에 고용되고 그런 일만이, 아무리 열심히 해도 의미가 없었던 그런 일만이 그들이 살아있다는 과도기적 증거인 것처럼 일할 수밖에 없었다. (…중략…) 이런 굴욕적이고 지혜 없는 선무공작의 스피커어나운스먼트만이 그들의 활동에서 가장 중요한 테마일 때 그들은 이미 작가가 아니라 정부의 임시공무원으로 전락 편입된 슬픔을 보여 주었다.[2]

고은의 지적처럼 서정주, 김송, 조지훈, 박목월, 이한직 등에겐

2 고은, 『1950년대』, 민음사, 1973, 51~54면.

"전쟁참여의 정신이 깃들일 만큼 준열한 앙드레 말로적 의지가 있었던 것은 아니"었다. 그렇다고 "인도차이나 정글이나 앙콜와트의 비원(秘苑)을 탐색하는 드골의 정신적 비서 말로처럼 철저한 전쟁의식이나 비극적 감각"이 있는 것도 아니다. 그들에게 종군이란 "말이 종군이지 밥 한끼라도 먹는 수단"이었을 뿐이다. 이것이 종군작가들의 포즈를 "용감하다기보다는 매우 희극적인" 것으로 만들었으며, 결국엔 "갑작스러운 생명의 위난에 대한 보호반응"의 전형이 되게 했다. 이러한 반응을 인지한 정치는 문학에 손을 내민다. 대전에 임시수도를 정한 이승만 정부에는 정부선전에 필요한 문화수단이 전혀 없는 상태였고, 피난 온 문인들 역시 먹고 잘 수 있는 '거처'가 필요했다. 이 둘 간의 조건이 맞아떨어졌고, 마침내 "시인과 작가가 정부의 공보활동이나 후퇴하는 국방 경비대의 사기를 위한 종군에는 때마침 잘 써먹을 수 있는 사돈영감 같은 인건(人件)"[3]이 된 것이다.

이러한 상황은 문인들로 하여금 군에 대한 의존성을 더욱 높이는 계기가 되었고, 다시 군과의 카르텔을 더욱 견고하게 만드는 악순환을 가져왔다. 문인들은 문제가 생기거나 위험에 닥치게 되면 가장 먼저 군을 찾았다. 조연현의 기억에 따르면 대구로 피난갔던 문인들은 "누구나 할 것 없이 김소령(김기완 : 인용자)의 도움을 받았"다. 가끔 수필도 쓰는 문학애호가이자 홍구범과 동향인 김기완

3 위의 책, 51~54면.

소령은 군에서 압수한 쌀 10가마니 가량을 피난 문인들과 '문총' 기관 사람들에게 나눠주기도 했다. 또 국방부 정훈국장 이선근 준장은『문예』속간에 결정적 도움을 준다. 그는『문예』지 속간에 필요한 용지 공급에서부터 조판인쇄를 위한 정훈국 인쇄공장의 무료대여, 출판비용까지도 보조해주었다.[4]『문예』뿐만이 아니었다. 육군, 공군, 해군작가단이 제작한 잡지들은 모두 군에서 후원을 받은 것이다.

> 책을 만들때는 미군 원조물자로 들여온 종이를 육본 정훈감실에서 한꺼번에 수십연씩 얻어다가 인쇄비 대신 이 종이를 주고 인쇄했습니다. 물로 종이도 귀할 때시만 현금이 없으니까 종이값은 물론 인쇄, 제본비 등의 경비를 모두 이 종이로 대치해서 실제 인쇄에 필요한 양보다 훨씬 많은 종이를 갖다 주고 책을 만든 것입니다.[5]

육군종군단이 발행한 기관지『전선문학』은 1951년 10월부더 발간을 준비했으나, 1952년 2월 중순에야 겨우 조판을 할 수 있었다.

> 작가단의 기관지인『전선문학』은 작가단의 규모가 커지면 발간하자는 의견이 나와 약 6개월 동안 준비과정을 거쳐 52년 4월에 가서야 창간호를 냈습니다. 이것은 전쟁 중 발간된 최초의 순문예지이라고

4 조연현, 앞의 책, 82~84면.
5 중앙일보사 편,『민족의 증언7』, 중앙일보사, 1983, 96면.

할 수 있어요. 당초에는 월간으로 매월 발행할 계획으로 추진했으나 피란 시절이라 예산이나 그 밖의 사정이 여의치 못해 매월 발간하지 못하고 예산과 원고 등 사정이 허락되는 대로 만들어냈어요. 한 1년 반 동안 모두 7권을 만들고 중단된 것도 이 같은 이유 때문입니다.

일선장병 위문용으로 만들었으니까 순문학지였던 때문에 일반독자들이 많았어요. 시판용은 상당한 인기가 있었으니까요. (…중략…)

『전선문학』은 일부가 시판되긴 했어도 당초의 발간목적이 시판에 있는 것이 아니라 일선장병 위문에 있었기 때문에 한꺼번에 약 3천부 정도 찍어서 정훈감실(당시 정훈감은 박영준 대령)에 보내면, 감실에서 이를 각 사단에 보내곤 했어요.[6]

종군문인단의 대표적 기관지인 『전선문학』은 이러한 과정을 거쳐 탄생할 수 있었다. 증언에 따르면 『전선문학』은 당초 발간 목적이 일반 시판보다는 일선 장병위문에 있었기 때문에 한꺼번에 약 3천부를 찍어서 정훈감실에 보냈고, 거기서 다시 각 사단에 보내는 방식이었다. 하지만 약간의 분량을 일반인에게 시판했으며, 일반인의 반응이 매우 좋았다고 한다.

그런데 이들 증언의 공통점은 『전선문학』을 '순문예지'로 기억하고 있다는 점이다. 김팔봉과 하동호 등 잡지에 관여했던 사람들은 한결같이 "최초의 순문예지", "순문예지의 성격을 잃지 않았던

6 위의 책, 95~97면.

것이 특징"이라고 말하고 있다. 하지만 최상덕이 작성한 『전선문학』 창간사 안에는 『전선문학』의 목적과 성격이 분명하게 적시되어 있다.

> 이 세대에 생을 타고나서 불행한 조국과 고민하는 겨레로부터 이제 생사의 간두에서 우리들의 유일무이의 무기인 철필을 들고 포연탄우 속에 우뚝 선 것이다. 돌격하는 것이다. (…중략…) 우리들의 뜻은 순국열사들의 그것을 그대로 계승할 것이며 행동은 무하여 기탄하지 않고, 立하여 叫呼하는 것이 아니다. 진실로 폭탄을 안고 적의 참호 깊이 돌입하여 자폭하는 용사의 그것이며, 수 만 척 고공에서 섬광 속에 침략해 오는 적과 더불어 사생을 일결하는 제트기의 용사의 그것이 아니면 안 되는 것이다.
>
> 이 뜻이 행동 이외에 우리에게는 또 한 가지 중대한 임무가 있음을 자각하노니, 그것은 전선과 후방을 연결하여 촌각의 괴리도 허락하지 않는 堅決한 紐帶로서의 연락병이 되어야 하는 것이다 일선장병의 사기를 軒昻케 하고, 국민의 전의를 앙양케하는 특수임무가 바로 이것이다.[7]

『전선문학』은 말 그대로 전쟁의 승리를 위해 만든 반공텍스트였다. 일선장병의 사기를 헌앙케 하고 국민의 전의를 앙양케 하는 강한 목적성을 띤 잡지였다. 목차에서도 알 수 있듯이 「전시하 국문

7 최상덕, 「창간사」, 『전선문학』 창간호, 1952.4.

학자의 책무」, 「문학하는 군인들」, 「군가에 대하여」, 「육군의 걸어온 길」, 「전쟁과 언론인의 반성」 등 순문예지와는 거리를 두고 있었다. 그럼에도 문인들이 이를 순문예지로 기억하고 있다는 것은 그들의 순문학에 대한 인식의 부재이거나, 아니면 전시문학일지라도 아군의 승리를 위한 문학이라면 목적성의 유무와 관계없이 순문학의 범주로 받아들인다는 매우 이념적이거나 편파적인 문학관을 드러내는 것이다.

군과의 카르텔을 통해 얻은 가장 큰 효과는 이념의 보증이었다. 특히 서울 수복 직후 부역문인처벌 등 불안한 상황에서 군과의 카르텔에 동참하는 것은 반공주의자임을 증명할 수 있는 가장 좋은 방법이었다. 김기완 소령의 증언에 따르면, 당시 종군단체 회원들에게는 군복에 휘장을 달아주고 소속된 각 정훈감실에서는 신분증을 발행해 주었다. 특히 군정훈감실에 소속되어 신분을 보장받는 일은 대단한 일이어서 당시의 문화인들은 거의 모두 등록했다고 한다.[8] 최정희의 에피소드는 군과의 친화력이 생존의 확률을 얼마나 높이는지 잘 보여주고 있다.

> 나도 군복을 입은 일이 있었다. 공군복이 아니라 육군복이었다. 서울에 왔다 가야 할 일이 있었는데 군복을 입지 않고선 기차를 탈 수도 없었으며, 한강은 더욱이 어려웠던 때다. (…중략…) 군복 덕에 도강

8 중앙일보사 편, 「전시하의 문화인들」, 『민족의 증언』 7, 중앙일보사, 1983, 87면.

> 은 무사히 하게 되었다. 피난지 대구나 부산에서들 그 어려운 고비를 겪으며 영등포까지 왔다가 한강을 넘지 못해서 영등포에 하차하는 사람들을 목격하곤 군복의 힘이 대단하다는 것을 깨달았다.[9]

이처럼 종군작가단이라는 단체에 소속되어 있다는 것은 남한에서 생존할 수 있는 '보증서'와 같았다. 문인들은 군과의 관계를 통해서 생계의 안정뿐만 아니라 이념의 안전망까지 확보하는 계기가 되었다.

그렇다면 군을 위해 문인들은 무엇을 할 수 있을까? 군에 대한 '보은' 의식은 문인들로 하여금 "군에 협력할 수 있는 일이 무엇이며", 또 "군의 도움을 받고 싶은 것이 무엇인가를 서로 의논"[10]하게 만들었다. 즉 문인 스스로 이념 생산의 첨병임을 자처하기에 이른 것이다. '생에 대한 의지'가 만들어낸 문학의 운명은 이데올로기 담론의 생산기지로의 전락이었다. 그리고 전쟁 발발 다음 날 '문총'에 찾아 온 연락장교의 메시지는 그 자리에 모인 문인들이 따라야 할 '십계명'이 된다.

> 첫째, 전황 기타에 관한 재료를 정훈국에서 제공하면 비상국민선전대는 그것을 문장화해서 신문·방송 기타 보도기관에 넘긴다. 보도기관에 넘기는 일은 연락장교가 맡는다.

---

9 최정희, 「피난 대구문단」, 『해방문학 20년』, 정음사, 1966, 104면.
10 조연현, 앞의 책, 83면.

> 둘째, 국민의 전의를 앙양시키는 선전계몽활동을 한다. 이것은 비상국민선전대가 자주적으로 행한다.[11]

전시의 군대란 곧 국가이다. 전쟁의 전선이 바뀜에 따라 영토가 바뀌고 이는 곧 국가조직의 변화를 말한다. 따라서 전쟁기의 군대는 곧 움직이는 국가이다. 이승만 정부와 군대의 피난은 곧 국가의 피난이라 할 수 있다. 게다가 정훈국은 군내의 일반교육, 정훈교육 및 사상지도에 관한 사항을 맡아보는 기관으로 국가로 치자면 행정부에 속한다. 따라서 정훈국의 메시지는 특정부대의 것이 아니라 곧 국가의 메시지였던 것이다. 당시 정훈국은 반공과 멸공 그리고 타공 담론을 기획하는 본거지였던 것이다. 그러한 정훈국에서 문인들에게 담론의 방향을 설정해주고 이를 "문장화" 즉 담론화하여 신문, 방송, 기타 보도기관에 전달할 것을 명령하고 있는 것이다. 담론의 생산과 유통의 역할을 문인들이 맡게 된 것이다. 그들의 문학행위가 "국민의 전의를 앙양시키는 선전계몽활동"의 일환으로 규정되는 순간이다.

11 위의 책, 61~62면.

2장 문학평론과 반공문화의 기획

창작론의 바이블－평론과 논설

1. 문학＝'생생한 기록'으로서의 역사

전쟁 당시 이승만 정부의 중요한 목적 중의 하나는 남한 사회를 철저하고도 투철한 '반공규율사회국가'로 전환시키는 것이었다. 반공을 국시로 한 새로운 국가는 선언만으로 이루어지는 것이 아니기 때문이다. 하나의 이데올로기는 그것을 채워줄 수 있는 내용과 형식, 즉 담론의 생산과 유통이 필요했기 때문에 언어를 다루는 문학이 자연스럽게 부각되기 시작했다. 문학의 중요성이 새롭게 부각된 것은 군과의 결합이 계기가 되었다. 문인들은 군인들과의 카르텔을 통해 공생관계에 들어갔다. 특히 "국민의 전의를 앙양시키는 선전계몽활동"은 종군작가단이라는 집단을 통해 더욱 조직적이면서도 세밀한 작업으로 발전했다.

종군작가단은 육·해·공에 걸쳐 조직되었고, 남한 대부분의 문인들이 이곳에 적을 두었다. 그들은 "대적, 대민, 대군 정훈공작에 협조"하는 방식으로 종군보고 강연대회, 기국강연회, 연극, 방송, 벽서, 문학과 음악의 밤, 서화 등을 개최하였다. 특히 '글쓰기'를 통한 담론 생산은 주로 논설이나 평론, 수난기나 체험기와 같은 르포 그리고 작품 활동을 중심으로 이루어지고 있었다. 그런데 문인들의 글쓰기 활동은 개별적인 창조 행위로 보기에는 석연찮은 부분이 많았는데, 그것은 북한과 공산주의에 대한 '표현'의 유사성이다. 전쟁과 공산주의를 그리는 문인들의 관점은 놀라울 정도로 통일되어 있었으며, 형식도 일정한 흐름을 띠고 있었다. 이러한 혐의는 문인들의 글쓰기가 문학본령의 '창조적 상상력'이라기보다는 이데올로기에 봉사하기 위한 일종의 전략적 글쓰기임을 보여주는 부분이다. 실제로 문인들은 전쟁 체험을 기록하는 글에서 해방 이후 좌익세력에게 고착된 부정적 은유(이미지)들을 끊임없이 재생산시키고 있었다. 그래서 논설과 평론은 이데올로기 담지자로서 문인들의 임무를 강조하면서 북한과 공산주의에 관한 이미지들을 어떻게 작품 속에 형상화해야 할지에 대한 일종의 '지침'을 내렸다. 작품은 지침에 따라 형성되었고, 작품 속의 언어는 다시 독자들을 통해 다시 복제되고 재생산되는 순환과정을 거쳤다. 이제 반공담론은 르포, 논설과 평론 그리고 작품의 삼위일체를 통해 스스로 움직이고 존재하는 대상이 된 것이다. 문학이 반공이데올로기를 생산하는 이데올로기적 국가장치로 새롭게 태어나는 순간인 것이다.

먼저 논설과 평론 분야를 살펴보면, 전쟁기 한국문단에 내려진 최초의 담론 지침은 1950년 12월 『문예』지에 발표된 이선근의 「이념의 승리」에서 확인할 수 있다. 문학과 가까운 거리를 유지하고 있었던 이선근의 논설은 "決戰文化人에게 檄함"이라는 부제에서 알 수 있듯이 상황의 절박함과 이데올로기적 노골성을 한껏 드러내고 있다. 서울 수복 3개월 후이자 중공군의 참전으로 다시 후퇴를 준비해야 했던 이 시점, 국방부 정훈국장 대령 이선근이 문화인들에게 그토록 '격'하게 말하고 싶었던 내용은 무엇이었을까. 이는 전쟁에 대한 시각과 문화인의 역할로 요약할 수 있다.

이선근에게 전쟁은 단순한 무력의 충돌이 아니라, "서로 自己네의 武力發動을 正義를 위한 鬪爭"이며, "根源에는 어떠한 理念的인 要素가 반다시 介在"되어 있는 무엇이다. 2차 세계대전 당시 일본, 이탈리아, 독일의 전체주의에서 그랬고, "金日成 賣國集團과 같은 民族反逆者들에게 있어서도 赤色帝國主義"가 그렇다. 전쟁의 승리란 곧 이념의 승리와 동격이다. 그렇다면 문화인이란 누구인가. 이선근은 문화인을 "理念의 創造者"로 명명한다. 이념의 창조자란 특정 이데올로기를 형성하기 위한 담론 생산자이다. 전쟁의 승리가 곧 이념의 승리라는 도식은 이념의 창조자인 문화인의 사명을 "一線將兵의 戰鬪力以上으로 重要한 意味"로 만든다.

> 다만 내가 이 자리에서 한번 더 强調해 두고 싶은 것은 武力戰에 勝利해가지고 있는 이번 事變을 우리나라의 文化人들은 이것이 單純한

> 武力의 勝利가 아니라 우리 民族의 理念의 勝利며 全人類의 團結된 民主主義哲學의 勝利라는 것을 究明하고 證明해 주어야 한다는 일이다. 이 일이 單純한 壁報나 傳單이나 口號나 標語만으로서 이루어질 수 있는 일이 아니라는 것은 너무나 明白한 것이다. 이 일은 역시 우리나라의 天才的인 文化人들에 依해서 文化的인 創作을 通해서만 비로소 可能할 것이다. 그것은 理念의 勝利란 哲學의 勝利요 思想의 勝利이기 때문이다. 그러므로 이 땅의 民族文化人에게 負荷되어 있는 榮光스러운 義務는 우리의 軍事的인 勝利가 우리의 民族精神이 어떠한 勝利며 全人類의 어떠한 努力의 勝利인가를 깊은 哲學的 思想的 基礎위에서 究明함으로서 우리의 理念의 勝利를 證明해 주어야 한다는데 있다.[1]

이제 문화인들의 역할은 분명해졌다. 문화인들은 전쟁의 승리가 "우리민족의 이념의 승리"임을 증명해줘야 한다. 이를 위한 선결과제는 전쟁의 정당성을 증명하는 것으로, 일반적인 방법은 "자기의 犯罪的인 戰爭目的을 '캄푸라쥬'하기 위하야 正當한 戰爭이 가지는 모든 標語와 美名을 그대로 盜用"하는 것이다. 이는 전쟁의 범죄적 성격을 정당화하기 위한 이데올로기의 기능인 '진실의 은폐와 합리화'이다.

그러나 이선근이 요구하는 합리화의 수준은 "벽보나 전단이나

1 이선근, 「이념의 승리－결전문화인에게 격함」, 『문예』, 1950.12, 13면.

구호나 표어"를 넘어 선다. 왜냐하면 이런 것들은 말 그대로 "단순한" 것이기 때문이다. 이념의 승리를 위해서는 좀 더 세련되고 조직화 된 방법이 필요했고, 그래서 문인들에게 요구한 것이 "문화적인 창작"이었다. 이는 단순한 '작품'에 그치지 않았다. 전쟁을 치르고 있는 이승만 정부의 반공이데올로기를 대중들에게 "철학적 사상적 기초 위에서 구명"해주고, 이념의 승리를 증명해 줄 수 있는 것은 "문화적인 창작을 통해서만 비로서 가능"했기 때문이다. 이선근에 의해 문화인의 위치는 격상된다. 비평이 '창작의 아버지' 역할을 할 수 있는 준비가 끝난 것이다.

1950년 12월 『문예』 전시판은 이념전에 대한 문화전선의 역할을 인지한 때문인지 문화전선에 관한 내용이 중심을 이룬다. 3편의 평론은 이선근의 글 외에도 김기완 소령의 「전쟁과 문학」과 조연현의 「공산주의의 운명」[2]으로 채워졌다. 순수 문예지라 칭하고 있던 잡지에 3편의 평론 중 2편이 군인의 글이라는 것은 매우 이례적인 일이다. 더욱 놀라운 것은 군인들이 작성한 두 편의 글이 한국전쟁 당시 한국문학의 정체성과 나아가야 할 방향 · 역할 등에 대한 최초의 지침서였다는 점이다.

조연현의 글이 원론적 차원에서 공산주의의 몰락을 예언하고 있다면, 김기완의 「전쟁과 문학」은 좀 더 노골적으로 문학의 이데올로기적 역할을 강조하고 있다. 김기완이 볼 때 한국문학은 전쟁을

---

2 조연현의 이 글은 1951년 3월 계몽사에서 간행된 『전쟁문학독본』에 재수록된다.

통해 일정한 성과를 거두었다. 성과의 모습은 "완전히 리아리즘에 입각한 작가의 정확한 현실파악과 그것에 대한 노력"의 결과인 종군기와 수필, 콩트 등을 생산한 것이며, 또 "시야의 협소와 소재의 빈곤"을 시정한 것, 그리고 "조국을 위하여 쓰러져 가는 동포들의 피의 절규"를 "또 하나의 인간적 기록"으로의 승화시킨 것이다. 이처럼 "전쟁은 문학의 혁신을 요구"하고 있었고, 무엇보다도 "정신의 전투부대로서 선봉적인 돌진"을 요구하고 있었다. 그렇다면 김기완이 요구하는 문학의 "선봉적인 돌진"이란 무엇인가. 이는 다름 아닌 '국가이야기'의 생산이다.

> ① 戰時生活에 있어서의 國民이 文學에 期待하는 것과 文學이 國民에게 貢獻하는 '힘'은 반드시 國家全體에 關係된 純粹한 것과 不純한 것 必要한 것과 不必要한 것의 嚴肅한 區別을 짓기도 하고 戰力에 힘을 傾注하는가 또는 傍觀程度로 끝일 것인가 하는 重大한 決定的인 問題까지도 內包하고 있는 것이다.[3]

> ② 歷史는 眞實을 위해서만 꾸며진다. 그 眞實을 엮는 가장 중요한 部面의 文學은 그 자체가 內包하고 있는 眞實과 生活에 關聯을 깊이 맺고 있는 것이다. (…중략…) 意圖하는 모든 것은 純粹한 것을 爲하고 不純한 것을 除去하는데 있는 것이다.

---

3 김기완, 「전쟁과 문학」, 『문예』, 1950.12, 18면.

一線의 숨갚은 꿋숀은 後方의 國民에게 連結되고 生生한 記錄은 歷史로서 꾸며지고 있다.

이러한 進展은 全體國民生活에 侵透되고 傳播되고 나가서는 生活의 要素가 되어서 祖國에 貢獻하는 文學의 견줄 수도 없는 巨大한 業績을 쌓는 것이다.[4]

김기완에 의하면 역사는 진실을 위해서 "꾸며"지며, 문학은 이 역사적 진실을 "엮는" 가장 중요한 역할을 담당한다. 게다가 역사적 진실이란 "생활"과 깊은 관련을 맺고 있다. 그렇다면 김기완이 말한, 진실을 위해 꾸며지는 역사와 이를 엮는 문학 그리고 생활과 관련을 맺고 있는 진실이란 도대체 무엇을 말하는 걸까. 짧은 문장이지만 김기완의 지적은 사실로서의 역사와 허구로서의 문학간의 상동성을 말하는 것이다. 물론 그의 주장은 문학을 통해 멸공과 타공의 정신을 고취시키고 궁극에는 반공규율국가 완수에 문학이 적극 가담해 주길 바란다는 소박한 차원일 수도 있다. 하지만 그의 인식 안에는 역사란 얼마든지 재구성될 수 있으며, 특히 언어를 다루는 예민한 작업인 문학은 중요한 역할을 담당할 수 있다는 확신으로 차 있다. 확신의 근거는 "문학이 국민에게 공헌하는 힘"이라는 언급에서 찾을 수 있다. 김기완은 문학이 "순수와 불순의 구별"—이 용어도 매우 정치적인 함의를 띠고 있다—뿐만 아니라 국가 전

4 위의 글, 19면.

체의 문제까지 영향을 미치는 위력적인 존재로 인식하고 있다.

문학이 역사를 대신 할 수 있다는 '상상'은 사실 역사학에선 오래된 이야기이다. 과거 사실의 객관적 인식의 산물이라는 '역사'가 사실은 새로운 '언어적 구성물', 즉 자율적으로 구성된 언어의 질서인 '이야기'라는 것이다. 호이징가가 '역사의 형식변형'이라 일컬은 역사 서술 양식의 변화는 그동안 문학과 역사학을 구별시켜주던 객관성의 존재를 무화시켜버리고 대신 그 자리에 민중들의 문화, 심성, 일상경험 등을 비중 있게 다루는 '내러티브의 부활'을 가져왔다. 이제 "진리란 객관적으로 검증될 수 있는 것이 아니라 언어적 알레고리를 통하여 간접적인 방식으로만 드러날 수 있으며, 이런 점에서 역사서술은 상상적인 것과 현실의 경계선상에 존재"[5]하게 된 것이다.

그렇다면 문학이 역사적 진실을 "엮는"다는 김기완의 주장은 전혀 새로운 사실이 아니다. 그것보다는 문학을 이데올로기 담론의 생산자이자 전파자로 인식할 수 있다는 것이 놀라울 뿐이다. 이야기식 역사서술이 일관성을 갖기 위해서는 그것을 이끄는 '이념'이 있어야 하는데, 문인들 앞에는 '반공이데올로기'가 이미 마련되어 있다. 역사가(문학가)는 '이념'을 푯대삼아 "순수한 것을 위하고 불순한 것을 제거"하여 이야기 전체의 질서를 규제한다. 또 경험적으로 확증된 자료들은 이념이 생성, 변화하는 과정으로 재구성한다.

5 전진성, 『역사가 기억을 말하다』, 휴머니스트, 2005, 142면.

이렇게 재구성된 '이야기'인 "민족문학"이야말로 "전체 국민 생활에 침투되고 전파되고 나가서는 생활의 요소가 되어서 조국에 공헌"하는 역사적 사명의 "힘"을 보여줄 수 있다. 이것이 이루어졌을 때만이 "一線의 숨갚은 팟숀은 후방의 국민에게 연결되고 생생한 기록은 역사로서 꾸며"질 수 있는 것이다. 김기완이 보았을 때 "모든 문화인은 이것으로 말미암아 적지 않은 衷情을 가지고 있"다고 생각한다. 그는 마지막으로 당부를 덧붙인다. 문학도 역사가 될 수 있다는 "이 중대한 착안점"에 대해서 "要路當局은 關心을 가지고 協力"하라는 것이다. 김기완은 문학도 충분히 역사라는 국가이야기를 창출할 수 있는 "생생한 기록"임을 설파하고 있는 것이다.

2. '이념의 창조자'로서의 문화인과 '정신적 독가스'로서의 문화적 선전전

문학의 역사화 작업에 대한 문인들의 "적지 않은 衷情"은 현실로 드러났다. 당시 많은 문학가들이 글을 통해 이념의 도구로서의 문학을 설파하고 있었기 때문이다. 그 중 임긍재, 조영암, 김종문, 최인욱, 이숭녕, 김성욱, 김건, 김송, 김팔봉, 김종길, 이무영 등은 그 노골성이 더욱 짙었다. 『문예』 전시판 이후 출간된 문학 관련 서적으로는 1951년 3월 계몽사에서 간행한 『전쟁문학독본』이 있다. 이 단행본은 대구에서 인쇄되었으며, 작가 김송이 편집장으로 되어 있다. 목차는 수필과 단상, 시, 수난 및 종군기, 단편소설, 논설과 평론으로 구성되어 있다. 평론의 경우 대부분 애국심과 참전을 독려하는 글들로써, 이 중 눈에 띄는 것으로는 임긍재, 김종문, 조향, 곽종원 그리고 이숭녕의 글이다.

이 중 가장 먼저 주목해야 할 글로는 김종문의 「전쟁과 선전」이다. 김종문은 문화인들을 향해 선전전의 중요성을 설파한다. 그는 현대전의 요소를 무력전과 더불어 정치력, 경제력 그리고 선전력으로 규정하면서, 이 중 선전전이야말로 "무력전에 대한 보조수단이 아니고 문화적 기술로서 전쟁을 수행하는 하나의 독립된 투쟁수단"임을 강조한다. 그에게 선전전이란 "문화적 기술"로서 무력의 종속이 아닌 대등하고도 독립적인 것이다. 무력전의 표상으로 여겨왔던 전쟁에 대해 인식의 전환을 요구하고 있는 것이다. 이러한 생각은 이선근과 김기완의 문화전에 대한 연속선상이자 더욱 구체화된 형태이다.

> 우리는 여기에 强力한 武力이 準備되어도 宣傳力의 主觀的 客觀的 組織을 戰爭手段으로 動員시키지 않는다면 現代戰으로서의 武力戰은 그 一角으로부터 崩壞되어버린다는 것을 깨달을 수 있는 것이다.
>
> '눈에 보이지 않는 武器' 또는 '精神的 毒까스'로서 裝備된 宣傳戰은 戰爭前後를 通하여 間斷없이 行하여지고 있는 것이다.

'總力戰'이란 그 本質은 國民의 精神的 團結力을 戰爭에로 表現함을 意味하는 것임으로 特히 現代戰에 있어서는 全民族의 精神的 團結 如何가 戰爭의 勝敗를 左右하는 가장 有力한 要素인 것이다.

(…중략…)

더욱이 今般事態 終了後의 國土統一과 思想統一이라는 重大課業을 考慮하면서 現戰局의 將來를 展望할 때, 안으로는 國民을 相對로하는 啓蒙宣傳과 밖으로는 우리 韓族 抹殺政策에 基因하는 敵性國家에 대한 宣傳攻勢의 重大性을 새삼스러히 깨닫지 않을 수 없는 것이다.

그러나 宣傳이라면 곧 虛僞謀略을 聯想하는 무리가 多數 存在하고 있는 우리나라의 現實과 現在 啓蒙宣傳에 從事하고 있는 文化人宣傳人에게 宣傳에 관한 正當한 認識을 주는 것이 무엇보다도 緊要視됨으로 平素의 생각하고 있는 바를 略述하고자 한다.[6]

김종문이 말하고자 하는 주제는 위의 예문을 통해 모두 드러났다. 클라우제비츠의 말을 빌어 '정치의 연장'이라는 그의 전쟁관에 비추어 볼 때 선전전은 중요한 부분을 차지할 수밖에 없다. 정치야말로 '선전'을 통한 설득을 핵심으로 하기 때문이다. 그런 면에서 선전전에 대해 "눈에 보이지 않는 무기", "정신적 독가스" 등의 강렬한 표현은 무력전과 선전전을 동격화시키는 것이자 문화인들의 중요성을 더욱 강조하려는 의도이다. 동시에 이데올로기적 기제로

6 김종문, 「전쟁과 선전」, 『전시문학독본』, 계몽사, 1951, 160~161면.

서 문학의 중요성을 강조하는 것이기도 하다. 무력은 상대방을 쓰러뜨릴 수는 있지만 정신적 지배까지는 보장할 수 없다. 하지만 선전전은 "국토통일"뿐만 아니라 정신적 차원인 "사상통일이라는 중대과업"까지 완수할 수 있기 때문이다. 특히 당시처럼 "총력전"을 통해 "국민의 정신적 단결력"을 시급히 요구하는 이때야말로 "현대의 최선의 무기로서 선전"이 더욱 절실하기 때문이다.[7]

선전전에 대한 강조는 문화인의 문화전선 참전을 독려하는 방향으로 확산된다. 임긍재는 문인들의 자유로운 삶과 표현의 자유를 자유민주주의와 반공주의에 연결시키고 있다.

> 文學은 모든 藝術部分보다도 積極的인 表現의 强烈한 自由擁護에 있다는 것을 다시 한 번 强調하고 싶다. (…중략…) 왜냐하면 文學家는 自由를 누구보다 渴望하고 사랑하고 애끼기 때문이다. 그리하여 그대들은 自由를 위하여 一生동안 모든 障碍物과 싸울 것을 마음 굳게 盟誓하였을 것이다. 그러므로 文學하는 사람들은 머리도 제 멋대로 하여보고 衣服도 자기 마음에 드는 대로써 文學的 生命 혹은 眞理로 삼을 셈인가 그렇지 않으면 괴뢰文學家들이 글강의 들다싶이 미친

7 김종문은 서두의 끝에서 이후 내용이 선전에 대한 문화인들의 부정적인 인식을 변화시키는 것에 있음을 밝히고 있다. 표면상 선전전에 대한 강조로 보이지만 사실은 이념적 노골성에 거부감을 갖고 있는 문인들을 설득하기 위한 것이다. 실제로 김종문은 세계 유명인들의 말을 계속적으로 나열하면서 선전전의 정당성과 중요성을 강조하고 있다. 이들의 말과 함께 현 정국의 급박성도 반복해서 강조하고 있다. 이러한 글쓰기야말로 "문화인 선전인에게 선전에 관한 정당한 인식을 주는 것이 무엇보다도 긴요시됨"을 '선전'하려는 전형적인 선동적 글쓰기이다.

놈처럼 恒常 聖經句節이나 數學公式을 외다 싶이 '文學은 人民에 服務하여야 된다'는 文學, 所謂 기만的인 公式主義文學으로 할 셈인가.[8]

임긍재에게 문학은 "진선민의 탐구와 묘사"외에도 "선을 살리고 악을 죽일려고 하는 것"이자 "강렬히 자유를 옹호하려는 것"이다. '선과 악의 대립'과 '자유의 옹호'라는 구도는 문학을 정치적 장치로 바라보려는 임긍재의 의도가 드러나는 부분이다. 그는 이념적 자유를 문학적 표현의 자유와 문인들의 리버럴한 삶에 연결시켜 "성경구절이나 수학공식을 외다 싶이" 하는 북한의 "공식주의문학"에 대립시킨다. 따라서 표현과 생활의 자유를 지향하는 자는 자동적으로 "애국문학인"이 되며, 이는 다시 자연스럽게 '반공주의 대 공산주의'라는 이념적 대결로 연결된다. 결국 이런 논리가 임긍재로 하여금 "참다운 문학정신과 자유를 옹호하기 위하여서라도 우리 애국문학들은 끝까지 싸울 작정이다"[9]라고 자신 있게 말할 수 있는 근거가 되었다.

임긍재의 '싸우는 문학'은 최인욱의 「전쟁문화론」으로 이어진다. '문화관의 시정과 새로운 문화의 형성에 대한 일반적 고찰'이라는 부제를 달고 나온 이 글은 인간의 투쟁사관을 문화에 접목시켜 '문화전쟁'이라는 논리를 만들어 내고 있다. 그에 의하면 인간의 역사는 생산과 소비 간의 갈등의 반복이며, 이는 생산과 소비의

---

8 임긍재, 「문학정신과 자유의 옹호」, 『전시문학독본』, 계몽사, 1951, 151~153면.

9 위의 글, 151~153면.

부조화에서 비롯된다. 생산과 달리 소비는 끊임없이 "생산을 자기의 것으로 종속"[10]시키려 하기 때문이다. 이러한 논리는 문화에도 그대로 적용된다. 문화의 "본질은 생산"이라 할 수 있는데, 이는 문화가 "자연으로부터 자연 아닌 것을 창작해" 내기 때문이다. 문화사적 입장에서 보면 전쟁이란 "한 나라의 문화가 다른 한 나라의 문화를 정복"하는 "문화전쟁"이다. 즉 "싸움은 보다 높은 문화를 얻기 위한 자연에 대한 강력한 행동의 발로"이자 "인간의 문화적인 것 중 가장 격렬한 현상의 하나"라는 것이다. 그러므로 "문화 그 자체가 하나의 싸움인 이상 참된 문화적 능력은 싸움에 지지 않는 힘이어야" 한다. 이런 힘의 대결이 현재 진행되고 있는 "인류의 자유와 평등을 위주하는 민주진영과 인류의 적 공산진영"간의 전쟁이며, 따라서 문화인들은 "새로운 질서 하에 형성되어질 새로운 문화의 창조자가 아니면 안 되는 것"이다.

최인욱의 논의를 이어 받은 임긍재는 다시 '문화전쟁'의 주체인 문학가들에게 '전시하의 책무'로 종군을 종용한다. 그는 "좀 더 솔직히 그리고 몸소 심각히 사병들과 함께 포연 속에 뛰어 들을 수는 없을 것인가"라고 묻는다. 왜냐하면 "문학자들은 진실로 펜끝은 총탄으로 바꾸어 들 때만이 전쟁문학 혹은 전투문학이 형성"될 수 있으며, 그렇지 않을 경우 "사이비한 이미 볼 수 있었던 사병문고 등에 수록되었던 작품 이상을 생산하여 나가기에는 용이한 일이

10 최인욱, 「전쟁문화론」, 『신천지』, 1951.12, 77면.

아닐 것이며 또한 항상 급진하는 시간에 뒤떠러 인간 일생일대의 피의 수록(문학)이 한시에 사랑방 등에서 읽어지는 오락이라는 천시를 면치 못할 것"[11]이기 때문이다.

이헌구도 문화인의 적극적인 대결의식을 요구하고 있다. 그의 「문화전선은 형성 되었는가」는 문화인의 위상을 최대치로 끌어올린 글이자 동시에 그만큼의 임무를 강조하는 글이다.

> 自由와 獨立을 위하여 生死를 選擇하는 自主的 文化的 戰鬪精神과 黨을 위하여 不可抗力的으로 주검의 구렁 앞에 나서는 被動的 野獸的 屈從狀態와의 對決인 것이다. 오늘 韓國에 生을 享受한 文化人의 唯一한 至上의 使命은 이 精神을 體得하여 그 精神이 文化各分野에 浸潤膨湃되어 이것이 世界의 모든 民主自由文化地域에 灼熱彈으로 閃光을 던저야 하는데 있는 것이다.
>
> 아직 우리가 지키는 이 高地—文化的—는 너무나 지내친 無防備狀態에 있다. 그러나 우리는 이 高地 하나하나를 우리의 精神力으로 强化해가자. 視野를 달리하라 跼蹐된 자여 그 無氣力 低迷에서 脫穀하라 그대 바로 앞에 千年의 光芒을 지닌 眞實의 玉石이 묻처 있나니 散漫과 自己分裂의 껍질을 버서버리자 間斷없는 것은 敵의 砲彈만이 아니오 우리의 無能徒然을 노리는 精神的 五列의 策動인 것이다.
>
> 警戒하자 裝備하자

11 임긍재, 「전시하의 문학자의 책무」, 『전선문학』 창간호, 1952.4, 32면.

文化戰線에 이상없는가?[12]

이헌구에게 문화인은 단순히 예술을 창작하는 특정 분야의 전문가에 그치지 않는다. 문화인이란 "모든 법과 자유가 인민에 의하여, 인민을 위하여 존재하고 행사된다는 이 초보적이요 근본적인 하나의 관념을 가장 잘 인식하고 있는 현대 세계적 정신의 대변자"이자 "시대적 정신을 창조하고 수호하고 계몽"하는 "의무와 권리가 부여"된 자이다. 따라서 "때는 바야흐로 우리 문화인 전체로 형성되는 하나의 문화전선"이 필요한 시기로, 이를 통해 "국토방위의 全戰線에 못지 않는 정신적 전선을 견고히 구축하는 일"이다.

하지만 "반공 멸공이라는 공통된 주저항선을 가지고" 있음에도 "오늘의 문화적 현실을 냉철히 비판하고 관찰해 본다면 너무나 무기력하고 산만을 극한 감이 깊어"가고 있는 것이 현실이다. 그래서 이헌구는 강조한다. "스사로들 희생하랴는 정신적 용사"의 정신을 통해 "民主自由文化地域에 灼熱彈으로 閃光을 던저야"한다고.

12 이헌구, 「문화전선은 형성되었는가」, 『전선문학』 2호, 1952.12, 7면.

3. 형상화론—전시국민의 모럴, '열화 같은 적개심' 만들기

1) 표현의 직접성과 아지 · 프로의 문학

이제 문화인에 대한 위상은 한껏 격상되었다. 그들은 위기의 국가와 자유민주진영을 구해낼 "정신의 전투부대"이자 북한의 "공식주의 문학"에 맞서 싸우는 "애국문학인"들이다. 이미 체험을 명기할 '전율과 공포'의 언어는 준비되어 있다. 게다가 그 언어로 그려야 할 대상과 이미지도 정해져 있다. 전쟁 체험을 담을 '전율과 공포'의 언어와 북한 공산주의자들에 대한 괴물 · 질병의 이미지들은 이미 해방 이후 극렬한 좌우익 간의 대립과 명명법에서 이미 준비되어 있었다.

그렇다면 남은 문제는 명확해진다. 공산주의와 싸우는 방식만 정해지면 되는 것이다. 이른바 "문화전쟁"의 방법론만 남은 셈인데, "정신적 용사"인 문인들이 자유민주주의의 '작약탄'으로서의 작품을 만들기 위한 '형상화론'이 그것이다. 당시 형상화론에 주목한 이유는 반공주의의 유통과 생산 그리고 학습이라는, 이른바 '반공 콘텐츠 기획'의 중요한 부분을 차지하고 있었기 때문이다. 형상화론의 가장 중요한 핵심은 이미 준비된 '반공의 언어'와 '이미지'들을 가장 효율적으로 배합하여 반공의 주제인 '타공과 멸공의 메시지'를 드라마틱하게 구성하고 결합시키는 것이었다. 왜냐하면 형식과 내용이 완벽하게 결합했을 때만이 감화·설득이라는 이데올로기적 장치의 임무를 수행할 수 있기 때문이다.

당시 감화와 설득의 방식(형상화론)은 크게 두 유형으로 나뉘고 있었다. 직설적이고도 노골적인 표현을 주장하자는 측면과 그것보다는 좀 더 예술적 장치를 통해 은근히 표현하는 측면이다. 전자의 대표적인 주자로는 이무영과 김팔봉을 들 수 있다. 이들의 노골성은 아마도 현 상황의 급박함에서 나온 것으로 보이는데, 현 시점이란 편안히 앉아서 작품을 '감상'하고 '생각'할 상황이 아니라는 판단 때문이다. 분초를 다투는 위급한 피난의 와중에 필요한 것은 북한 공산주의에 대한 '적개심'이자 타공과 멸공의 '의지'이다. 따라서 깊은 사색의 시간은 사치가 된다. 필요한 것은 '격렬한 언어와 이미지'로 독자들의 가슴을 뛰게 만들어야 하는 것이다.

먼저 이무영의 글이다.[13] 이무영에게 지금의 전쟁은 "滅共聖戰"이다. 전쟁이란 파괴도 하지만 "창조의 계기"이기도 하며, "위대한 교훈"을 주기 때문이다. 그래서 우리의 전쟁문학은 "폐허화한 전투 속에서 명랑을 발굴할 수 있"도록 해야 하며, 이를 위하여 "문학인들에게 좀 더 고민하기를 요구"해야 하는 것이다. 그런데 이무영에게 작금의 문학은 이와는 정 반대의 상황이다. "오늘날 이 땅에서 생산되고 있는 문학의 대부분은 安易의 문학이오 安價의 문학"이며, "점심 사먹듯이 하는 연애가 이 땅의 문학의 소재의 대부

13 이를 위해 전쟁기소설에서는 '죽음'의 기술을 활용한다. 전쟁과 가장 친밀한 소재인 '죽음'은 철저하게 기능적 차원에서 다뤄지고 있었다.

분"[14]이다. 이무영은 이러한 문학을 뭇 남성과의 "음주, 땐스, 키쓰의 교환"이 이루어지는 "도색문학", "키쓰문학" "통속의 문학"이라고 강력하게 비판한다. 그렇다면 전쟁문학은 어떠한 방향으로 나아가야 하는가. 즉 어떠한 방향으로 형상화되어야 하는가.

> 우리는 좀 더 眞摯한 文學人들로서 眞摯한 文學을 갖는 새로운 運動을 展開할 段階에 이르러 있다. (…중략…) 이 民族의 不幸 속에서 보다 더 큰 보다 더 아름다운 美를 發掘하고, 보다 더 明朗한 기쁨의 文學을 一線將兵들에게 提供하여 싸우는 將兵들에게 이바지 하는데 總力을 集中해야 할 것이다. (…중략…) 우리에게 주어진 戰爭 上의 任務는 좋은 文學, 힘친 文學, 즐거운 文學, 희망을 갖게 하는 文學, 偉大한 創造에 이바지 해 줄 수 있는 文學의 供給인 것이다. (…중략…) 그러면 이 기쁨을 어디서 캐어 올 것인가? 그들과 꼭 같은 괴로움을 通해서만 비로서 얻어지는 것이다. 盲腸炎을 앓는 사람의 苦痛을 모르고는 정말 그를 慰勞할 수 가 없는 法이다. 자기가 앓아 본 經驗이 있어야만 患者에게 기쁨을 줄 수 있는 慰勞의 말도 發見할 것이다.[15]

이무영은 전쟁문학의 존재 이유를 "더 아름다운 미를 발굴하고, 보다 더 명랑한 기쁨의 문학을 일선장병들에게 제공하여 싸우는 장병들에게 이바지하는 데"에서 찾고 있다. 즉 전쟁문학의 주된 소비

---

14 이무영, 「전쟁과 문학—속 · 고민의 문학」, 『전선문학』 5호, 1953.5, 6면.
15 위의 글, 7~8면.

자는 전장에서 싸우는 군인이며, 이들을 격려하고 고취하기 위한 것이 전쟁문학의 본질이라는 것이다. 그렇기에 민족의 '불행'을 가져올 도색문학 일색의 현 시점이야말로 "진지한 문학을 갖는 새로운 운동을 전개할 단계"인 것이다. 새로운 운동의 방향이란 "사선에서 혈투하는 장병들을 즐겁게" 하고 "노고를 덜어"주기 위해서 '힘차고 즐거운 문학'으로 형상화하는 것이다. 이를 위해선 "명랑을 발굴"해야 하는데, 이는 '체험의 동질성'을 획득함으로서 가능해진다. 따라서 감화와 설득의 수위를 최고조로 올리기 위해서는 작가 스스로 작품의 상황과 동일한 경험이 필요하며, 이를 바탕으로 형상화해야 한다는 것이다. 마치 "맹장염을 앓는 사람의 고통을 모르고는 정말 그를 위로 할 수 없는 법"이기에 "자기가 직접 알아 본 경험이 있어야만" 장병들에게 "기쁨과 위로를 줄 수 있다"는 것이다.

그런데 문제는 이무영이 말하는 '명랑'이 단순히 '밝고 쾌활한' 감정이 아니라는 데 있다. 뿐만 아니라 '명랑'을 통해 장병들에게 "즐거운 문학, 희망을 갖게 하는 문학" 역시 우리가 일반적으로 생각하는 '건강한 즐거움'이 아니라는 것이다.

> 이 破壞와 戰塵 속에서 明日의 幸福 明日의 民族과 明日의 人類의 平和와 福祉를 위해서 즐기어 祭物이 되는 우리 民族의 아름다움을 보다 더 많이 發掘하므로서만 우리의 戰爭文學은 成立이 되는 것이다. (…중략…) 이 文學이란 무엇보다도 明朗해야 하 것이다. 敵彈에 쓸어져 숨을 걷는 그 순간까지도 民族의 幸福, 人類의 福祉를 위해서

싸웠다는 偉大한 기쁨을 간직해야 할 것이다.[16]

위 예문은 이무영이 말하는 "문학의 기쁨"의 정체가 무엇인지 분명하게 보여준다. 즉 모든 장병들은 국가와 민족을 위해 "제물"이 됨을 기쁘게 받아들이라는 것이다. 전쟁문학의 목적이 여기에 있는 것이다. 문학인들은 작품의 대상을 군인으로 설정해야 하며, 내용이란 "적탄에 쓸어져 숨을 걷는 그 순간까지도 민족의 행복, 인류의 복지를 위해서 싸웠다는 위대한 기쁨을 간직"하게 하는 것이다. 이무영은 "인류의 평화와 복지를 위해서 즐기어 제물이 되는" 것이 "우리민족의 아름다움"이며, 이를 "더 많이 발굴"하는 것이 "우리의 전쟁문학이 성립"되는 근간으로 보고 있다. 전형적인 국가주의 문학관이다.

이무영이 보여준 노골성은 김팔봉에 와서 더욱 빛을 발한다. 김팔봉은 「전쟁문학의 방향」에서 현재의 상황을 "국제적 문학전선을 형성"하고 있는 "과학적 사회주의의 이론적 공식에 결부되어 있는 문학"과 "우리 대한의 문학"간의 대결 국면으로 보면서 우리 문학이 나아가야 할 다섯 가지 방향을 제시하고 있다. 김팔봉이 제시한 첫 번째 방향은 '주적(主適)'에 대한 명확한 인식이다.

우리가 지금 싸우고 있는 適은 公式的이거나 機械的이거나 그것

16 위의 글, 5~7면.

> 은 論하지 말고, 絶望的, 逃避的인 곳에서 흘러나오는 自我忘失과 肉體的 喜悅의 雰圍氣의 造成이 아닌 點을 크게 注意하여야 할 것이다.
>
> 그럼으로 우리의 戰爭文學은 첫째로, 適의 共産主義 思想이 如何히 그것이 巧妙하게 構成되었던間에 그 思想의 內面에 있는 非合理性, 虛僞性을 暴露하고 그 矛盾을 指摘하고 그 反眞理임을 摘發하야 讀者大衆을 그들의 欺瞞에서 隔離해야 하며 同時에 그 思想의 機械的, 公式的 體系를 擊破해야 한다.[17]

김팔봉은 현재 우리 문학의 적이 결코 "자아망실과 육체적 희열의 분위기"가 아님을 분명히 하고 있다. 현재의 대결구도는 사회주의 이론을 등에 업은 공산주의 문학과 자유주의 문학이기 때문이다. 이미 서두에서 현재의 대결구도를 선명히 했음에도 불구하고, 다시 한 번 '주적'을 분명히 규정하고 문학의 '절망적, 도피적' 경향을 논외로 하는 중요한 이유는 바로 문단에 일고 있는 '퇴폐적 문학'에 대한 경계와 폄하당하고 있는 전선 소재의 작품을 적극 변호하기 위해서이다.

김팔봉이 이 글을 쓴 때가 1953년 초이니까 전쟁의 막바지에 해당한다. 당시까지의 작품들은 대개가 작가들의 피난처인 '부산'을 중심으로 나오고 있었다. 그런데 당시 부산의 모습이란 많은 사람들의 증언처럼 '퇴폐와 환락'의 세계였다. 이무영은 이미 1951년

17 김팔봉, 「전쟁문학의 방향」, 『전선문학』 3호, 1953. 2, 60면.

「피난민의 권리」라는 글에서 부산의 문제점을 적나라하게 비판한 바 있다. 그에 따르면 부산의 피난민들은 생활을 개척하려는 의지가 부재했으며, 군과 정부나 부산 원주민들의 무성의도 만연했다고 한다. 당시 사람들의 8할이 피난민이었음에도 다방이나 고급음식점은 항상 사람들로 붐비는 소비·향락문화가 끊이지 않았다고 한다. 이러한 무질서는 연합군 장교의 말을 전하는 데에서 절정을 이룬다. 장교가 말하기를 "피난민들한테 더 큰 요구는 않겠다. 차도를 막아서 군수송에 지장만 주지 않아도 피난민은 그 의무를 다 해주는 셈이다."[18] 한 번도 전쟁을 경험해보지 못한 부산의 무질서와 환락은 군 수송을 위한 차도 보장이 피난민 최고의 의무로 전락한 것이다.[19]

문인들의 모습도 크게 다르지 않았다. 조향은 1·4 후퇴로 부산에 온 피난문인들을 향해 "이제는 부산이 수도다. 부산이 중앙문단이고 서울의 너희들은 피난민이다라고 터줏대감 노릇"을 통해 파벌을 형성하고 있었으며, 문인들 역시 "문학을 위해서 피난한 것이 아니라 살려고만 피난해 온" 것이기에 "문학에 전념하기 보다는 문학행위를 생계수단으로 이용하는 것에만 전념"[20]했다. 이러한 분위기는 자연 창작에도 영향을 미쳤고, 부산을 거점으로 발간되던 『희망』 등의 통속잡지들은 퇴폐적, 허무적 작품들로 가득 찼

18 이무영, 「피난민의 권리」, 김송 편, 『전시문학독본』, 계몽사, 1951, 9면.
19 전쟁기 당시 부산문화의 퇴폐성은 신문기사, 르포타쥐, 작품 등에서 어렵지 않게 발견할 수 있다.
20 고은, 『1950년대』, 민음사, 1973, 234면.

다.[21] 더욱 놀라운 사실은 이러한 경향의 작품들이 당시 대중들로부터 사랑을 받았다는 것이다.

> 從軍記를 쓴다든가 戰線을 素材로 한 作品은 그 發表機關인 新聞社라던가 出版機關에서 敬遠忌避하고 에로라던가 官能的인 戀愛物 등, 이러한 低俗한 讀者들에게 衝動的 迎合出版만을 爲主로 하려 드는 이 社會傾向을 어찌 할 것인가. 더욱이나 從軍作家하면 마치 '御用作家'로 녁이고 또 그 作品은 依例히 非藝術作品視하는 一部 文壇의 通念을 우리는 沈默할 수 없다.[22]

당시 허무적, 패배적 작품 경향의 범람은 자연스럽게 평단의 주된 관심사가 되었으며 동시에 비판의 표적이 되었다. 뿐만 아니라 독자들에게 외면당하던 종군작가의 작품에 대한 신랄한 비판도 함께 이루어졌는데, 특히 종군작가의 작품의 예술성 결여를 주장하던 곽종원, 조연현의 비판이 대표적이었다.

---

21 1951년 8월판 『희망』誌의 내용을 보면, "내가 만일 남자 · 여자라면 설문"이 있는데, 여기에 참가한 문인들로는 염상섭, 송지영 등이 있으며, '창작'란에 실린 소설들은 주로 "연애소설", "순정소설", "애정소설"로 소개되었다. 김동리의 "현대애정의 논리"는 잡지의 타이틀 제목이었으며, 이외에도 "눈에 나타나는 결혼운", "군인은 어떤 여성을 좋아하나?" 등 통속적이거나 가십거리로 가득 차 있다.
전쟁이 다시 치열해지기 시작했으며 1 · 4 후퇴로 다시 피난을 떠난 지 몇 개월 안 된 상황에서 이런 현상들은 사실 믿기 어려운 일이다. 그런데도 이들이 서울에 돌아왔을 땐 다시 투철한 반공주의자이자 민족문학을 고수한 자로 '대접'을 받게 되는 모습은 남한 문단의 허구성을 의심하지 않을 수 없게 한다.

22 구상, 「종군작가단 2년」, 『전선문학』 5호, 1953.5, 58면.

戰爭物의 素材가 우리 作家들 대부분에 있어서 너무나 疏忽히 處理되어 있고 銳利한 角度로서 바라보는 面이라든지 批判이 缺如되어 있었다고 생각하지 않을 수 없다. (…중략…) 이런 戰爭文學이나 르포르타아주가 過去式 槪念대로 實態의 報告에 그치거나 또는 事件羅列에만 置重할 것이 아니라 이 素材를 處理하고 料理하는데 있어서 根本的인 테마 設定의 據點을 百八十度 轉換시키지 않을 수 없고 또한 觀念부터 시정시키지 않으면 안 될 것이다.[23]

사실 곽종원의 경우 1952년까지만 해도 '전쟁문학'에 대해 긍정적인 포즈를 취했었다. 특히 "전선과 후방의 연결이라는 효용성을 살린 전시소설에다 큰 비중"[24]을 두었던 것이 사실이다. 그러던 그가 1953년에 와서는 '전쟁문학' 뿐만 아니라 작가까지 신랄한 비판을 한다. 비판의 주된 내용은 소재를 바라보는 관점이나 주제화시키는 기술 등 모든 면에서 부족했으며, 이런 이유로 "실태의 보고에 그치거나 또는 사건나열에만 치중"한 작품이 나왔다는 것이다.

이처럼 김팔봉이 주목하는 '전쟁문학'은 안팎으로 수난을 당하고 있었다. 향락문학의 범람으로 인해 전선 소재의 작품은 논외로 처리되거나 평자들로부터 예술성 부족이라는 호된 비판을 당하고 있었기 때문이다. 그래서 김팔봉은 다시 한 번 주적의 개념을 분명히 한다. 우리 문학의 주적은 "조마경(照魔鏡)"이라 부르는 공산주

23 곽종원, 「상반기작단총평」, 『문예』, 1953.9, 154면.
24 조남현, 「한국 전시소설연구」, 『한국 현대소설의 해부』, 문예출판사, 1994, 17면.

의 사상이며, 전쟁문학의 목적의 "비합리성, 허위성을 폭로하고 그 모순을 지적하고 반진리임을 적발"하는 것이자 독자들을 공산주의 사상의 "기만에서 격리"하고 궁극에는 "그 사상의 기계적, 공식적 체계를 격파"[25]하는 것이지 결코 퇴폐문학에 대한 비판이나 전쟁문학의 예술성을 논할 때가 아니라는 것이다.

김팔봉의 이러한 주장은 두 달 후 다시 등장한다. 그는 『전선문학』 4호에서 우리 문학이 나아가야 할 방향에 대해 다시 한 번 강조한다. 우리가 추구해야 할 문학은 "인간 심리의 작가적 미행을 하는 묘사만의 문학"도 아니요, "전란의 허망한 폐허에서 육체적 생명의 찰나적 희열을 묘사하고 또는 영탄"하는 것도 아니다. "두 개의 세계의 대립·전쟁"이 일어나고 있는 이 상황에서 요구되는 것은 "무기로서의 문학"이며, 이를 통해 "사회주의 정신보다도 일층 청신한 고도의 합리적인 정신"[26]을 이루어내야 한다는 것이다.

> 다섯째로 싸우고 있는 우리의 文學은 싸우는 마당과 그 마당 뒤에서 거두어지는 이야기이다. 그런 故로 여기에는 特別히 强調할 필요도 없이 저절로 祖國愛·同胞愛·戰友愛가 骨子가 된다. 바꾸어 말하면 이런 類의 이야기가, 또는 感動이 骨格이 되어가지고 其他의 要素가 添附되어서 이루어지는 文學이다. 互相謀害하고, 毁謗中傷하고, 反目嫉視하는 人間關係의 描寫라거나, 懷疑·厭人하는 感情의

25 김팔봉, 「전쟁문학의 방향」, 『전선문학』 3호, 1953.2, 60면.
26 김팔봉, 「정신의 빈곤」, 『전선문학』 4호, 1953.4, 5~6면.

> 敍述・嘆息 같은 것은, 그것들에게 何等의 共感・共鳴이 있을 수 없고 한 개의 醜와 惡의 表示 밖에 없다.
>
> 戰爭의 目的은 勝利함에 있다. 우리의 文學도 勝利 없이는 存在하기 不能한 것이다. 그러므로 우리 文學의 不可缺의 要素는 鐵石 같은 戰友愛・同胞愛・祖國愛의 發揚과 熱火 같은 敵愾心의 昂揚이다.[27]

김팔봉이 주장하는 전쟁문학의 방향은 이 다섯 번째 방법론에 모두 들어 있다. 퇴폐적인 경향을 종식하고 '용자'의 모습을 회복할 것, 그리고 당대의 시대적 임무인 '인간성의 부활과 개조'의 문제를 위해 '모랄의 집중적, 총체적 표현을 강렬'하게 요구할 것 등이 그것이다. 특히 전쟁의 외중에 필요한 반공주의의 첫 번째 임무는 "전우애, 동포애, 조국애의 발양"인데, 이를 위해선 "열화 같은 적개심의 앙양"이 필수적이다. 왜냐하면 공산주의에 대한 '열화 같은 적개심'의 유발이야말로 냉전시대를 살아가는 자유민주주의 국민들의 "모랄"이자 "유엔과 함께 새로운 윤리의 정신"이기 때문이다.[28] 이러한 적개심의 모럴이야말로 20세기가 추구해야 할 "인

27 위의 글, 62~63면.

28 이러한 인식은 당시 문인들에게서 쉽게 찾아 볼 수 있었던 것으로 보인다. 박영준은 "승리를 해야 한다는 것이 국가의 지상과제라면 국민은 전승을 위하여 총역량을 기울여야 할 것은 물론이다. 국민의 총역량을 기울이려면 국민 전체가 전의를 인식해야 한다. 작가들은 자신의 본업인 붓을 가지고 자기역량을 발휘하므로 국민의 전의를 앙양시켜야 한다. 이것은 불가피한 일이기도 했지만 국가를 사랑하는 작가들의 자의에서 우러나는 부르짖음이었다"(박영준, 「종군작가단의 주요 활동과 업적」, 『육군』 71호, 1964.4, 28면)라고 술회하고 있으며, 이덕진도 "공산군의 침략을 물리치고 전쟁에서 승리하여 이 기회에 남북통일을 이루어야겠다는 것이 이들의 한결같은 생각이었다. 그

간성 부활과 개조"의 방향이 된다. 그래서 윤리의 정신, 즉 반공주의를 "모색하고 탐구하고 파악하는 것은 전 세계 인민의 당면과제"가 된다.

이렇게 볼 때 전쟁문학은 단순히 감상적 차원의 창작물이 될 수는 없다. 전쟁의 목적이 승리에 있듯이 문학 역시 사회주의 문학과의 전쟁에서 승리해야 한다. 그래서 김팔봉에게 문학은 이념 전쟁의 중요한 축이 된다. 문학이 이념전쟁의 연장선이라는 인식은 자연스럽게 '승리'라는 목적론적 문학을 요구할 수밖에 없으며, 이는 공산주의의 허구성을 폭로하여 "독자대중을 그들의 기만에서 격리"하여 종국에는 "그 사상의 기계적, 공식적 체계를 격파"해야 한다는 당위론으로 이어진다. 이러한 당위론은 결국 '전우애, 동포애, 조국애'를 표어로 하는 "감동"의 문학을 요구하며, 이를 위해서는 '강렬한 적개심'을 "윤리의 정신"으로 포장하는 과정이 수반되어야 한다. 마치 루카치가 '창조적 개인의 반성', 즉 소설의 내용을 대하는 작가의 윤리적 태도를 지적했던 것처럼[29] 김팔봉 역시 시대적 임무를 완수할 문학인들에게 창작이 곧 "윤리적인 것"임을 강조하고 있는 것이다.[30]

런데 이들이 보기에는 후방전선의 무장은 말이 아니었다. 그래서 이들은 후방과 일선과의 유대강화를 목표로 하고 후방국민들에게 전쟁의 목적과 반공의식을 고취하고자 하였던 것이다"(이덕진, 「종군작가단회고」, 『육군』 71호, 60면, 이상의 두 예문은 신영덕, 「한국전쟁기 종군작가 연구」, 고려대 박사논문, 1993.12, 15면에서 재인용)라고 말하고 있다. 회상의 특성상 다소 과장되거나 감정적이긴 하지만 당시 문인들의 글쓰기가 이데올로기적 국가장치의 역할을 담당하였음은 의심의 여지가 없다.

29 게오르그 루카치, 반성완 역, 『소설의 이론』, 심설당, 1995, 186면.

2) 표현의 간접성 혹은 계산된 선전술

이처럼 노골적인 방법론과는 달리 문학의 예술적 장치를 주장하는 부류가 있었는데 곽종원, 조향, 임긍재, 조연현, 조지훈, 백철 등이 그들이다. 전쟁기 문학의 노골성 비판을 통해 '거세된 문학성'을 복원하기 위한 이들의 논점은 대략 두 가지로 좁혀진다. 이들의 눈에 비친 가장 본질적인 문제는 예술성과 흥미성의 부재이다. 예술성 부재의 경우 현실을 묘사할 수 있는 객관적 거리의 미확보, 현실해부 정신의 박약함, 작가정신의 결여 등을 공통의 원인으로 들고 있다. 반면 흥미성의 경우 구상이 지적한 바처럼, 당시 대부분의 문학이 생산되고 소비되는 부산에서 가장 인기 있는 작품은 '애로라든가 관능적인 연애물'이었으며, 전장 관련 소재의 작품들은 '경원기피'의 대상이었다. 이러한 상황에서 더 이상 김팔봉 류의 '전우애, 동포애, 조국애'의 문학은 의미 없음이 된다. 독자가 외면하는 문학이란 더 이상 이데올로기적 임무마저도 기내할 수 없기 때문이다. 이러한 면 때문에 곽종원 등의 주장은 비평의 본연의 모습에 가깝다고 평가되어 왔던 것이 사실이다.

30 하지만 김팔봉의 주장은 다소 선언적인 의미에 그치고 있다는 인상을 지울 수가 없다. 왜냐하면 이미 전쟁이 끝나가는 시점이었으며, 무엇보다 선전성만을 내세운 전쟁문학에 대한 독자들의 외면과 평론가들의 냉혹한 비판이 지배하고 있었기 때문이다. 그리고 1952년 이후부터는 평론의 중심이 문학성과 예술성 그리고 작가정신의 회복으로 축의 변화가 있었기 때문에 김팔봉의 주장은 자신의 이념적 선명성을 부각시키려는 의도 이상으로는 받아들이기 어렵다.

그렇다면 이들의 주장은 정말 순수한 문학의 본령에 대한 주문이었을까? 공산주의라는 '괴물'이 남한을 유린한다는 '지금 여기'의 상황은 망각의 대상이 될 수 있는 것인가? 아니다. 1952년 후반을 넘어가면서 본격화된 예술성의 정체란 "평론가들이 비교적 객관지향적이고, 거시적이면서 냉각된 시각을 내보이기 시작한 것"으로, 1952년 『신천지』 1월호에 조연현이 「현실성과 예술성－예술지상주의는 현실지상주의다」라는 글을 통해 구체화 된다. 하지만 이들의 주장 역시 이데올로기의 선전효과를 위한 것과 다르지 않았다.[31] 다만 김팔봉과는 달리 반공의 생산, 유통, 선전하는 방식에 있어 더욱 정교화 된 방식, 이른바 예술적 장치를 통한 선전적 기능에 관한 것이었다. 가장 대표적인 것이 1951년 3월에 발표된 곽종원의 「문학과 시대정신」으로, 이데올로기적 장치로서의 문학의 역할이라는 새로운 관점을 제시하고 있다.

> 文學이 效用性을 主張하여 主觀과 理念을 앞에 내세우고 시대의 趨勢에 대해 英雄的 號令을 내린다 해도 안될 일이요 그렇다고 超現實的 現代思潮를 全然 沒却한 別天地의 現象을 描出한다는 것도 안될 말이다. 모름지기 文學은 奔流하는 現實 속에 뛰어들어 理想보다 現實을 主觀보다 客觀을 詩的 夢想보다도 理知的 思索을 尊重하여

31 조향은 전쟁은 민족문학의 전시체제이며, 전쟁문학은 곧 투쟁문학이자 무장된 민족문학이라고 규정하면서 시문학의 경우 '지성적인 서정의 문학'을 지향할 것을 주장하였다(조향, 「민족문학의 지향」, 『전시문학독본』, 계몽사, 1951).

> 個人的 生活을 公的 生活로 擴大하며 個人을 赤裸裸한 全人間性에서 그리고 個人的 生活을 公的 生活의 樣相에서 把握해야만 할 것이다.[32]

위의 예문에서 알 수 있듯이 김팔봉 류의 주장과는 사뭇 다른 느낌을 준다. 적개심을 분출하기 위한 노골적인 공격성의 주문보다는 객관적 입장과 이지적인 사색을 요구하고 있다. 곽종원이 유달리 강조하는 문학성의 정체란 무엇일까? 이는 정말 '순수'한 작가의 창조적 정신 혹은 상상력의 발로를 말하는 것일까? 서울 수도가 "붉은 이리떼들"에 의해 두 번이나 점령당한 이 시점에서, 그리고 이미 문인들의 생존을 보장해준 '은인'인 이선근 대령과 김기완 소령의 문화전선에 대한 '간곡한 부탁'이 있었는데, 일반 출판사도 아닌 국방부 정훈국의 도움을 받아 제작된 단행본에 쓰여진 '문학성'을 과연 그대로 받아들여야 할까? 아니 오히려 그 문학성이 이념의 선전 효과를 배가 시키는 요소가 되지는 않았을까? 어찌 보면 문학의 미학적 측면을 주장한 것으로 볼 수 있으나 다른 각도에서 해석하자면 곽종원의 글이야말로 가장 고도의 지침이다. 이 글이 나온 것이 1951년 3월이니까 전쟁 발발 후 약 8개월이 지난 후이다. 이때까지만 해도 겨우 『문예』나 『신천지』 전시판 등 이제 막 문학 작품이 등장하던 시점인 만큼 곽종원의 조언 대상은 발표된 작품

---

32 곽종원, 「문학과 시대정신」, 『전시문학독본』, 계몽사, 1951, 158면.

이 아니라 앞으로 발표될 작품을 향한 것이다.

> 따라서 現實的이요 客觀的이요 理知的인 思索을 통해 個人이 全人間性을 表出할 수 있는 作品은 그 作品 自體가 少毫라도 새로운 生活意識 歷史的 方向을 强要치 않더라도 讀者의 心琴에서 스스로 波動하고, 물결쳐 새 時代의 呼吸에 발맞출 수 있고 自律的이요 能動的인 役割을 할 수 있을 것이다.[33]

곽종원이 하고 싶은 이야기는 바로 이것이었다. 김팔봉 등이 주장했던 전쟁문학의 목표인 '전우애, 동포애, 조국애' 같은 노골적인 선전성은 독자로부터 외면 받았기 때문에 이젠 의미 없음이 되었다. 이러한 노골성의 실패는 이미 카프문학에서 학습한 바 있다. 그래서 곽종원이 강조하는 것은 독자 반응이다. 따라서 이념의 선전 효과를 최대치로 끌어올리기 위해서는 독자가 가장 민감하게 반응하는 '흥미와 감동'을 부활시켜야 한다. 이념적 메시지를 흥미와 감동의 구조 속에 조화시킬 수 있다면 선전 효과는 배가 될 것이기 때문이다. 그런 면에서 문학적 장치는 흥미성과 이념성을 결합시킬 수 있는 가장 좋은 무기이다. 기존의 전쟁문학은 "예술적인 형상을 갖추기 보다는 애국심이나 전투의식의 강조라든지 민족의 위기를 호소하는 애국적인 열망의 형식에만 그쳤"[34]던 것이 사실

33 위의 글, 158면.

34 조연현, 「한국전쟁과 한국문학」, 『전선문학』 5호, 1953.5, 20면.

이다. 따라서 예술성 혹은 문학성의 부활을 통한 흥미성과 이념성의 결합은 이념의 수용 주체인 독자들을 '반공하는 국민'으로 계몽하는 첩경이 된다. 뿐만 아니라 이는 전쟁기 문학의 임무, 즉 "역사적 방향을 강요치 않더라도 독자의 심금에서 스스로 파동"하여 "새 시대의 호흡—반공규율사회—에 발맞출 수 있고 자율적이요 능동적"인 '반공국민'의 탄생에 이바지 하는 것이다.

곽종원의 이러한 주장은 1952년 1월에 『자유세계』에 발표된 「문학정신의 확립」에서 더욱 구체화된다. 이 글에서 곽종원은 현 문단의 부진 원인을 독자의 요구를 충족시키지 못하는 작가정신과 작품의 내용에서 찾고 있다. 일반 대중들은 문학이 "자기들의 마음속에 쌓이고 쌓인 수디힌 하고 싶은 말은 대변"해수길 바라기 때문에, 작품에서 이를 만나면 "정신적으로 작가의 포로가" 된다는 것이다. 지극히 일반적인 문학론에 해당하는 이 말을 곽종원은 왜 서두부터 강조하고 있는 것일까? 이 해답은 곽종원이 판단하고 있는 독자들의 심리상태를 열거하는데서 나타난다.

> 그러면 讀者 大衆은 지금 어떤 말을 하고 싶어하는가? (…중략…) 이것은 現實의 壓力으로 오는 肉體와 精神의 疲勞에 대한 呼訴이며 戰亂으로 말미암아 빚어지는 恐怖感 焦燥感 不安感이며 또한 여기에 附隨되는 肉親의 生命을 빼앗긴데 대한 悲痛의 情이요, 그러면서도 늘 마음속에 가시지 않는 것은 비록 柔弱한 性格에 勇敢한 鬪爭은 직접 못해볼지언정 별르고 별러 오는 適에 대한 憎惡感인 것이다.[35]

곽종원이 볼 때, 독자들은 현실의 불안함을 그려주길 원한다. 그런데 "전란으로 말미암아 빚어지는 공포감, 초조감, 불안감"이야말로 현재 문인들을 비롯해 많은 사람들이 생산하고 있는 지배적인 분위기이다. 또 하나 놓치지 말아야 할 것은 곽종원이 판단하고 있는 독자들의 요구사항이 김팔봉이 주장한 것과 동일하다는 것이다. 왜냐하면 육친의 생명을 빼앗긴 비통의 감정과 적에 대한 증오감은 그대로 김팔봉의 주장—전우애, 동포애, 조국애와 열화같은 적개심—에 연결되기 때문이다. 이는 곽종원의 주장 역시 순수한 문학성이 아니라 철저한 이데올로기의 산물임을 보여주는 것이다. 왜냐하면 곽종원이 생각하는 독자들의 요구내용이란 사실 독자들에게 요구해야 할 '메시지' 즉 반공이데올로기였기 때문이다. 따라서 작가들의 역할이란 이러한 메시지를 독자들의 요구에 맞게—흥미와 감동으로—"대변"해 주면서 "정신적으로 그 작자의 포로"로 만드는 것이다.

그렇다면 곽종원은 김팔봉의 노골성을 그대로 재현하자는 것인가? 결론부터 말하자면 정반대이다. 그동안 독자들이 바랐던 "피난민의 신세타령이나 넉두리는 히스테리를 일으킬 정도로 읽어왔고, 전란의 여과로 빚어지는 비극은 작품마다 눈에 뜨"여 온 것이 사실이다. 문제는 이토록 가까이서 봐왔으면서도 "작가의 포로"가 되지 못했다는 것이다. 곽종원은 이 원인을 현실의 사실들을 인간

35 곽종원, 「문학정신의 확립」, 『자유세계』, 1952.1, 162면.

의 생명과 결부시키지 못한 점, 취재 범위의 협소함, 19세기 자연주의 문학형식의 고집에서 찾고 있다. 인간생명과 결부시키지 못하는 작품이란 "통독하고도 머릿속에 남는 여음이 없"는 "역사적 사실을 기록해 놓은 재료나 문헌"일 뿐이다.

소재의 협소함은 독자들이 바라는 현실을 그대로 그려낼 수 없는 이유이다. 곽종원은 소재의 확장을 위해 작가들의 진신체험을 통한 형상화를 강조하고 있다. 왜냐하면 "전선의 피비린내를 풍기는 작품이 한 편도 없"기 때문이다. 비록 종군작가는 있지만 그들에게서도 "전선을 취재로 한 작품은 찾아볼 길이 없"다. 따라서 "적에 대한 증오감"이라는 반공의 핵심 사상을 전달하기 위해서라도 "전란 속에 철갑을 쓰고 포인을 헤처봄이" 필요하며, 이것이 곧 "과감한 행동성과 애국적인 단성(丹誠)이 작품 속 저류를 흐르게" 할 수 있는 힘이자, 대중으로 하여금 "애국의 화신으로 횃불을 들고" 나서게 하는 동력인 것이다. 이것이 바로 곽종원이 말하는 "행동적 휴머니즘"의 모습이기도 하다. 이처럼 곽종원으로 대표되는 문학성 부활론의 배면에는 이념의 선전효과를 극대화하기 위한 또 다른 방법론의 기획이었다.

4. 문화정책론–'문화공작'의 제도화

반공에 기초한 국가주의 건설의 담론 전략은 개별 평론가들만의 몫은 아니었다. 개별 활동의 나침판이 될 조직적 차원의 문화정책이 필요했다. 하지만 전쟁 직후까지만 해도 실질적으로 문단이라 부를 수 있는 통합적 조직은 거의 와해됐으며, 겨우 명맥을 유지했던 것이 대전에서 결성된 '문총구국대'와 대구나 부산 등으로 피난 간 문인들과 현지 문인들의 '다방'을 거점으로 한 모임이었다. 하지만 문총구국대는 1·4후퇴 이후 재편의 과정을 겪어야 했으며, '다방' 문단 역시 문인들 간의 알력 문제에 빠져 있었다.[36] 이는 '전선문화구축' 혹은 '전쟁동원문학론'을 수행하는데 결정적인 결격 사유였다.

이러한 상황은 서울 수복 직후인 1950년 10월 9일 문총 주최의 '타공문화인 총궐기대회'와 1951년 1·4 후퇴 이후 대구와 부산에서 조직된 종군작가단을 통해 호전되기 시작한다. 종군작가단이란 말 그대로 '문단'이라는 '조직'이 새로이 형성되는 것이자 동시에 개별적 활동을 넘어 전쟁문학이라는 문학의 범주와 방향에 대한

---

36 며칠 있어보니 말대로 부산의 피난문단은 단순하질 않고 여러 개의 세력으로 나뉘져서 문단의 권리다툼을 하고 있는 모양이 눈에 띠었다. 나는 그 현상의 이유를 권리다툼이라고 밖에 표현할 것이 없다. 분열이나 대립이 무슨 문학적인 유파나 견해의 차이로 온 것이 아니고 그저 피난 중의 조그만 문단 권리나마 누가 그것을 농단하는 하는 것이 문단의 최대 관심사같이 보였으니 말이다(백철, 『문학자서선』, 박영사, 1975, 477면).

문단적 차원의 '정책' 수립이 가능해졌음을 의미한다. 1951년 3월~6월 사이에 '공군종군문인단(창공구락부)', '육군종군작가단', '해군종군작가단'이 탄생한다. 하지만 아직은 시작일 뿐이다. 좀 더 이론적인 근거가 필요한 시기였다. 이때에 맞춰 이숭녕의 문화정책론이 등장한다. 1951년 8월, 그러니까 종군작가단이 막 조직의 모습을 마쳤을 때 이숭녕의 「전시문화정책론」이 『전시과학』에 등장한다. 아마 전쟁 이후 전쟁기 문화정책에 대한 글로는 이숭녕의 것이 최초일 것이다.

이숭녕은 현대전을 '국가총력전'이라고 규정하면서 "문화면의 공세라 함이 무력전에 못지않을 주요한 직능"[37]임을 역설한다. 선진 국가들은 전쟁에서 "문화공작"의 중요성을 예산이나 요원배치, 사기 진작 등을 통해 이미 보여주고 있었다. 그런데 우리 한국에서는 "가장 유효적절하게 이용하여야 할 이 전력을 사자에 가까운 분산 상태로 방치"하고 있으며, 심지어는 "북한괴뢰측의 문화정책은 상당히 강력"하여 "전쟁문학집"이 "딩당이 십 여권"에 이른다는 것이다. 이러한 관점은 국어학자의 의식을 넘어서는 것이다. 문학을 포함한 문화전반을 전쟁의 승리를 위한 중요한 '공작'의 하나로 인식했다는 점과 문화공작이란 "전쟁 이전에서부터 전쟁 이후에 이르기까지 무력에 못지않은 중요한 직능"임을 간파하고 있다는 것은 이미 문화전(文化戰에) 대한 인식이 상당히 퍼져있었음을 의미

37 이숭녕, 「전시문화정책론」, 『전시과학』, 1951.8, 70면.

한다. 그래서 이승녕은 문화공작에 대한 4가지 정책을 제시한다.

첫 번째 정책은 요원의 확보이다. 이승녕에게 문화운동의 내용적 측면에 앞서 가장 중요한 정책은 요원의 확보이다. 현재 "정부의 대국적인 문화정책이 없기" 때문에 문화요원들의 배치는 무질서의 극을 보여주고 있다. 우수한 문학인들은 "육해공군의 일국 일과의 산하"에 들어가 있으며, "능률에 있어서는 완만"할 뿐이다. 심지어는 자연과학의 교수가 문과 업무를 보고 철학자가 통계업무에 종사하는 "기현상"이 일어나고 있다. 이처럼 시책의 부재는 적재적소가 아닌 "각자 취업식 활약으로 자리를 찾아"가게 했으며, 이는 업무를 갖지 못하여 "다방을 헤메이는 우수한 문화인들이 대구나 부산에 우글우글"하게 하였다. 따라서 "눈에 안 보이는 무서운 전력"인 '문화공작'을 위해서는 적재적소에 따른 문화인의 재배치가 필요하며 이를 위한 정책을 제시한다.

> 一, 文化工作의 機關新設(또는 舊機關의 全的 改革)
>
> 二, 文化政策의 決定
>
> 三, 文化工作의 豫算 計上
>
> 四, 文化要員의 生活 保障과 再配置[38]

제시된 정책 중 특히 강조하고 있는 것은 예산에 관한 것이었다.

---

38 위의 글, 72면.

문화공작이란 "눈에 안 보이는 무서운 전력"이며 "장기전에 있어서 특히 효과를 발휘"할 것이기 때문에 "적어도 수십억 원 정도의 계상에 인색하지 말기"를 바라고 있다. 이미 중국의 장개석 정부도 중일전쟁 당시 후퇴하면서도 문화인을 미리 후퇴시켰으며 생활보장을 통해 정부공작 요원으로 활약시켰다는 사례를 통해 문화인에 대한 예산의 중요성을 강조하고 있다. 이숭녕의 이러한 주장은 무엇보다 당시 문화인들의 생활고를 덜어주자는 의도에서 비롯된 것이다. 익히 알려진 것처럼 많은 문화인들이 '종군작가단'에 가입한 첫 번째 계기는 생활 보장 때문이었다. 김동리의 「밀다원시대」, 박영준의 「부산」, 황순원의 「곡예사」, 「안개구름끼다」 등 피난풍경을 그린 작품들에서, 인물들의 최대 고민은 '거처' 즉 잠자리였다. 거처의 불확실성은 정신적, 물질적 미아상태로 몰고 갔으며, 전후소설의 중요한 모티프가 되기도 한다. 따라서 문화전의 선봉대 역할을 위해서는 문화인의 생활 보장이 최우선임을 강조하고 있는 것이다.

두 번째 정책은 문화정책의 수립과 운영에 관한 것이다. 이숭녕의 글은 문화정책의 임무를 강조하는 것으로 시작한다. 전시하의 문화정책이란 대내적으론 "국민에게 확고한 전쟁이념의 지시"와 문화공작의 통일성과 체계성을 추진하는 것이요, 대외적으론 적군에게 우리의 전쟁이념을 주입시키는 "선전적 사명"을 완수하는 것이다. 이를 위해서 우선적으로 국가주도의 권위 있는 기관의 설립이 필요하다. 왜냐하면 "조직체의 완전한 단결이 없으면 국민 앞에

권위를 가지기 어려"우며, 이는 이념의 단속과 강화를 이루어내는데 결격 사유가 되기 때문이다. 이승녕은 여기서도 문화인에 대한 예산 배정을 강조한다. 이러한 모든 일을 이루어내기 위해서는 문화인의 생활이 보장되어야 한다는 것이다. 특히 예산문제와 관련해서는 항상 다른 대상과의 비교를 통해 필요성을 역설하고 있는데, 여기서는 북한 "공산도배의 적극적인 선전면의 일부를 담당한" 것을 넘어 "그들을 압도할 문화공작"을 위한 예산 책정의 정당성을 강조하고 있다.

세 번째는 군과 문화인의 관련성에 관한 것이다. 이 항목은 문화공작의 기술적 방법을 노출하고 있다는 점에서 주목을 요한다. 특히 전쟁에 있어 선전전의 핵심인 심리전에 대한 세부적인 방법론을 제시하고 있다. 이승녕에 따르면, 전쟁과 문화가 직접적인 연관성을 맺는 지점은 다름 아닌 '심리학'이다. 전쟁이 장기화되는 경우 주요한 문제가 "사병의 사기 앙양"이며, 외국에서는 이의 중요성을 인식하고 이미 많은 전쟁심리학 연구가 이루어졌다는 것이다. 따라서 "우리도 적의 심리 파악에 과학적인 연구"가 필요하기 때문에, 몇 가지 "상식적으로 예시하는 선전원칙"을 소개한다.

> ① 같은 事實의 反復 宣傳
>
> 비록 敵이 거짓말이라 意識할지라도 回數를 거듭하여 宣傳하면 民衆은 疑心하기 始作하고 더욱 回數가 거듭하면 그것이 事實로 믿게 된다는 것.

② 宣傳의 機會를 노려라

어느 事件이 일어났을 때 이것을 利用하는 것이니 一例로 B라는 巨物이 死亡하였으면 그것이 곧 宣傳 資料로 利用되는 것이어서 A가 B를 暗殺한 것이지 B의 單純한 病死가 아니라고 內附 分裂의 流言을 펴드리는 것 같은 例다. 이것은 큰 效果를 나타내는 것이다.

③ 生活과 結付된 具體的인 事實의 宣傳

宣傳의 資料가 抽象的이면 아니 된다. 米價의 昻騰 같은 例를 잡아 쌀을 蘇聯으로 搬出하고 있다고 宣傳하면 큰 效果가 있을 것이다.

④ 宣傳 主體의 隱蔽[39]

위에서 제시된 선전술이야말로 이데올로기를 생산・유통하는 전형적인 방법이다. 이숭녕은 이를 ① 같은 내용을 반복 선전함으로써 '사실'로 인식하게 만드는 방식, ② 특정 사건의 의미를 이념적 스펙트럼의 자장 안으로 계열화시키는 방식, ③ 선전 주체의 은폐를 통해 메시지를 자명한 것으로 인식케 하는 방식 등으로 구체화하고 있다. 그는 이를 "共産徒輩"를 향한 선전원칙으로 제시하고 있지만, 한편으론 일종의 '거울효과'로도 기능한다. 전쟁의 승리를 위해 적에게만 사용되고 있다는 '공작'차원의 선전술이 실은 내부용으로도 사용될 수 있는 가능성을 보여주는 것이다. 마치 아무 것도 말하지 않는 것 같지만 실은 모든 것을 다 말하고 있는 것

39 위의 글, 74~75면.

처럼 타자를 향한 방식이 그대로 '나'의 것으로 수용되는 것이다. 이는 '공산도배'의 분열과 이념적 전환을 위해 제시된 방식이 남한의 반공주의를 전파하는 방식과 동일하기 때문이다.

이숭녕은 이를 위한 구체적인 방법으로 전선문고의 간행과 군가 생산을 지적하고 있다. 군인들의 "사기앙양"과 "사병의 교양"을 위한 전선문고는 이미 외국에서도 활발하게 활용된 바 있기 때문이다.[40] 군가의 경우 "좋은 군가 한곡이 능히 상당량의 전력에 근사할 것이며 국민의 사기앙양에 다시없는 수단"이다. 따라서 "감동을 주어 소기의 효과"를 올리기 위해서는"유능한 시인에 현대적인 작곡가를 선택"하여 "작사 작곡이 시대의 쎈스를 내포"하도록 해야 한다는 것이다.

이숭녕의 이러한 주장은 2년 후 그대로 반복된다. 1953년 7월 『문화세계』에 실은 글에서 자신의 2년 전 주장이 전혀 실행되지 않았음을 지적하고 있다. 이는 다음과 같다. 전쟁 발발 4년째, 휴전회담이 진행되는 이 시점에서 반성해야 할 것 중의 하나가 "기술적 졸렬에서 결과된 마이너스면"이다. 문화정책 하나 없으며, 문화인 등록도 여론이 좋지 않다. 모든 것이 "한심한 노릇"이며 "임시응변

---

40 사병문고처럼 문학의 이념적 선전 효과는 2년 후인 1953년 7월에 발표된 「전란조국과 문화의 위치」에서도 다시 강조되고 있다.
"우선 국민 사기 문제에 있어서도 전쟁을 주제로 한 소설 시 수필 등의 작품이 다량으로 출판되고 이것이 지방으로 침투되어 낭독회 독서회 같은 것이 있었더라면 얼마나 국민의 감정을 찌를 수 있었으랴. 이것이 백천의 관제식 공시보다 효과적이었을 것이다."(이숭녕, 「전란조국과 문화의 위치」, 『문화세계』, 1953.7, 21면)

그것도 졸렬한 '테크니크'로 근시안적인 미봉책"이었다는 것이다.[41] 그는 다시 문화공작의 중요성과 문화인에 대한 재정적 지원 등을 약속할 것을 국가를 향해 외치고 있었던 것이다.

41 오늘날 문화정책에 대한 이숭녕의 비판은 매우 강도 높게 진행되었다. "그러나 오늘날까지 어떠한 文化政策이 있었으며 얼마나 文化人에게 活動할 機會를 주었으며 얼마만한 業績이 나왔나를 볼 때 寒心한 노릇이라 하겠다. 昨今 論議가 되는 文化人登錄 마자 쉽살이 呼應을 받지 못하고 있으며 '現行綴字法廢止'란 訓令이 輿論의 非難을 받고 있으니 戰爭하는 國家로서 文化政策의 確立이 없었음은 勿論이려니와 臨時應辯 그것도 拙劣한 '테크니그'로 近視眼的인 彌縫策을 가지고 文化面을 다루려하니 萬事 如意하지 못할 것도 當然하다 하겠다."(이숭녕, 「전란조국과 문화의 위치」, 『문화세계』, 1953.7, 41면)

3장 수사학과 집단기억의 재구성

1. '공포와 전율의 기억'과 이데올로기 담론

전쟁기 문학에 대한 진정한 평가를 위해서는 단순히 이념의 선전 도구라는 '현상'을 넘어서 이념의 도구로서 어떠한 '역할'을 했으며, 이를 위한 '전략'은 무엇이었으며, 결국 그 결과는 어떠했는가에 대한 논의가 이루어져야 한다. 그간의 평가는 이념의 도구라는 '결과'만을 강조한 것이었지 실로 이념의 도구가 되기까지의 '과정'에 대해서는 논의가 부족했던 것이 사실이다. 전쟁기 문학은 이제 단순한 반영의 관점에서 벗어나 당시 남한 사회를 구성하는 한 요소로 작용했다는 기능적 입장으로 전환해야 한다.

기능적 입장이란 전쟁기의 문학행위가 당시 남한사회를 지배하던 특정한 형태의 담론이 출현할 수 있는 '인식가능성'의 조건이었음을 밝히는 것이다. 이는 전쟁기 문학을 단순한 '이념의 도구'에서 "보이는 것, 감각적인 것, 일상의 구체적인 것 속에서 포착될 수 있는 사회적 현실의 재건"이자 "감각적인 여건들을 설명할 수 있는 명료한 시스템을 구성"[1] 하는 관점으로 전환하는 것이다.

1950년 6월 25일에 일어난 사건은 우리에게 어떠한 의미로 다가오는가라는 질문은 한국전쟁이 우리에게 어떤 의미로 각인되어 있는가에 대한 물음이자 동시에 어떻게 기억하고 있는가의 문제이다. 한국전쟁은 남한과 북한에서 각각 다른 방식으로 기억되고 있다. 남한의 공식기억은 '소련의 사주를 받은 북한 공산당이 불법적으로 남침하여 우리 민족 전체를 고통에 빠뜨린 비극적인 사건'이다. 반면 북한의 공식기억은 "남반부를 미제와 이승만 역도의 반동통치에서 해방시키기 위한 조국해방전쟁이자 민족해방전쟁"[2]이며, "국내 반동세력을 소탕하고 조선민주주의인민공화국의 기치하에 조국을 통일시키고 전 조선적으로 민주혁명의 과업을 완수하기 위한 전 인민의 투쟁"[3]이다. 그렇다면 동일한 사건을 두고 각기 다른 방식의 '공식기억'이 만들어지는 것은 무엇 때문인가.

역사는 한 사회가 그 사회의 과거에 대해 공유하는 기억의 체계이다. 즉 역사는 기억의 관리와 유지, 보존과 불가분의 관계를 가진다. 역사인식은 몇 개의 기억의 편린들과 결합한 이미지로 존재하

---

1 피에르 부르디외, 하태환 역, 『예술의 규칙』, 동문선, 1999, 13면.
2 사회과학연구소, 『조선통사』, 오월, 1988, 394면.
3 위의 책, 396면.

는 경향이 있다. 기억의 형성과 관리, 보존에는 권력관계가 작용한다. 어떤 기억은 국가에 의해 공식성을 부여받고, 어떤 기억은 사적인 기억으로 존재하며, 어떤 기억은 공식 기억에 의해 탄압 받기도 한다. 한국전쟁에 대한 국민의 기억은 이러한 공식기억과 관련을 맺으며 취사선택된 이미지들이 대부분이며, 이는 일상에서 이데올로기와 문화의 작용에 의해 유지 혹은 강화된다.[4] 그렇다면 남한의 경우 반공이데올로기라는 지배이데올로기가 '국민의 기억'[5]으로 내면화되는 과정은 어디에 기초하는가.

기억이란 "본래 한 개인이 자신의 과거를 현재화하는 정신적(심리적) 현상"[6]을 말한다. 존재론적 측면에서 과거란 이미 존재했던 것이자 지나가버린 사건이라는 점에서 더 이상 존재하지 않는 것이다. 그럼에도 과거를 과거이도록 하는 존재론적 기준은 지금은 존재하지 않는 '상실된 사건'이다. 이는 우리의 기억 속에서만, 즉 기억이 '지시하는 대상(refernt)'으로서만 존재한다. 결국 과거에 대한 상상적 '표상(répresentance)'으로서의 기억은 과거에 대한 지시 또는 '재현(représentation)'으로서의 기억과 상보적 관계를 갖는다.[7]

---

4 정용욱, 「6・25전쟁기 미군의 삐라 심리전과 냉전 이데올로기」, 『역사와 현실』 51권, 2004.3, 97~98면.

5 이 용어는 김철, 『국민이라는 노예 – 한국문학의 기억과 망각』, 삼인, 2005, 8면에서 빌어왔다. 여기서 김철은 도미야마 이치로의 『전장의 기억』을 예로 죽은 자를 대신해서 말하는 발화주체로 하여금 국가는 무엇을 기억하고 망각해야 할지를 지시하며, 이렇게 형성된 기억을 '국민적 기억'이라고 칭하고 있다.

6 전진성, 『역사가 기억을 말하다』, 휴머니스트, 2005, 39면.

7 위의 책, 46~47면.

그렇다면 문제는 '과거의 사건들' 중 어떤 것이 선택되며 또 선택되어진 사건의 의미를 지시(규정)하고 재현하는 자는 누구이며, 동시에 재현된 과거를 개별적 존재를 넘어 특정 집단의 기억으로 공식화하는 방식은 무엇인가라는 주제로 모아진다. 이렇게 본다면 하나의 사건(역사)을 특정한 방향으로 기억한다는 것은 곧 사건(역사)의 의미를 특정한 방향으로 계열화시키는 것에 다름 아니다. 사실 전쟁이란 들뢰즈식으로 말한다면, 물질들의 운동이자 의미 이전의 '순수사건'에 해당한다. 즉 의미가 비워져있는(의미의 과잉을 함축하고 있는) '빈칸'으로서의 '순수사건'인 것이다. 하지만 이 사건(전쟁)은 다양한 상황(계열화)에 따라 수많은 의미를 담지 할 수 있는 가능성의 공간으로 전환한다.

특정 집단의 공식기억을 생산하기 위해 필요한 것은 담론의 구성이다. 담론을 구성하기 위해서는 "인식된 대상을 일정한 방향으로 구조화시키는 언어의 분절화 현상"[8] 즉 '담론구성의 법칙'이 필요하다. 1950년대 반공이데올로기를 형성하기 위한 담론구성의 법칙은 '민족 대 반민족, 민주 대 반민주, 자본주의 대 사회주의'라는 담론지형을 통해 이루어진다. 이러한 인식틀 속에서만 기억은 존재할 수 있었으며, 이 자장을 벗어난 모든 것은 타부의 대상이 되었다. 왜냐하면 담론은 "시대 감각에 맞는 언표는 포함하고 그렇지 않은 것은 배제"하기 때문이다. 즉 어떠한 대상도 담론이 허용하는

8 미셸 푸코, 『임상의학의 탄생』, 인간사랑, 1994, 19면.

범위 안에서만 인식할 수 있으며, 언표화할 수 있기 때문이다. 따라서 "언어적 표상과 대상 사이의 관계에서 가장 중요한 것은 언어가 사물을 포착하려는 순간부터 그 대상을 마음대로 주무르려고 하는 언어의 음흉한 계략, 즉 끊임없이 새로운 담론 속으로 끌어들여 대상의 모습을 변질시키려는 언어적 횡포"[9]이다.

알박스(Maurice Halbwachs)는 집단의 공식기억(집단기억)을 형성하기 위한 조건으로 집단 구성원들 간의 의사소통과 상호작용의 장이 이루어질 수 있는 '사회적 구성틀(cadre sociaux)'을 지적한 바 있다. 집단기억은 오직 사회적 구성틀을 통해서만 매개되며, 그 내부에서만 유효할 수 있다는 것이다. 알박스의 '사회적 구성틀'은 인식틀(épistemè)의 장과 인식틀을 생산・유통시키는 제도적 측면, 즉 이데올로기적 국가장치가 결합된 공간이라 할 수 있다. 인식틀의 장을 형성하는 것은 곧 담론의 문제로 귀결된다.

결국 담론의 입장에서 볼 때 한국전쟁기에 생산된 반공텍스트의 가장 큰 고민은 바로 북한을 어떻게 규정할 것인가였다. 즉 북한 공산주의에 대한 담론 규정의 문제인데, 여기에는 몇 가지 선결 요건이 존재한다. 첫째, 담론의 대상이 연령과 지식, 계층에 제한을 두지 말아야 할 것. 둘째 전 계층을 총망라하기 위해선 담론의 내용이 논리 이전의 것이야 할 것. 셋째, 형성・유통된 담론은 반복성과 지속성을 통해 깊게 각인되어야 할 것 등이 그것이다. 즉 반공주의가

9 위의 책, 30면.

하나의 국가이데올로기로 자리하기 위해선 매우 정확한 이분법적 분리가 필요했으며, 전국민을 대상으로 한다는 점에서 그리고 가장 강력한 효과를 지니기 위해서는 논리가 아닌 감성과 감정의 영역에 집중될 필요가 있었다. 특히 반공의 담론이 논리가 아닌 감정의 차원이 되어야 하는 데는 중요한 이유가 있다. 논리적 차원이란 일정한 지식을 통해 '이해'의 과정을 거쳐야 하며 이는 곧 냉철한 이성의 바탕 위에서만 가능하다. 그러나 반공담론의 목적이 북한 공산주의에 대한 강한 적대감에 기초한 체제의 안정 및 지속에 있는 만큼, 차분한 이성의 작동을 통한 논리적 차원은 처음부터 고려의 대상이 되질 못했다. 중요한 것은 적개심이었고 그것은 곧 감정의 영역이었다.

> 우리 民族의 受難과 犧牲은 너무나 悲痛하고 巨大한 것이었다. (…중략…)그동안 民衆의 받은바 恥辱과 苦痛, 戰慄과 焦燥 그 정신적인 심각한 피해와 傷痕 (…중략…) 공산주의에 내하여 戰慄과 憎惡, 恐怖와 厭忌 — 通括的으로 극도의 敵對感 · 怨讐感 (…중략…) 幻滅, 反撥, 憎惡, 敵對感 (…중략…) 飢餓와 대량적 인명의 殺傷, 정신적으론 극도의 暗黑感, 間斷없는 脅壓, 焦燥, 戰慄 (…중략…) 공산주의를 厭忌, 憎惡, 咀呪하고 (…중략…) 沈鬱, 悲痛, 暗黑의 九十日을 지나[10]

10 양주동, 「共亂의 敎訓」, 『적화삼삭구인집』, 국제보도연맹, 1951, 5~6면.

위의 글은 약 1면이 조금 넘는 부분에서 인용한 것이다. 그럼에도 이곳을 지배하는 것은 다름 아닌 '공포와 전율의 언어들'이다. 이미 알려진 것처럼 언어는 읽는 순간부터 해석을 강요하며 동시에 동일한 용어나 문구의 반복은 무의식 하에 의미를 각인시킨다. 그렇게 각인된 의미는 하나의 사건과 결합하여 의미의 고정과 함께 지속성을 갖는다. 그렇게 볼 때 양주동이 반복적으로 같은 유형의 언어를 집중적으로 사용한다는 것은 일정한 목적성을 갖는 것이자 90일간의 적치 체험에 대한 의미의 고정과 규정에 다름 아니다. 즉 적치 하 90일간의 사건은 일시적이며 지나가 버린 과거의 것이 아닌 구체적인 의미를 담보한 채 지속적으로 우리의 기억 속에서 재현되어야 하며, 종국에는 남한 정부가 요구하는 이데올로기 패턴의 소스가 된 것이다. 이를 위해 양주동을 비롯한 여타의 문인들은 적치의 체험을 사적인 것이 아닌 공유할 수 있는 공적인 언어로 재편해야 했으며, 그 성과물이 바로 반공텍스트를 통한 '공포와 전율의 기억'이었던 것이다.

특히 문단의 경우 일정한 메카니즘을 보이는 데, 반공텍스트에서 생산된 언어는 전시평론을 통해 일련의 구조화 작업을 거친다. 이 시기의 문학적 행위란 "문화공작의 일환이자 군사적 공작문화 제작"이었기에 "문예비평 역시 문화비평으로서 공작의 일환이며 선동의 군사작전"[11]이었다. 문예비평은 일종의 문학지침서 역할을

11 전기철, 『한국 전후문예비평연구』, 서울, 1994, 257면.

한 것이다.[12] 작가들은 이 지침에 맞춰 반공언어와 체험을 형상화하여 작품화시키는데 이것이 바로 전쟁기 문학이다. 당시 발표된 전쟁기 문학의 내용과 반공텍스트 내용의 유사성이 이를 증명한다. 이제 이 텍스트들은 적치 체험에 대해 잊을 수 없는 명확한 의미를 제공하며, 독자는 자신을 체험을 텍스트의 언어에 일치시킨다. 독자들은 자연스럽게 반공과 멸공의 언어로 무장한 반공주의자가 되는 것이다. 이제 남한은 반공주의를 위한 강력한 이데올로기적 국가장치의 기초가 마련된 셈이다.

'공포와 전율의 기억'은 교육의 담론으로 확대된다.[13] 반공으로 무장된 교육의 담론들은 당시에 간행된 잡지나 단행본 안에 수록된 종군기, 체험기, 수난기 문학 작품들 그리고 음악, 미술, 포스터, 광고, 신문과 라디오, 심지어는 삐라에 이르기까지 각종 매스미디

12 일련의 전시하 문학론은 국가 비상시에 있어서 문화인들의 행동과 작가들의 창작지침을 일러주고 있었다. 일종의 전쟁동원문학론이라 불리는 이는 문학과 문화는 자유주의라는 하나의 전선을 구축하여 국제공산주의 이데올로기의 확산을 방어하고 그것을 궤멸시켜야 된다는 '문화전선구축론' 혹은 '반공문학론'으로 요약된다. 대표적인 평론으로는 이숭녕의 「전시문화정책론」, 최인욱의 「전시문화론」, 이헌구의 「문화전선은 형성되었는가」, 임긍재의 「전시하의 한국문학자의 반성」 등이 있다(이은자, 『1950년대 한국 지식인 소설연구』, 태학사, 1995, 50면).

13 반공이데올로기의 내면화를 위해 한국전쟁 직전 2대 문교부장관으로 임명된 백낙준은 안호상이 '일민주의'라는 이름 아래 우회적으로 내세웠던 반공이데올로기 교육을 공식 교육과정으로 채택했다. 이른바 '전시교육체제' 아래에서의 국민통제는 ① 적색교원 일소의 구체화 ② 국민사상 지도원의 설치 ③ 교육공무원법 제정을 통한 법률적 통제 ④ 학생들의 정치활동 제지 ⑤ 라디오, 필름, 포스터, 팸플릿, 강연 등을 통한 사상전으로 요약된다. 요컨대 전시교육체제는 전장 그 자체를 교과서로 삼았다. 그리하여 '공산괴뢰군'의 살상을 직접 체험하며, 지루한 피난 생활에서 겪은 그 모든 생생한 장면들은 머릿 속에 비극, 분노, 슬픔, 원한, 고통, 죽음, 피비린내의 언어로 각인되었다(고길섶, 『스물한 통의 역사진정서』, 앨피, 2005, 94~97면).

어를 통해 전방위로 유통되고 있었다. 전쟁과 공산주의에 대한 끝없는 '공포의 언어'들을 생산하는 것은 그것을 '텍스트에 갇힌 언어'에서 일상을 지배하는 '현실적 언어'로 치환시키는 것이다. 현실적 언어들은 당시 사회의 공식언어이자 규범언어가 된다. 국민은 이 언어들을 통해서만이 소통할 수 있으며, 세계를 해석할 수 있다. 공식언어이자 규범언어의 포기는 곧 전시 남한사회에서의 존재론적 의미를 포기하는 것과 같다. 그들은 이 언어의 자장 안에서만 주체로서 호명될 수 있는 것이다.

2. 숭고의 수사학과 이데올로기적 전략

"벽에 틈이 생기면 바람이 들어오고 마음에 틈이 생기면 마가 들어온다."

"설마 하는 방심 속에 불순분자 스며든다."

아마도 우리의 기억 속에 가장 강렬하게 남아있는 반공의 표상은 반공포스터와 붉은 글씨로 새겨져 있는 표어일 것이다. 그런 면에서 위의 표어는 반공의 자장 속에 있는 세대에게 그다지 놀랍거나 새로운 것이 아니다. 하지만 방심하면 마성적인 불순한 요소가 내 몸속으로 스며들 수 있다는 이 불길한 언표를 별 저항감 없이 자연스럽게 내면화할 수 있다는 것은 다음의 두 가지를 표상한다. 하나는 반공주의가 공식적 담론을 통해 공표될 만큼 국민들 간의 합의된 이데올로기라는 점이며, 또 하나는 남한을 반공의 '기억공동체'로 만드는 기제 중의 하나가 '언어'라는 것이다. 실제로 반공주의는 정치·안보·경제·문화 등으로 확산되어 우리의 일상적 사고를 지배하고 규정해왔다. 바로 "우리의 몸 안에 특정한 사고와 행위를 유발하는 일종의 자동적 조건 반사의 회로판"[14]을 구축했던 것이다. 이른바 반공에 기초한 '상상의 공동체'를 '발명'한 것이다. 여기에는 두 가지 의문섬이 따르는데, 첫째, 반공을 '집단기억'으로 하는 이 새로운 공동체가 어떻게 가능할 수 있었는가, 둘째, 이 기억공동체를 형성하는데 문학은 어떤 역할을 담당했는가가 그것이다.

잘 알려져 있듯이 반공의 기억공동체가 본격화된 것은 1950년 6월 25일을 기점으로 발생한 역사적 사건이었다. 이미 근대사에서

14 권혁범, 「내 몸속의 반공주의 회로와 권력」, 임지현 외, 『우리 안의 파시즘』, 삼인, 2005, 54~55면.

학습된 바 있듯이, 역사적 전환기는 새로운 인식틀을 요구했으며, 이에 모든 사회적 담론은 새로 구성된 인식틀을 향해 나아갔다. 한국전쟁기 역시 이와 다르지 않았다. 당시 남한은 전쟁을 승리로 이끌 강력한 이념적 푯대가 필요했고, 그것은 반공이데올로기를 앞세운 '국가이야기'였다. 이른바 반공규율사회를 건설하기 위한 '국가이야기' 생산의 시대가 열린 것이다. 실제로 모든 담론은 '반공주의'를 생산하기 위해 총동원 되었다. 한국전쟁 기간 각종 포스터, 삐라, 공연, 영화, 문건, 연설, 신문, 잡지 등 모든 매체들은 '반공'을 생산하고 유통하는데 전력을 다했다. 문학도 예외가 아니었다. 당시 문인들은 반공텍스트라 불리는 장을 통해 반공담론을 지속적으로 생산하여 왔다.

당시 국가이야기의 중요한 역할은 대중들에게 대한민국의 국민으로서의 정체성을 부여하는 것이었다. 이는 북한과 공산주의를 어떻게 인식할 것이냐의 문제로 이어진다. 전쟁국가에서 가장 필요한 것은 단일한 이데올로기로 무장되고 균질화된 '국민'의 생산과 이를 통한 국가주의의 관철이다. 따라서 국가이야기는 '대한민국의 국민'으로 호출되기 위해 기억해야 할 텍스트였으며, 대중들은 이 텍스트의 학습을 통해 '국민'의 자격과 정체성을 부여받을 수 있었다. 즉 국가이야기는 남한의 공식기억이자 집단기억이 되는 것이다. 이제 문제의 핵심은 공식기억이자 집단기억을 구성할 '콘텐츠'와 이를 유통・확산시킬 '장치'를 생산하는데 문학이 어떠한 역할을 담당했는가이다. 다시 말해 균질화된 국민을 만들기 위해 문학담론이 제시한 내용과 방식이 무엇이었는가를 찾는 것이다.

이데올로기와 담론 그리고 '집단 기억'은 매우 유기적인 관계를 맺고 있다. 하나의 이데올로기는 특정집단의 정체성을 부여할 '집단 기억'의 기획이며, 담론은 이러한 기획의 내용과 형식적 측면을 지원하는 소스이다. 이데올로기의 방향에 맞게 생산된 담론은 지속적으로 생산, 유통, 보급되면서 특정지역 및 집단의 '인식틀'을 형성한다. 그 인식틀은 '국민'이 기억해야 할 것과 그렇지 않은 것을 구별하게 함으로써 '집단기억'을 형성하고, 이는 특정집단의 '공식기억'으로 규정된다. 이처럼 하나의 이데올로기가 성공적으로 실행되기 위해서는 이데올로기라는 뼈대에 입힐 근육과 살이 필요한데, 바로 담론의 생산이 그것이다. 방브니스트가 지적한 것처럼 이데올로기는 누가 무엇을 누구에게 어떤 목적으로 말하고 있는가라는[15] '담론'의 문제라 할 수 있다. 즉 이데올로기는 하나의 언술과 그 사회적 맥락의 관계 속에서의 기능이며, 담론은 이데올로기의 실현을 위한 콘텐츠에 해당한다. 담론구성체는 "사회생활 내부에서 무엇을 말할 수 있고, 말해야 하는지를 결정하는 규칙의 집합"[16]이다. 이제 사회적 언표의 테두리는 담론구성체의 자장 안에서만 허용된다. 따라서 담론구성체는 사회 내부에서 실제적인 담론 과정이 생성되는 '의미의 틀'이나 언어 체계를 구성하고 이렇게 형성된 '인식틀(épistemè)'은 다시 이데올로기의 유통과 생산에

15 테리 이글턴, 여홍상 역, 『이데올로기 개론』, 한신문화사, 1995, 13면.
16 위의 책, 266면.

기여한다. 이렇게 볼 때 담론은 과정으로, 이데올로기는 담론을 통한 '효과'로 이해할 수 있다.[17]

이러한 담론구성체 혹은 인식틀을 통한 언표와 의미의 '고정' 효과란 반공주의에 기초한 '집단기억'의 생산이다. 모든 사회적 의미는 '반공'의 인식틀 속에서만 해석 가능하며, 무엇보다도 반공규율국가의 형성을 위해서는 한국전쟁과 그 '주범자'인 북한에 대한 새롭고도 통일된 기억이 요구되었다. '전쟁과 북한에 대한 기억의 재구성'이 시작된 것이다.

반공주의를 '공식기억'이라는 통일된 집단기억으로 규정시키는 대표적인 담론전략으로 수사학을 들 수 있다. 한국전쟁 당시 반공주의는 담론구성체와 남한 국민들의 '생체험'이 결합된 매우 견고

---

17 이데올로기와 담론의 상관관계에 대한 논의는 이른바 '담론적 이데올로기론(discursive cinception of ideology)'에 입각한 것이다. 이는 특정집단의 집단기억(혹은 정체성)이 담론 과정을 통한 이데올로기적 효과라는 정의로 설명할 수 있음을 전제로 하고 있다. 하나의 이데올로기는 일종의 전략적 방향을 제시하며, 담론의 생산과 유통은 이데올로기 전략을 완성시킬 내용과 형식이라 할 수 있다. 이데올로기와 담론의 결합은 '집단기억'이라는 결과물을 생산한다. 기억이 "상상적 이미지에 매개된 것으로서 정치적인 편의에 따라 쉽게 조작"될 수 있는 "이데올로기적인 구성물"(전진성, 『역사가 기억을 말한다』, 휴머니스트, 2005, 50면)이라는 점에서 더욱 그렇다.
김정훈의 논의에 의하면 "이데올로기는 내적으로 항상 다양한 담론적 요소의 접합으로 구성되고 외적으로 담론적 접한은 동일한 개인 및 집단을 다양하게 위치지을 수 있다"(Hall.S, *The Hard Road to Renewal —Thatcherism and Crisis of the Left*, London : Verso, 1988, p.10)는 것을 의미하는 것으로 이데올로기론의 아킬레스건이었던 경제환원론, 부수현상주의를 극복하면서 '허위의식'으로서의 이데올로기론을 복구하려는 시도이다(김정훈, 「한국전쟁과 담론정치」, 『경제와사회』, 2000.6, 144면). 이런 면에서 볼 때 반공주의는 허위적 담론을 통한 의미의 집합이자 주체로의 호출이라는 기능을 담당한다고 볼 수 있다.

한 형태를 지니고 있었다. '공산주의=반민족=야만=광기'라는 담론의 지형과 인민군 치하에서 겪었던 경험의 결합으로 이루어졌다. 이러한 담론구성체를 고정하기 위해 선택된 대표적인 담론 전략 중의 하나가 수사학이었다.

전통적으로 수사학은 미학의 하나로 받아들여져 왔다. 하지만 미학적 완성을 가능케 해주던 수사학의 장점들은 이데올로기에 봉사하는 훌륭한 역할을 담당하기도 하였는데, 서구의 유서 깊은 '수사학적 기억술(ars memoriae)' 전통이 여기에 해당한다. 그것은 과거의 체험을 지적으로 분류하고 저장하며 유통시키는 기법으로, 먼저 체험된 사실을 감성적 환기력이 있는 이미지에 결부시키고 난 후 이 이미지들을 친근하면서도 상상적인 '기억의 장소(loci memoriae)' 속에 배치한다. 여기서 이미지들의 구조와 지식체계 간에는 심리적 연상작용을 통한 대응관계가 성립하며, 이에 따라 과거의 체험은 한편으로는 지식으로 저장되고 동시에 '생생한 기억'으로서 반복적으로 소환할 수 있게 된다.[18] 특히 수사학이 갖는 설득적 · 교육적 · 어휘적 기능들은 이데올로기적 담론을 형성하는 주요 요소를 이룬다. 이 때 세 층위의 기능들은 서로 상호의존적인 관계를 형성하는데, 특히 이데올로기적 담론의 수사학적 전략은 "교육적 기능에 의존하지 않고서는 설득적이 될 수 없으며, 단순한 선전을 넘어 내면화를 위해서는 랑그의 약호를 변화시키는 어휘적 기능 또

18 전진성, 앞의 책, 54면.

한 필요"[19]하기 때문이다. 이는 이데올로기적 수사학의 목표가 '아름다운 담화'가 아닌 '효과적인 담화'임을 말해준다. 이렇게 형성된 상상적 공간의 이미지는 집단기억을 매개하는 상징적 기호로 기능하게 된다. 아리스토텔레스의 『수사학』이 말한 '새로운 관념의 창출' 효과가 전쟁과 북한에 대한 '새로운 기억 창출'의 기제로써 활용되고 있는 것이다.

한국전쟁기에 생산된 반공텍스트 안에는 북한과 공산주의를 향한 많은 수사적 표현들을 발견할 수 있다. 그런데 작가들이 생산한 수사적 표현들은 개성적 · 독창적이라고 하기에는 많은 공통점들이 있었다. 특히 수사적 유형들이 일정한 패턴으로 계열화되어 있음을 발견할 수 있었는데, 그 내적 질서는 지금 우리가 북한을 인식하는 내용과 정확히 일치하고 있었다. 다시 말해 북한 및 공산주의를 향한 비유가 일정한 양상을 띠면서 연속적이고도 반복적으로 등장하고 있다는 것이다. 이러한 현상은 개별적 상상력이나 비유의 발로라기보다는 문인들 간의 침묵의 카르텔을 통한 '복제'와 '재생'의 반복 및 상호 간의 학습을 의미한다. 이렇게 볼 때 반공텍스트를 통해 생산한 언어들은 결코 우발적이거나 자의적인 것으로 보기 어렵다. 문인들은 반공텍스트를 '고백의 장'뿐만 아니라 언어의 구조화 작업을 통한 반공의 고착기제로도 활용했던 것이다.

19 올리비에 르블, 홍재선 역, 『언어와 이데올로기』, 역사비평사, 1995, 146면.

4장 괴물의 수사학과 '십자군적인 成業'

1. 괴물 혹은 악마의 수사학과 환멸의 기억

당시 남한사회는 반공이데올로기를 중심으로 한 국가 만들기에 전력하였다. 이승만 정부는 반공규율사회를 확립하기 위해 반공담론의 생산에 온 힘을 기울였고, 문인들 역시 이 대열에 동참하였다. 각종 매체를 통해 생산・유통된 담론들은 북한 공산주의자들 및 그들과의 전쟁을 천사와 악마와의 대결인 "십자군적인 성업(成業)"[1] 으로 기억을 재구성함과 동시에 반공이데올로기를 내면화시켰다. 이른바 한국전쟁과 함께 "남한사회에서 창출된 국가 이야기는 전쟁체험과 반공이데올로기를 효과적으로 결합시켜 배타적인

1 이헌구, 「인류애와 독립애」, 『전시문학독본』, 계몽사, 1951, 137면.

민족의 범주를 구성하는 한편 균질화된 국민을 만들어내는 국가주의"[2]의 모습을 띠고 있었던 것이다.

이를 위한 대표적인 수사학적 표현은 북한 및 공산주의의 '괴물 만들기'이다. 이는 공산주의를 비인간화, 즉 이질적인 존재로 치환시키는 것인데 대표적인 모습이 바로 괴물 만들기이다. 먼저 르포타쥐 계열에 나타난 모습을 보면 다음과 같다.

① "눈이 시퍼런 반역자"[3]

② "조국을 배반한, 동족을 죽인 이 魔物들"[4]

③ "날샌 이리떼 같은 행동", "야수적 만행"[5]

④ "인류사상 그 예가 없는 전율할 야만적 죄악"[6]

⑤ "정없는 눈초리가 총탄보다 무서운 것"[7]

⑥ "赤流는 毒의 根이며 惡의 華이며 罪의 實", "크레믈린의 指使에 충실한 走狗"[8]

⑦ "百鬼夜行", "晝出魍魎"[9]

⑧ "노동자의 피를 착취할뿐만 아니라 뼈까지도 갈가 먹는"[10]

---

2 유임하, 「이데올로기의 억압과 공포」, 『현대소설연구』 25호, 2005.3, 57면.
3 조연현, 「납치된 작가에의 회원－홍구범은 어디에 있는가」, 『문예』, 1950.12, 57면.
4 유주현, 「눈 내리는 밤」, 김송 편, 『전시문학독본』, 계몽사, 1951, 21면.
5 김광주, 「북쪽으로 다라난 문화인에게」, 『문예』, 1950.12, 77면.
6 백철, 「사슬로 묶여서 삼개월」, 오제도 편, 『적화삼삭구인집』, 국제보도연맹, 1951, 32면.
7 최정희, 「난중일기에서」, 위의 책, 42면.
8 송지영, 「적류삼월」, 위의 책, 53면.
9 위의 글, 56면.
10 위의 글, 62면.

적을 향한 괴물의 수사학은 남과 북 모두 전략적 차원에서 동일하게 활용되었다. 거울효과로 인해 더욱 가열되는 양상이었다.

⑨ "이리와 염소"[11]

르포타쥐 계열에 나타나 있는 북한 공산주의자들의 모습은 한결같이 '괴물'의 형태를 하고 있다. 북한과 공산주의는 '머리에는 뿔 달리고 온 몸에는 털이 덮인 짐승'으로 묘사되고 있다. 그것은 "보이지 않는 검은 그림자"처럼 "항상 나의 뒤를 따르고…… 붉은 담장우에 모여든 가마귀 떼"[12]처럼 불길한 존재들이며, "전체 인민의 마즈막 피까지 빨아먹지 않고서는 못견디도록 되어먹은 것"[13]으로서 "이북을 거처서 서울로 오는 동안에도 붉은 軍隊들의 그 무지막지한 野獸같은 무지막지한 꼴을 이에서 신물이 날 程度로"[14]이다. 이처럼 북한 공산군은 침략성, 잔인성, 만행, 흉계, 험상궂고 위협적인 모습으로 그려지고 있다. 특히 인공치하 3개월의 체험기를 중심으로 한 텍스트들은 '평화로운 일요일→무서

11 김용호, 「자유와 평화를 위하여」, 『적화삼삭구인집』, 109면.
12 백철, 『적화삼삭구인집』, 19~20면.
13 송지영, 앞의 글, 67면.
14 김광주, 「암흑의 삼개월 – 하누님을 찾는 아내」, 『신천지』, 1951.12, 53면.

운 침략군의 야욕→피난민의 비참함→공산군의 무자비한 학살, 약탈, 방화' 등으로 연결시켜 공산괴뢰에 대한 적개심을 고취시키며 우리민족 최대의 적임을 강조하고 있다.[15]

괴물의 수사학은 여기서 멈추지 않고 계속 진화하여 급기야 종교적인 차원까지 확대된다.

①"천지도, 동리도, 사람들 말소리도, 모두가 지옥의 움직임 같았다."[16]

② "붉은 군대의 손으로 공포, 전율, 사기, 살인, 방화가 한때 어우러져서 화염이 중천하는 생지옥으로 화해버렸던 이 거리."[17]

③"공포와 전율과 기만과 살상으로 가득 찬 생지옥이 바로 공산주의의 세계인 것이다."[18]

④"악마같고 잔학한 근성을 가리어 가며…… 악귀의 피묻은 손톱

---

15 괴물의 수사학은 한국전쟁기의 산물이 아니다. 공산주의의 폭력적이며 야만적인 이미지는 더 거슬러 올라가야 한다. 이승만은 1945년 12월 17일「공산당에 대한 나의 입장」이란 방송에서 공산주의에 내해 "국경을 없이 하여 나라와 동족을 팔아먹고", "로국을 저의 조국이라고 부르는 파괴분자"(『서울신문』, 1945.12.21)라고 비난한 바 있다. 또 "『독립신문』에서는 러시아를 '야만스러운 풍속', '괴악한 사적', 세계에서 가장 '음험한 나라'로 표현하고 있는데, 이러한 인식이 '공산주의=야만'이라는 등식을 성립시킨 것"으로 보인다(김정훈,「한국전쟁과 담론정치」,『경제와 사회』 46호, 2006.6, 147면). 뿐만 아니라 이승만의 이 같은 발언들은 이후 반공주의 정서의 원형을 제공하고 있다는 점에서 주목을 요한다. 그가 주로 사용하고 있는 '소요'·'파괴'·'피'·'내란' 등 파괴와 유혈을 연상시키는 감정적 언사와 '동족을 파는'·'로국을 저의 조국이라 부르는' 등의 언어와 수사적 비유는 괴물 만들기의 기원을 이루며 동시에 원초적인 민족감정을 자극하는 대표적인 담론이었기 때문이다(정해구,「분단과 이승만—1945~1948」,『역사비평』, 1996, 259면).

16 모윤숙,「천지가 지옥화」,『전시문학독본』, 1951, 68면.

17 김광주,「북쪽으로 다라난 문화인에게」,『문예』, 1950.12, 76면.

18 장덕조,「내가 본 공산주의」,『적화삼삭구인집』, 1951, 69면.

한국전쟁기 당시 삐라들 : 괴물의 형상은 악마와 결합하여 등장하곤 했다. 적의 이미지를 가장 명확하고도 쉽게 각인시킬 수 있는 방법이었다.

을 연상하고 여기까지 들끓기 시작했다. 이 같은 동태를 느끼자 악귀들은 아연히 본색을 드러내어 강압수단으로 나오는 것 같았다."[19]

종교적 수사는 주로 기독교 신자들을 중심으로 해서 나온 것으로 모윤숙, 김광주, 장덕조 등 주로 기독교 신자들이 중심이 되어

19 위의 글, 72면.

생산되었다. 그들에게 한국전쟁은 단순한 물리적 폭력을 넘어 일조의 '천사와 악마'간의 전쟁으로 인식되었다. 따라서 한국전쟁은 "민족을 암흑과 살육에 구출하는 십자군적인 이 성업"이 된다.[20] 이데올로기적 수사학이 갖는 목표는 동일하다. 그것은 북한과 공산주의에 대한 '환멸의 기억'을 공식화 하는 것이다. 끊임없이 타자를 생산하는 이데올로기적 수사학은 다른 유형의 담론들과의 대립을 통해서 강화된다. 이데올로기적 수사학이 '아름다운 담화'가 아닌 '효과적인 담화'를 목표로 한다는 점에서 괴물의 비유적 기표와 기의의 사이의 비례가 어긋날수록 이데올로기적 효과가 높았다. 이렇게 형성된 상상적 이미지는 집단기억을 매개하는 상징적 기호로 기능한다. 이제 이데올로기적 수사학은 남한사회의 정통성인 반공주의를 완성한다는 측면에서 '숭고한' 작업이 된다. 하지만 국민들에게 이러한 숭고의 수사학은 강요되고 왜곡된 '환멸의 기억'을 선사하는 원천이 된다.[21]

---

20 한국전쟁을 종교적 수사로 사용한 것 역시 전쟁 이전으로 소급된다. 월남인 1세대인 한경직 영락교회의 목사는 자신의 월남 행위를 모세의 '탈애굽'에 비긴다. 그는 1948년 〈구국전도대가〉를 통해 반공운동을 '십자군 운동'에 비유하면서 공산주의자들을 '악마', '카인의 후예'에 비유하면서 척결운동에 앞장섰다. 노래 가사는 다음과 같다. "하나님의 크신 은혜 / 이 강산에 나리시사 / 자유의 종 크게 울려 / 새나라가 되었도다 / 일어나 일어나 / 십자가의 정병들아 / 진리의 띠 굳게 매고 / 성신의 검 높이 들어 악마 화전 소멸하자."(김귀옥, 「왜 월남 실향민은 반공수구 세력이 되었을까?」, 『인물과 사상』 30, 2004.3, 304~305면)

21 "크레믈린의 늑대소굴에서 기른 새빨간 늑대들을 남파 (…중략…) 지금의 간첩은 바로 여러분의 가장 가까운 친구, 하물며 사랑하는 부인, 존경하는 남편일 수도 있고 (…중략…) 찢어죽여도 시원찮고 (…중략…) 때려죽여도 시원찮은 (…중략…)" (행사교육연구회(1978), 『학교행사사전』, 문화자료 참조) 특히 5 · 16 쿠데타 이후 『반공교육 강화를 위한 교사용 지침서』가 제작되어 도덕 교과서를 개편, 반공에 대한 내용을 대

2. 카니발리즘의 전형—근친살해의 야수성

공산주의에 대한 괴물(악마)로의 치환은 근친살해의 정당성을 마련해준다. 근친살해는 전쟁기 소설에서 자주 반복되는 모티프로서, 한국전쟁을 '동족상잔'으로 바라보는 상상력의 기원을 찾을 수 있다. 근친살해는 북한과 공산주의에 대한 적개심을 높일 수 있는 가장 효과적인 방법이었다. 특히 오이디푸스 이래로 부친살해(parricide)와 같은 근친살해는 가장 강력한 타부로서, 이를 위반하는 북한과 공산주의의 '인면수심'의 이미지는 공포와 전율 그리고 혐오와 환멸의 원천이 된다.

대표적인 작품으로는 김송의 「폭풍」(『해병과 상륙』, 1953), 박영준의 「암야」(『전선문학』, 1952.4), 「삼형제」(『협동』, 1953.4), 방기환의 「골육」(『코메트』 4, 1953.5) 등이 있다. 이들 작품은 한결같이 동일한 모티프만큼 정서적 환기를 위한 장치들의 유사성을 보이고 있다. 먼저 형제살해의 경우 모든 작품에서 "형=남=반공주의=프로타고니스트, 동생=북=공산주의=안티고니스트"[22]라는 도식으로 나타나는데, 이는 남한의 이데올로기적 우월성을 가계구성원의 계

폭 강화한다. 반공의 내용은 북한 공산군의 침략성, 잔인성, 만행, 흉계, 험상궂고 위협적인 모습, 비참한 생활상 등이다. 반공교육의 대부분은 북한을 "쳐부수고 때려잡고 무찔러야 할 존재"로 가르쳐왔다(한지수, 「반공이데올로기와 정치폭력」, 『실천문학』, 1989 가을, 119~120면).

22 김문수, 「한국전쟁기 소설연구」, 『우리말글』 27, 2003.3, 212면.

한국전쟁기 삐라들

보(장자우선)에 그대로 연결하고 있는 것이다.

다른 하나는 이념이 다른 혈연(형제)이 남과 북으로 나뉘어 전쟁터에서 만나 서로를 죽음에 이르게 한다는 구조이다. 이들 작품들은 구조적 유사성에도 불구하고, 근친(형제) 살해라는 타부의 주제를 통해 반공과 멸공이라는 정서적 반응을 고조시키는 장점이 있다. 그런데 이러한 모티프가 반공과 멸공을 극적으로 제시하기 위해선 해결해야 할 난제가 있는데, 바로 근친(형제)간 살해의 정당성을 확보하는 것이다. 왜냐하면 이 문제를 해결해야 근친(형제)살해라는 타부의 주제가 극복되며 동시에 반공과 멸공이라는 정서적 승화를 배가시킬 수 있기 때문이다. 방법은 어렵지 않았다. 북한 공산주의자들을 괴물로 치환하는 것이었다.

김송의 「폭풍」은 형제살해라는 모티프를 통해 북한 공산주의에 대한 환멸의 기억을 내면화하는 대표적인 작품이다. 국군인 동수는 고향으로 진격 도중 빨갱이인 동생 인수와 총격전을 벌이다 인수와 어머니가 죽는다는 이야기이다. 여기서는 서사 구조를 최대한 비극으로 몰고 감으로써 빨갱이인 동생의 죽음을 정당화할 뿐만 아니라 모든 비극의 원천을 공산주의에 돌리고 있다.

> 동수는 방공호로 뛰어가 보았다. 캄캄한 굴속에는 따발총을 쥔채로 늘어진 인순의 모양이 가루 놓여 있었다. 언제든지 돌아오면 '쏘아 죽인다'고 어르던 그가 지금 굴속에서 마지막 숨을 걷우고 만 것이었다. 그것도 동수의 총알이 마지막 심판을 나렸다는 것이다. 얄구즌 운명의 작희가 이니고 무엇인가—
>
> 동수는 인수의 손에서 따발총을 빼셨다. 네 놈이 글렀다. 네 놈이 어리석었다—라고 꾸짖을 생각보다도 앞서는 것은 네 놈의 손에 따발총을 쥐게 한 놈들이 틀린 수작이었다—라고 원망하는 심사가 발작했다. (73면)

동생의 죽음을 합리화하고 어머니의 죽음을 역사의 비극으로 만들기 위한 작가의 선택은 형·어머니와 동생을 인간 대 괴물의 대결로 구분 짓는 것이다. 여기서 형과 어머니는 인간의 얼굴, 인간의 감정을 지닌 인물로 그려지고 있다. 형에게 전쟁의 목적은 단 하나이다. 그것은 "나라를 위한다거나 겨레를 위해 싸운다거나 그런 것도" 아닌 "단지 고향을 찾기 위해서"이며, 이를 위해선 "목숨도 바칠 각오"(60면)였다. 고향에 대한 강한 애착은 다름 아닌 어머니에 대한 애착이다. 동수의 인간적인 면모는 고향을 회상하는 장면에서도 나타나는데, 어린 시절 감나무에 올라가 천진난만하게 놀던 모습이나 적진의 위험한 상황에서도 동료들에게 맛보일 요량으로 감을 따는 모습 등이 그것이다.

반면 동생인 인수는 인간의 얼굴로부터 가장 멀리 있는 '괴물'로 그려진다. 괴물의 모습은 우선 전쟁광 살인기계로 나타난다. 인수에게 전쟁은 오직 "위대한 지도자 김일성 장군의 이름으로써 남조선을 해방시키는 거창한 사업"이며 이를 위해선 "전부락 인민들은 빠짐없이 동원되고 가담해야"(63면) 하며 "죽을 각오를 하고 나서"(64면)야 한다. 전쟁광에게 혈연개념은 존재하지 않는다. 따라서 인수에게 동수는 형이 아닌 '동무'일 뿐이다. 그러기에 "제 동족을 침략하고 도살하는 전쟁에 절대로 총을 들고 나설 수 없"(64면)다는 형을 향해 "집에 들어오기만해. 쏘아죽인다"(67면)를 연발할 수 있는 것이다.

이제 인수는 존재론적 의미와 가치를 지닌 인간이 아니다. 강제동원을 위해 "살인귀같이 살기를 머금고 채찍"을 휘두르는 "피에 주으린 야수"이자 "핏 속에는 인정도 없이 독사의 피만 흐"르고 있는 광기와 혐오의 존재이다. 따라서 형 동수는 동생을 죽여도 죄의식에 사로잡힐 이유가 없다. 동생을 죽이는 것은 형제를 살해하는 것이 아니다. 그것은 동생으로 표상된 공산주의 즉 마을의 평화와 전통을 파괴하고, 제 민족을 도살하는 "핏속에는 인정도 없이 독사의 피만 흐"른 채 "독사의 시퍼런 눈동자"를 가진 '괴물'을 죽이는 것이다.

박영준의 「암야」와 「삼형제」도 형제간의 살해를 모티프로 하고 있다. 그런데 이 두 작품이 「폭풍」과 차이를 갖는 지점은 바로 '혈연 대 이념의 대결구도'이다. 「폭풍」이 형제간임을 알지 못하는 와중에 벌어진 죽음인 반면 「암야」와 「삼형제」는 혈연 대 이념의 갈등과 죄의식 속에서 근친살해가 이루어진다. 「암야」는 국군 장교인 형(임 대위)이 의용군 포로로 잡힌 동생을 사살한다는 이야기이다.

> 백 미터 오십 미터. 드디어 포로는 권총 사격거리 안으로 들어왔다. 임 대위는 권총을 들고 포로를 향해 조준을 했다. 그러나 어찌하랴. 사격거리에 들어온 포로는 틀림없는 동생이었다. 임 대위는 조준을 한 채 눈을 감았다.
>
> '죽일 자식! 무엇 때문에 이리루 도망을 온담.' 그는 속으로 부르짖었다.
>
> 그러나 쏘지 않을 수도 없다. 쏘지를 않는다면 그것은 군기를 위반하는 일이다.
>
> "팡!"
>
> "팡!"
>
> 임 대위는 눈을 감은 채 권총을 쏘았다. 그리고는 눈을 감은 채 한참 동안이나 누워 있었다. 그의 눈에서는 주먹 같은 눈물이 뚝뚝 떨어지고 있었다. 그리고 그의 왼손에는 붉은 흙덩이가 가득 쥐어 있었다. (29면)

이념의 절대성, 즉 "공산주의와 민주주의가 절대로 타협할 수 없"음에도 불구하고, 인민군 포로인 동생(경준)을 구해내기 위해 '혈연'을 선택했던 임대위, 하지만 결국 동생을 사살한 이 사건이 애국의 차원으로 승화될 수 있었던 것은 동생 경준이가 전향을 거부한 공산주의자였기 때문이다.

심문을 받던 경준은 "독이 오른 뱀의 눈"을 하고는 "죽이고 싶으면 죽이세요"라며 "최후의 발악을 하듯 대들"자 임대위는 "역시 빨갱이였구나"라며 탄식한다. 이제 임대위에게 죄의식 따위는 존재하지 않는다. 단지 "동생이라기보다는 원수로서 대하면 그뿐"(26면)이다. 동족상잔을 일으킨 공산주의자들은 젊은이들을 붙잡아다 "고향에 남기고 간 부모형제들에게 총부를 향하게"(24면) 하는 "부모누 형제두 민족두 모르는 빨갱이"(27면)이기 때문이다. 그래서 사살의 순간에도 "쏘지를 않는다면 그것은 군기를 위반하는 일이다"라고 말할 수 있는 것이다. 결국 이 작품은 두 개의 원리에 의해 임대위의 행위를 애국심의 발현으로 선전하고 있는데, 자유주의의 우월성이라는 한 축과 "아무리 형제간이래두 사상이 다르면 할 수 없으니까"라는 대대장의 말에서 알 수 있듯이 '이데올로기는 본질(혈연)에 우선 한다'라는 명제가 그것이다.

「삼형제」 역시 이념 대 혈연의 대립을 소재로 하고 있는데, 큰형 해산, 막내 해봉 대 둘째 해철간의 이념 대립과 그로 인한 어머니의 죽음을 다루고 있다.

해봉은 지금이라도 둘째 형이 어머니의 말을 듣고 나와 주었으면 하고 속으로 빌었다. (…중략…) 그러나 해봉은 뜻 아니한 총소리를 들었다.

"악!"

하고 쓰러지는 어머니의 비명도 들었다.

"이놈아, 그래 네가 에미를……"

어머니는 피를 토하고 아주 쓰러진 모양이다. (126면)

이 작품에서 주목해야 할 부분은 공산주의자를 바라보는 막내 해봉이의 반응이다. 둘째 형인 해철이는 "대한민국의 원수라 대한민국의 군대나 경찰에게 붙잡히면 당장에 총살을 당하고야 말 지리산 속 공비"[23]이다. 막내 해봉은 공산주의자의 표상인 해철과 마주칠 때마다 "몸이 오싹했다"(114면), "온몸이 부들부들 떨리었다"(115면), "가슴이 뜨금했다"(116면), "또다시 몸소름이 끼치었다"(117면), "머리가 아찔했다"(117면)는 반응을 보이고 있다. 매 장마다 나오는 해봉의 반응이란 말 그대로 혐오와 공포의 대상을 마주하는 감정이다. 공산주의자들은 "죄없는 사람들을 죽이고 남의 살과 돈을 빼어 가고 집에 불을 놓"(117면)을 뿐만 아니라 자수를 권유하는 막내 해봉의 가슴에 "방아쇠를 찰싹하고 잡아당겼다" 놓는 광기의 존재이자 비인간성의 전형이다. 이는 해철이가 어머니를 죽일 수 있는 원인이 된다. 왜냐하면 "어머니까지 죽여야 빨갱이가 되"기 때문이다. 이처럼 작가들은 공산주의를 광기의 괴물로 규정

23 박영준, 「삼형제」, 『박영준전집』 2권, 동연, 2002, 115면.

함으로써 그들에 대한 살해를 죄의식이 아닌 반공과 멸공의 애국심으로 전환시키고 있다.

괴물의 생산은 전쟁기 소설뿐만 아니라 이후 남한의 중심 담론이 된다. 이승만이 "공산당 앞에는 조국도 민족도 없다. 그들은 목적을 위하여 공산소련으로부터 받은 모든 지령에 따라 폭력으로서 조국을 적화하려는 것 뿐이다. 원래 공산주의자들의 인간성은 인정도 눈물도 의리도 없이 그저 잔인한 것 뿐이다"[24]라고 한 것처럼 전쟁 후 공산주의는 공식적으로 '공산주의=반민족주의=야만'이라는 인식틀이 확립되었다.[25]

3. 카니발리즘의 역전–'원수를 멋지게 죽이는 쾌감'

집단기억을 형성하는 또 다른 요소로는 '서사' 즉 이야기이다. 수사학이라는 여과기를 통과한 반공 언어들은 북한과 공산주의라는 대상을 지시하고 재현하는 기능을 갖지만 집단기억을 형성하기에는 생략된 것이 있는데, 바로 '체험의 구체성'이다. 수사의 기능은 추상적인 대상을 구체화한다. 하지만 여기에는 대상을 생생한

24 김동춘, 『분단과 한국사회』, 역사비평사, 1997, 71면.
25 김정훈, 앞의 글, 165면.

경험의 층위로까지 전환시키기에는 여전히 부족하다. 수사의 기능은 대상을 떠 올려주는 '연상'은 가능하지만 생의 구체적인 경험까지 제공하기에는 한계가 있기 때문이다. 이러한 한계를 극복하게 해주는 것이 바로 서사이다.

서사적 전략은 반공언어로 형상화된 문학 작품으로 집단의 기억을 반공의 규준에 일치시키는 것이다. 독자들은 자신의 생체험을 반공언어로 이루어진 작품의 체험 속에 밀착시킴으로써 동질화된다. 이를 통해 독자는 수사적 표현으로는 얻을 수 없었던 생생한 체험을 경험한다. 작품을 통한 간접 체험과 독자의 생체험이 융합하여 작품과 독자 간의 거리는 존재하지 않게 된다. 이제 "역사와 문학은 서로 모방한다. 살아 움직이는 듯한 이야기를 통해 역사가 허구화 되듯이, '지나간 듯이' 이야기함으로써 허구는 역사화"[26] 된다. 수사적 전략과 서사적 전략을 통해 문학의 역사화가 가능해지는 것이다.

반공텍스트에 나타난 수사적 표현은 문학작품 안에서도 그대로 수용·확장되고 있었다. "치욕의 해골바가지"(김송, 「서울의 비극」), "야수의 떼"이자 "무리뱀"(최태응, 「舊穀을 떨치고」), "독사의 피만 흐르고", "살인귀와 같이", "피에 주으린 야수"(김송, 「폭풍」), "붉은 이리의 떼거리", "미친개"(최태응, 「찬美소리 들으며」) 등의 수사적 활용은 카니발리즘의 정당화라는 이데올로기적 서사전략의 중요한 토대가 되었다. 카니발리즘의 정당화는 '살인'의 금기에서 오는 죄의

26 김미영, 「시간의 현상학－역사와 네러티브」, 한국 현대문학회 편, 『학술대회자료집－한국 현대문학과 역사』, 2006.7, 59~60면.

식을 소멸시킬 뿐만 아니라 정당화시키는 역할을 한 것이다. 전쟁기 소설에서는 이러한 모습이 근친살해의 정당화와 살육의 유희로 나타나고 있었다. 특히 살육의 유희를 보여주는 대표적인 작품이 박영준의 「용사」이다. 1951년 『전쟁과 소설』(계몽사)에 실린 박영준의 「용사」는 북한 인민군들을 향한 살육을 유희의 차원으로 그리고 있다.

> "권중사! 오늘 제일 통쾌한 걸 하나 줄까?"
>
> 김소위는 권중사가 실망하거나 우울해하지 않음을 알고 있으면서도 그래도 새로운 자극을 주어 사기(士氣)를 일층 높여 주고 싶었던 것이다.
>
> "뭔데요?"
>
> "뭐든지! 좌우간 굉장히 통쾌한 일이야."
>
> "주십시요 꼭 주십시요."
>
> "다른 것이 아니라 요전 권중사가 끌고 온 괴뢰군말이야. 딴놈들은 다 말을 듣는데 꼭 두놈이 말을 안 듣거든! 그놈을 권중사에게 맽겨 줄테니까 쏴 죽이란 말이야. 통쾌하지 않아!
>
> "네 고맙습니다. 통쾌하게 죽이겠습니다."
>
> 권중사는 참으로 유쾌했다. 난수에 대한 것은 아주 잊어버렸다해도 아직 어딘가 께림직한 것이 가슴 한구석에 남아 있는 듯 했었는데 이건 인단보다도 가슴이 시원해질 청심제가 아닐 수 없었다.
>
> '원수를 멋지게 죽이는 쾌감―'(24~25면)

위의 장면은 기지를 발휘해 인민군 70여명을 생포한 권중사가 우쭐한 마음으로 평소 좋아하던 여하사관 김난수에게 사랑을 고백하지만 거절당하자 김소위가 위로 차 제안하는 상황이다. 김소위와 권중사의 대화는 카니발리즘의 최대치이다. 그들에게 학살의 죄의식은 존재하지 않는다. 인민군들이란 "공산주의를 잊지 못해 민족의 붉은 피를 더욱 더 흘리게 하고야 말겠다는 원수 가운데도 원수인 악착스런 놈"들이기 때문이다. 이제 권중사의 최대 관심은 "어떻게 해야 정말 멋지게 죽일수 있을까"에 집중된다. 너무 "평범한 총살은 싫었"고 "너무 악착스런 죽엄도 통쾌할 것은 없기" 때문에, 권중사가 생각해낸 살육의 방식은 도망치는 인민군 포로들을 사살하는 것이다. 이는 "혹시나 살자해서 악을 써가며 달아날 그놈들을 그놈들의 총으로 쏜다는 것이 어떠한 방법보다도 통쾌할 것 같았"기 때문이다. 이제 학살은 여자로부터 거절당한 심리적 불쾌감을 제거할 수 있는 "통쾌한" "쾌감"이자 "가슴이 시원해질 청심제"가 된다.

> 그래 날이 아주 어둡도록 적을 발견 못하고 속이 훌꾼 달았을 땐데 어디서 비오는 소리가 나지 않나요. 그래 소리나는 데를 유심히 바라보니 어떤 놈이 오줌을 누구 있더군요. 가만히 보니 그놈이 오줌을 누자 바위 밑으로 쑥 들어가요.
>
> 옳다 됐다 하고 나는 숨이 가뿌게 그리로 달려 갔습니다. 정말 굴이 있는데 굴속이 꾸불 꾸불해서 속이 안보이더군요. 반드시 몇 놈이 있

을 텐데 어떻게 해서 이놈들을 붙잡을가하고 궁리를 했습니다. 아무리 생각해야 별수가 없을 것 같아 나중에야 죽던 말던 용기를 내서 고함을 쳤습니다.

—'이놈들 나오너라. 국군이 이산을 포위했다.'—

그래두 아무 소식이 없어요. 그래 따발총을 한방 쏘고 안 나오면 수류탄을 던진다구 또 소리쳤습니다. 그랬더니 이 다섯놈이 슬금 슬금 기어 나오더군요. 그래서 가지고 갔던 노끈으로 잡아 매가지구 돌아 왔습니다. (42면)

카니발리즘의 최대치는 '해충 박멸 작전'으로 나타난다. 권중사가 인민군을 잡는 과정은 한마디로 인간이 아닌 '해충'을 박멸하는 모습과 동일하다. 마치 벌레들이 조그만한 구멍 속에 우글거리듯이 인민군들이 숨어 있는 곳은 동굴이다. 그러한 인민군들의 묘사 역시 벌레와 다름없다. 인기척을 느끼는 순간 숨어버리는 벌레처럼 인민군들도 조심스럽게 오줌을 눈 후에는 "비위 밑으로 쑥 들어가" 버린다. 또 권중사의 협박에 못이겨 나오는 인민군들의 묘사 역시 벌레처럼 "슬금 슬금 기어 나오"는 것으로 되어 있다. 인민군들은 인간의 범주가 아니었다. 작가의 시선에 그들은 민족도 모르는 "원수 가운데도 원수"일 뿐이다. 원수는 존재론적 가치나 동정의 여지가 없다. 그것은 박멸의 대상일 뿐이다.

이 작품은 여타의 전쟁기 소설과는 다른 모습을 보여주고 있는데, 다름 아닌 '국군의 잔인성'이다. 그동안 잔인함이야말로 항상

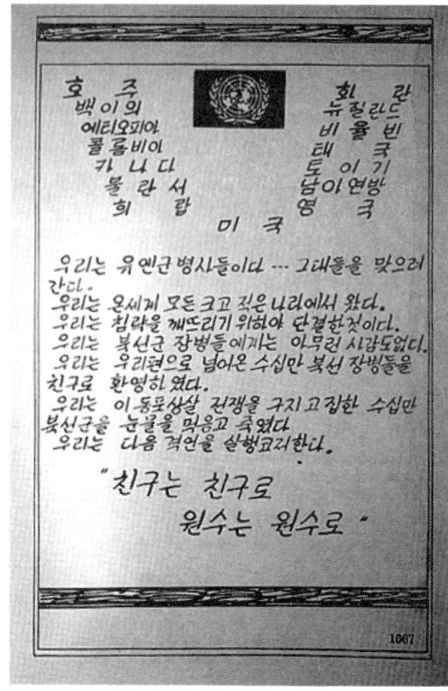

조남준의 만화 〈메모리즈—반공포스터편〉 〈한국전쟁기 당시 삐라〉
북한군을 향한 적대감의 표출방식은 세월이 지나도 크게 변하지 않는 것 같다. 특히 반공교육을 받은 세대에게 위의 그림은 익숙하고도 당연한 장면일 수도 있다. 야수성은 괴뢰군의 독점물이 아니었다. 동일한 폭력성(야수성)이 어떻게 계열화되느냐에 따라 '야수'와 '용사'로 분화될 뿐이다.

괴뢰군의 대명사로 그려져 왔고, 알려져 왔다. 하지만 이 작품의 권중사는 괴뢰군과 '역할 놀이'를 하듯 그 잔인함을 '용사'의 모습에 투영시키고 있다.[27] 이 말은 작품의 문제성이 학살에 대한 쾌락이라는 단순한 감각적 반응에 그치지 않는다는데 있다.

이 작품의 핵심은 '잔인함'을 '용사'의 조건으로 만드는 메카니

27 여기서 인민군은 '힘(무력)'만 있고 지혜는 없는 '멍청이' 캐릭터로 나온다. 특히 작품 초반 권중사가 인민군 70여 명을 생포하는 과정은 전래동화인 「꾀 많은 토기와 어리석은 호랑이」의 모티프와 매우 유사하다. 반면 국군은 폭력의 화신이자 '살인자' 캐릭터로 등장한다.

즘에 있는 것이다. 이 작품은 권중사의 '용사되기' 과정을 그리고 있다. 작품의 서사구조를 보면, '용사의 모습—상실—용사의 회복'으로 이루어져 있다. 용사의 모습이란 민간인으로 가장하여 인민군 70여명을 생포한 일이다. 하지만 용사의 모습은 사살하던 포로 중 한 명이 도망치는 바람에 사라진다. 최대의 관건은 사라진 용사의 모습을 회복하는 것이며, 이는 권중사에게 내재된 용사의 조건들을 회복하는 것이다. 권중사를 용사로 만드는 조건들이란 '단순성'과 '책임감' 그리고 '폭력성'이다. 특히 단순성과 책임감은 '폭력성'을 극대화하기 위한 조건으로 작용한다. 이러한 단순성은 여하사인 김난수와의 사랑법에서 나타난다.

> 난수에게!
> 나는 네가 좋다. 정말 좋다. 똑 바루말하면 나는 네한테 반했다.
> 너두 내가 좋겠지?
> 회답을 해다고.
>
> 「권창호」(16면)

평소 짝사랑하던 난수에게 보낸 연애편지야말로 권중사의 단순함을 가장 잘 보여준다. 그 단순함은 난수로부터 거절당한 후에도 "어쩐 일인지 다음날부터는 마음이 냉정해"지는 것으로 나타난다. 그에게 단순성은 사랑에 얽매이지 않고 "명령에 복종함을 군인의 사명으로" 하는 용사의 '책임감'으로 이어진다. 책임감이란 광기에 사로잡힌 공산주의자들은 제거하는 일이며, 이는 반드시 폭력을 통해서만 가능하다. 게다가 공산주의자들이란 "민족의 붉은 피를 더욱 더 흘리게 하고야 말겠다는 원수 가운데도 원수인 악착스런 놈"이기에 마치 기생충을 박멸하듯 많은 생각이 필요치 않는다. 오직 단순함만이 필요할 뿐이다. 마지막으로 용사에게 최고의 미덕인 '폭력성'을 실천하게 해주는 원동력만이 남았는데, 바로 '미움'이다. 미움은 증오의 씨앗이자 폭력의 원동력이 된다. 그런데 문제는 이러한 메커니즘이 적군과 아군이라는 대상에 관계없이 내재해 있어야 용사의 본질로 그려진다는 것이다.

권중사는 사랑을 거절당했다는 이유로 그녀에게 폭력을 휘두른다. 권중사를 폭력으로 이끈 것은 "자기를 망신"준 것에 대한 '미움' 때문이다. 용사의 자존심을 무너뜨렸다는 데에서 온 미움은 "이때까지 한 번도 느껴보지 못한 감정"으로 발전하여 "때려서 시원할 정도가 아니"라 물어뜯어도 시원치 않을 만큼 미웠다"로 확대된다. 이처럼 권중사의 미움의 감정은 "분함이 털끝까지" 오르게 하는 '증오'로 확대되고, 급기야는 "난수를 꼭 죽여야 시원할 것" 같은 폭력적 감정으로 이어진다. 결국 권중사는 "댓자로 난수의 빰을 후려갈겼"고 빰 뿐만 아니라 "닥치는대로 두들겨 주었다. 얼굴을 손으로 가리고 쓰러진 난수에게 '차렷!' 하고 이르켜 세우고는 또 다시 두들"기는 폭력을 가한다.

하지만 난수를 향한 폭력은 결말에 가서 몰상식한 행위가 아닌 용사의 미덕으로 칭송되는데, 이는 다름 아닌 폭력의 피해자 난수를 통해서이다. 난수는 사살하던 포로를 놓친 후 "군무에 충실한 나머지 책임감을 느끼어 칼까지를 뽑았다는 권중사가 씩씩하고 군인다운 남자"로 느껴지기 시작한다. 왜냐하면 "권중사가 죽엄을 각오할 만큼 괴로워한다는 것을 알자 이때까지 발견 못했던 권중사의 새로운 그리고 위대한 인간면을 발견한 듯" 느껴졌기 때문이다.

> "그래두 권상사는 손버릇이 좀 사나워 걱정이야!"
>
> 김소위가 너털 우슴을 웃으며 두 사람을 돌려 보았다.
>
> 그러나 뜻밖에도 난수가
>
> "그러기에 용감하게 싸우겠지요"
>
> 했다. (45~46면)

폭력의 피해자인 난수의 동의는 이 작품이 말하고자 하는 주제—"모두들 권중사처럼 용감해야해! 알았지. 용감만하면 괴뢰군쯤 문제가 없는거야"—를 그대로 보여준다. "좀 더 살아서 괴뢰군을 죽이고 싶"은 용사가 될 수 있다면, 그 어떤 폭력의 '흘러넘침'도 "권중사만큼 깨끗하구두 용감한 남자"의 조건으로 작용한다는 것이다.

이처럼 공산주의를 괴물로 치환시키는 작업은 남과 북을 극한의 대결구도로 위치 지움으로써 살인에 대한 죄의식을 희석화시킬 뿐만 아니라 투철한 멸공과 타공의 척도로 치환시키는 결과를 가져왔다. 특히 전쟁기 소설에서 괴물로의 치환은 동족뿐만 아니라 근친살해를 정당화하고 남한의 우월성을 강조・확대하는 장치로 활용했다. 게다가 공산주의에 대한 학살은 카니발리즘으로 연결되어 '쾌락'의 차원으로 나아가고 있었다. 이렇게 수사적・서사적 전략을 통해 생산된 담론들은 '국가이야기'의 근간이 되었으며, 이는 다시 '교육의 담론'으로 확장되어 한국전쟁과 반공에 대한 '국민의 기억'을 구성하고 재생산하는 원천이 되었던 것이다.

5장 질병의 수사학과 접촉강박증

1. 반공과 질병의 기억

한국전쟁과 북한(공산주의)에 대한 새로운 집단기억을 창출하기 위한 이데올로기적 수사학은 여러 방면에서 활용되었는데, 대표적인 것으로는 '괴물'의 탄생이다. 지금까지도 그 유효성이 지속되고 있는 '괴물 이미지'는 한국전쟁을 기점으로 대량 생산 및 유통되었다. 북한과 공산주의에 대한 괴물로의 치환은 각종 언론과 미디어는 물론 교육 심지어는 삐라의 주된 이미지로 등장하였던 것이다.

괴물의 수사학과 더불어 또 하나 주목해야 할 현상 중의 하나가 '질병'의 수사이다. 한국전쟁기 문학담론에서 북한과 공산주의에 대한 질병의 비유를 찾는 것은 그리 어려운 일이 아니다.

• 새로히 感染되기쉽고 때와 곳을 따라 方法을 달리하여 浸透의 機會를 노리고 있는 敵共産黨[1]

• 나는 今次 共匪의 九十日間의 禍을 一種 '마마'와 같은 疫病에 비긴다.[2]

• 전염병같은 민족 멸망의 病菌을 사람들의 가슴속에 주입하려했든 것이다.[3]

• 어느 놈이 내 생명을 노리는 놈인지 어느 집이 내 집의 감시원인지 서로 알지도 못하면서 그저 경계해야했다. 사람들은 모두 신경쇄약증에 걸린것만 같았다.[4]

• 김일성을 현존신으로 믿는 것은 열병환자[5]

• 서울에 도착하자 나는 옷을 갈아입고 길게 자란 덥수룩한 수염을 깎아버리였다. 두 달동안의 짧지 않은 악몽을 완전히 털어버리려고[6]

• U・N의 消息이 나에겐 確實히 瀕死의 病人에게 回生의 注射[7]

• 共産主義 毒菌이 스사로 培養되는 것이요[8]

• 서울은 지나간 날에 우리들이 일컬으기를 더러운 도시라고 하였다.[9]

---

1 오제도 편, 『적화삼삭구인집』, 국제보도연맹, 1951, 서문.
2 양주동, 「공란의 교훈」, 『적화삼삭구인집』, 6~7면.
3 장덕조, 「내가 본 공산주의」, 『적화삼삭구인집』, 72면.
4 위의 글, 73면.
5 김용호, 「자유와 평화를 위하여」, 『적화삼삭구인집』, 121면.
6 박영준, 「노예의 노동생활」, 『전시문학독본』, 계몽사, 1951, 76면.
7 백철, 「사슬로 묶여서 삼개월」, 『적화삼삭구인집』, 24면.
8 구상, 「생활고발」, 『구상사회시평집－민주고발』, 춘추사, 1953, 80면.
9 김팔봉, 「斷腸의 高地」, 『心頭雜草』, 영문사, 1954, 84면.

당시 문인들은 증언수기집 같은 르포를 통해 질병의 언어들을 대량 생산했으며, 이는 그대로 문학작품 안으로 수용되었다. 문인들이 왜 그토록 집요하고도 반복적으로 '질병'의 언어들을 생산했을까? 질병의 은유들은 어떻게, 어떤 의도로 작품으로 형상화되었을까? 이러한 질문들은 하나의 이데올로기가 발현되고 구성되는 과정에 대한 추적이자, 동시에 이데올로기적인 언어 구성물이 대중에게 어떤 영향을 미칠 수 있는가를 살피는 기회가 될 수 있다.

한국전쟁기 당시 북한을 질병으로 치환하는 작업은 일상적인 활동이었다. 문학담론 뿐만 아니라 삐라, 포스터, 교과서, 반공독본, 영화 등 전 방위적으로 이루어졌다. 물론 '질병'의 정치적 수사가 비단 우리민의 전유물은 아니었다. 우파는 좌파든 현대의 전체주의 운동은 두드러지게 질병의 이미지를 사용하는 경향이 있었다. 나치는 여러 피가 섞인 '인종적' 혈통을 지닌 사람을 매독 환자로 비유했으며, 특히 유럽의 유태인들은 제거되어야 할 매독이나 암에 비유하였다. 트로츠키는 스탈린주의를 콜레라, 매독, 암이라고 불렀으며, 아랍분쟁에서 흔히 듣는 비유는 '아랍세계 한가운데의 암', '중동의 암'이라는 은유이며, 『중국의 그림자』의 저자인 사이먼 레이스는 '마오주의라는 암이 중국의 얼굴을 갉아먹고 있다'라고 쓴 바 있다. 미래주의 선언을 한 마리네티도 공산주의를 "인류를 황폐화시켜 왔던 관료주의의 암이 악화된 것"이라고 주장한 바 있다.[10]

그렇다면 '질병의 은유'가 이토록 정치적 수사에 자주 등장한 이유는 무엇인가. 일반적으로 정치적 수사를 동원해 특정 대상을 질병에 비유하는 것은 정치적 혐오를 불러일으키기 위해서이다. '질병'이 가지고 있는 불쾌, 혐오, 공포, 죽음 등의 이미지는 악의 징후이자 동시에 심판되어야 할 것으로 받아들여져 왔다. 그래서 질병의 은유는 대상과 질병의 이미지 간의 연쇄적 반응을 통해 적대적 기억을 강화시켜왔다. 전쟁 수행이 대중을 이데올로기적으로 동원하는 의식(儀式)으로 변하게 되자, 전쟁을 둘러싼 질병의 은유는 적의 타도를 수행하는데 효과적인 방법으로 인식되었던 것이다.

하지만 이데올로기적 수사의 목적이 특정 대상에 대한 고착된 기억으로만 머문 것은 아니었다. 비유를 통해 생산된 이미지는 그 대상을 떠 올릴 때마다 자동화된 심리적 반응을 불러일으켜야 한다. 단순한 '기억되기'의 문제가 아니라 기억을 통한 '반응'에 더욱 주목하고 있는 것이다. 그런 면에서 질병의 비유는 적대적 대상에 대한 '환멸의 반응'을 불러일으킬 수 있는 효율적인 심리적 방법이었다. 우선 마음 속 깊숙이 자리한 공포의 대상들(북한, 인민군, 공산주의)이 질병과 동일시되었고, 질병의 이름으로 호출된 대상들은 혐오와 같은 연쇄적인 공포로 인식되었다. 특히 정치적인 대상일 경우는 정치적 환멸 혹은 공포로 이어졌다.

---

10 외국의 사례는 수잔 손탁, 이재원 역, 『은유로서의 질병』(이후, 2002, 117~121면)에서 확인 할 수 있다.

2. '질병-감염-면역'의 담론지형

문제는 문학이 질병의 수사를 정치적 환멸의 도구로 활용하는 방식이다. 즉 북한과 공산주의를 비유하기 위해 어떠한 질병이 선택되었으며, 또 어떠한 방식으로 질병을 묘사하고 있는가이다. 이는 문인들이 어떠한 방향으로 국민의 기억을 조정하려했는가를 보여주는 것이기도 하다.

> ① 知性人들이 民族과 함께 呻吟과 恍惚의 아슬아슬한 生命의 絶頂에서 直接하고 目睹한 것을 卓越한 描寫로써 一貫한 本書는 하나의 산 歷史로써 價値가 있을뿐만 아니라 새로히 感染되기쉽고 때와 곳을 따라 方法을 달리하여 浸透의 機會를 노리고 있는 敵共產黨을 排擊하는데도 좋은 參考가 될 것으로 믿는 바이다. (오제도, 『적화삼삭구인집』, 국제보도연맹, 1951, 서문, 밑줄 : 인용자)

> ② 나는 今次 共匪의 九十日間의 禍을 一種 '마마'와 같은 疫病에 비긴다. 이 疫病이 大體로 比較的 文化水準이 낮은 나라에 一時 流行하는 것도 近似하거니와, 疫病에 依한 一時的 死傷者는 비록 많다하여도 一次 流行을 겪은 뒤에는 大部分 疫免性을 얻어 今後는 다시 共產疫病에 걸릴 念慮가 매우 減少된 것이 또한 近似하다. (양주동, 「공란의 교훈」, 『적화삼삭구인집』, 6~7면, 밑줄 : 인용자)

①은 『적화삼삭구인집』을 주도적으로 이끈 사상검사 오제도의 글이다. 이 책은 전쟁 직후 적치 하에 남아 있었던 잔류파 문인이나 부역혐의가 있던 작가들이 90일 간의 수난을 르포 형식으로 기록한 것으로, 주로 북한과 공산주의에 대한 강렬한 적대감과 저주가 중심을 이루고 있다. 특히 『적화삼삭구인집』은 백철, 양주동, 최정희, 손소희, 김용호 등 당시 유명한 문인들의 글이라는 점에서 군대나 학교 등으로 대량 유포되었다.

그런데 흥미로운 점은 질병을 다루는 데 있어 일련의 흐름이 있다는 것이다. 즉 개별적 문인들의 기록임에도 질병의 은유들이 통일된 메커니즘 속에서 묘사되고 있다는 것이다. 우선 문인들이 가장 많이 선택한 질병은 "마마와 같은 역병"이었다. 천연두로 알려진 '마마'가 대표적인 정치적 수사로 선택된 이유는 이 질병에 대한 대중들의 심리적 공포와 밀접한 관련이 있어 보이는데, 대략 세 가지로 정도로 정리할 수 있다. 우선 천연두인 마마는 가장 무서운 질병의 대명사였다.[11] 누구든지 한 번은 앓아야 할 질병으로 치사율도 50~90%로 매우 높았다. 실제로 전쟁 중이던 1951년에는 천연두 환자가 4만 명이 넘었다고 한다. 천연두에 대한 심리적 공포는 일종의 종교적 형태에서 비롯되기도 하였다. 세균과 바이러스에 대한 지식이 없던 예전에는 많은 질병들이 신의 노여움으로 인한 천벌이나 역신이 침범한 것

11 중국의 명, 청대에도 소아과에서 가장 중요하게 다루는 질병이 마진(痲疹), 두진(痘疹), 경풍(驚風), 감적(疳積) 등 네 가지였는데, 그 중에서도 두진(痘疹) 즉 천연두는 가장 중요한 병으로 취급했다(정연식, 「조선시대의 천연두와 민간의료」, 『인문논총』 14, 서울여대 인문과학연구소, 2005.12, 99면).

으로 생각했다. 특히 천연두는 두신(痘神), 호귀마마 등 가장 두려운 역신이 임한 것으로 여겼다.[12]

하지만 무엇보다 천연두를 공포의 대상으로 여긴 이유는 이 질병의 외적 증상이 보여주는 '변형' 때문이다. 알려진 바와 같이, 천연두의 진행과정은 주로 '피부'에서 일어난다. 피부라는 위치가 제공하는 가시성은 천연두의 공포를 배가시키는데, 열꽃과 함께 나타나는 피부색의 변화와 반점 그리고 얼굴과 몸에 나타나는 발진과 수포 현상, 나중에 농이 터져 생긴 움푹 패인 자국 등이 그것이다. 흔히 '곰보'라 불리는 신체적 '변형'은 역신의 형벌이라는 주술적 의미와 함께 비정상, 기형, 저주의 의미로 확대되어 공포의 표상이 되었다. 신체적 동일성의 균열이 사회적 소통의 균열로 연결되고 있는 것이다. 실제로 신체적 변형으로 인한 정상 대 비정상의 구별은 그대로 도강파와 잔류파를 바라보는 시선에 연결되었다. 마치 신체적 변형의 그것처럼 잔류파도 국민으로부터 배제된 '비국민'으로 인식되었던 것이다. 이 질병이 가지고 있는 강력한 '전염성'은 '비국민'을 일종의 '타부'의 대상으로 만들기에 충분했다. 곰보 자국이라는 지워지지 않는 '흔적'은 그대로 용서받기 어려운

12 마마란 본래 왕족에게 바치는 최고 존칭이었다. 마마의 다른 이름인 두창(痘瘡)은 두신(痘神)이 환자의 몸에 강림해서 일어나는 병으로 여겼는데, 두신을 최고로 공경한다는 뜻에서 왕실인물의 존칭인 마마를 빌어와 이름 붙였다. 또 잠시 머물다 가는 질병이라는 의미에서 '손님'이라고 불렀다. 호귀마마 또는 호구마마라고도 했는데, 胡鬼라는 이름은 말 그대로 오랑캐 귀신이라는 뜻이다. 두창이 중국에서 온다고 믿었기 때문이다(정연식, 위의 글, 102면).

'부역'의 흔적과 동일했기 때문이다.

여기서 마마의 '전염성'은 질병의 메커니즘인 '감염'의 문제로 나타난다. 예문 ①에서 사상검사 오제도가 드러나게 강조하고 있는 것은 다름 아닌 '감염'이다. 북한은 전염병처럼 "스사로 배양"되는 "공산주의 독균"으로, 몸속에 병원균이 침투하듯이 "감염되기 쉽고 때와 곳을 따라 방법을 달리하여 침투의 기회를 노리고 있는" 질병이다. 이러한 묘사는 질병을 우리의 몸 내부에 침략하는 적, 신체라는 요새를 포위 공격하는 '군사적 은유'이다. 군사적 은유의 동원은 질병의 '감염'을 외부세력의 침략이라는 전쟁의 형태로 인식케 한다.[13] 따라서 북한의 침입은 "전염병 같은 민족 멸망의 병균을 사람들의 가슴 속에 주입"하려는 '감염(침략)'과 동일시된다. 또한 감염은 불순물의 침입이라는 점에서 '오염'이라는 의미로 확대된다. 따라서 북한에게 점령된 서울은 "민족멸망의 병균"으로 오염된 공간, 즉 "더러운 도시"가 된다. 이제 적치 하에 남아 있던 사람들은 자연스럽게 감염되기 쉬운 질병에 노출된 자들이며, 이들은 "김일성을 현존신으로 믿는 열병환자"가 되거나 감염에의 공포로 "신경쇄약증"에 시달리게 된다. 그런데 흥미로운 것은 이러한 은유적 감각이 그대로 현실의 감각으로 재현되고 있다는 것이다.

13 이 같은 군사적 은유는 전시문화정책을 설명하는 데서도 사용되었다. 김기완은 마치 질병이 몸에 침투하여 감염시키듯이, 전시문화정책도 "전체 국민생활에 침투"되어야 한다는 질병의 은유를 사용하고 있다(김기완, 「전쟁과 문학」, 『문예』, 1950. 12, 19면). 이처럼 질병의 은유가 다방면에서 활용되었다는 것은 이러한 방식이 타자에 대한 심리적 적대감과 공포심을 강화시키는 효과적인 방법으로 인식되었음을 보여주는 것이다.

조연현과 백철의 회고에서 알 수 있듯이, 서울 수복 직후 잔류파가 "죄 지은 사람"이나 "서자적 대우"를 받아야 했던 것은 "마마와 역병"인 공산주의에 노출되고 감염된 자들이기 때문이다. 잔류파에게 "무슨 복수나 하듯" 부역자 학살을 하는 모습은 "민족멸망의 병균"에 감염되어 "김일성을 현존신으로 믿는 열병환자"를 향한 반응과 전혀 다르지 않다. 은유적 감각이 현실 속에서 그대로 재현되고 있는 것이다. 그렇다면 달리 방법은 없는 것일까? 이데올로기적 담론은 매우 정교했다. 그들에게 '치료'와 '면역'이라는 해답이 주어진 것이다.

> 이 U · N의 消息이 나에겐 確實히 瀕死의 病人에게 回生의 注射를 준 以上의 生氣를 준 것이다. 일 개월 내지 일개월반, 그러면 이 사변은 우리 민족이 겪는 일시적인 난국인데 틀림없다고 보니 눈앞에 확실한 전망이 서서 기다리던 조국통일의 날이 도리여 미래에 가깝다. (백철, 「사슬로 묶여서 삼개월」, 『적화삼삭구인집』, 24면)

이미 서울은 "김일성을 현존신으로 추앙"하는 "열병환자"들이 활개 치는 곳으로, "어느 놈이 내 생명을 노리는 놈인지 어느 집이 내 집의 감시원인지 서로 알지도 못하면서 그저 경계"해야 했으며, 이 때문에 "사람들은 모두 신경쇄약증에 걸린" 상태이다. 백철은 이러한 서울에 입성한 UN군을 "世界의 公正을 代表"하며 "世界的인 眞理가 그 標本으로서 顯身"한 대상으로 묘사한다. 이런 거

대한 힘만이 "일종의 마마", "공산역병"으로 창궐한 서울을 치료할 수 있기 때문이다. 따라서 미국으로 대표되는 UN의 서울 입성은 "瀕死의 病人에게 回生의 注射를 준"것과 다르지 않다. 여러 문헌에서 확인되듯이, 한국전쟁기 특히 1950년 9월 27일 서울 수복을 전후하여 UN군은 당시 사람들에게 공산주의의 오염을 정화할 수 있는 '치료제'로 인식되었다.[14]

UN이라는 치료제의 등장은 "공산주의 독균"이라는 이데올로기적 공세의 방어 기제인 "면역성"을 생성시키는 계기가 되었다. 왜냐하면 "공산주의 독균"에 대한 "독소배설"[15]이 끝나면, '마마'의 그것처럼 "일차 유행을 겪은 뒤에는 면역성을 얻어 다시 공산역병에 걸릴 염려가 매우 감소"하기 때문이다. 그래서 공산 치하에서 '감염'되었던 자들이 반대로 '면역력'을 가진 자들로 새로 태어나게 된다. 이제 서울은 UN군이라는 "回生의 注射"를 맞은 면역의 공간 즉 '순결'의 공간이 된 것이다. 이처럼 외부 조직의 침략에 대한 신체의 방어기제(면역력)를 동원한다는 군사적 은유는 대중들로 하여금 특정 질병과의 싸움을 투쟁, 전투, 전쟁과 동일시하도록 만든다.

질병의 치료와 면역성을 위해서는 다랑다종의 '백신'의 개발이 필요하였고, 이는 각종 반공텍스트들을 양산하는 계기가 되었다.

---

14 주로 'UN군의 비행기'로 상징되었는데, "비행기 소리만 들어도 우선 반갑기 그지 없었다"(황신덕, 「암흑의 삼개월 – 평양탈출기」, 『신천지』, 1951.12, 52면), "가장 위안이 되고 보기에 속이 시원하고 듯기에 쾌한 것은 UN군의 비행기"(고의동, 「암흑의 삼개월 – 나의 체험기」, 『신천지』, 1951.12. 48면) 등이 그것이다.

15 박종화, 「독소배설의 제압」, 『문예』, 1954.3, 28면.

당시 대량 양산된 각종 수난기, 증언기, 체험기와 같은 반공텍스트들의 역할이란 북한 공산주의에 대한 반복적이고도 지속적인 '환멸의 언어'를 대중들에게 주입하는 일이었다. '가짜 바이러스' 혹은 '효력이 다한 균'인 백신을 주입하듯, 환멸의 언어 창고인 반공텍스트를 통해 공산주의를 간접 경험케 함으로써 '면역성'을 키운다는 것이다. 특히 질병의 언어들은 적대적 대상에 대해 '감염의 공포'와 '치료의 필요성'을 인식하게 해주었다. 사상검사 오제도가 잔류문인들과 함께 만든 『적화삼삭구인집』 역시 세균들의 집합체인 "敵共產黨을 排擊하는데도 좋은 參考" 즉 '백신'의 하나였다. 실제로 백신의 효과는 대단했다. 양주동의 언급처럼 "대부분 면역성을 얻이 금후는 다시 공산역병에 걸릴 염려가 매우 감소"[16]했기 때문이다. 이는 전쟁기 문학의 존재론적 목적이 "순수한 것을 위하고 불순한 것을 제거하는데 있"[17]음을 반증하는 것이다.

16 양주동, 앞의 글, 7면.

17 김기완, 앞의 글, 19면.
순수와 불순의 구도는 북한도 예외가 아니었다. 김일성은 '불순한 요소'의 척결과 당의 순결성을 대단히 강조했는데, 특히 순결성은 반대파를 숙청하는 중요한 기준이 되었다(김동춘, 『전쟁과 사회』, 돌베개, 2005, 164면).

3. 감염에의 공포와 접촉강박증

앤더슨은 '국민(nation)'이라는 '상상의 공동체' 탄생에 기여한 양식 중의 하나로 '소설'을 거론한 바 있다. 그에 따르면 소설은 상상적 공동체를 '재현'하는 기술적 수단을 제공하는데, 특히 균질적인 시간 속에서 '동시성'을 경험하게 해준다. 소설은 의식적인 장치를 투입해 다양한 사건을 독자가 동시에 바라봄으로써 하나의 사회를 상상하는 국민의 이미지를 만들어 낼 수 있다는 것이다.[18] 제레미 바르메도 "일반 대중의 역사인식이 변화하는 데 명확한 영향을 준 것은 역사 전문가인 학자가 아니라 신문, 잡지, 텔레비전, 상업출판을 활동의 장으로 삼는 소설가, 저널리스트, 일부 학자"[19] 라고 지적하고 있다. 역사에 대한 기억이란 "역사적 사건과 그 사건의 기록이나 표현에 종사하는 사람들 그리고 그 표현을 보고 듣고 읽는 사람들, 이 세 요소가 맺는 관계의 연속"[20] 으로 볼 수 있기 때문이다. 이처럼 소설은 특정한 사건이나 이미지를 되풀이하여 다룸으로써 역사의 특정한 부분을 매우 친숙하고 또렷한 이미지로 만들어내는 반면, 다른 부분은 낯설고 잘 알 수 없도록 만드는 힘이 있다. 과거의 감정에 성격을 부여할 뿐만 아니라 생명이 있는 총체

---

18 베네딕트 앤더슨, 윤형숙 역, 『상상의 공동체』, 나남출판, 2002, 48면.
19 테사 모리스-스즈키, 김경원 역, 『우리안의 과거』, 휴머니스트, 21면.
20 위의 책, 47면.

인 '사회'를 언어로 묘사하는 힘이 있다. 이렇게 볼 때, 대중적인 이야기 형식을 통해 역사적 사건을 다시 상상하는 일은 결코 새로운 것이라고는 할 수 없다. 오히려 이 이야기를 통해 소설가들이 전하려 했던 사상과 그 방식을 규명할 수 있을 것이다.

한국전쟁기 당시 제시된 국민의 참모습이란 다름 아닌 '반공을 욕망하는 국민'[21]이었다. 소설가의 임무도 반공주의를 정체성으로 한 국민의 창출에 있었다. 실제로도 한국전쟁기 당시 소설은 질병의 형상화를 통해 반공담론의 생산과 유통에 큰 기여를 했다.[22] 이러한 일들은 '전시문화정책'의 자장 안에서 이루어졌다. 정책에 따르면, 소설의 목적은 "국가전체에 관계된 '순수한 것과 불순한 것', 필요한 것과 불필요한 것의 엄연한 구별"을 통해 형상화되어야 했으며, 작품 안의 "생생한 기록은 역사로서 꾸며"[23]져야 했다. 소설은 선별된 기록을 역사로 전환시켜야 했으며, 이러한 내용을 "전체 국민생활에 침투되고 나가서는 생활의 요소가 되어서 조국에 공헌"하도록 해야 했다. 이제 체험을 명기할 '전율과 공포'의 언어는 모두 준비되었다. 게다가 그 언어로 그려야 할 대상과 이미지도 정해져 있다. 전쟁 체험을 담을 '전율과 공포'의 언어와 북한 공산주

---

21 이 용어는 고길섶의 『스물한 통의 역사진정서』(앨피, 2005)에서 빌어 왔다.

22 한국전쟁기 당시 대표적인 문학잡지였던 『전선문학』은 3000부 이상이 간행되었으며, 이는 군인들과 후방의 민간인들에게 전달되었다. 또 군인들의 '사기양양'과 '사병의 교양'을 위해 전선문고의 간행이 활발하게 진행되고 있었다(중앙일보사 편, 『민족의 증언』 7, 중앙일보사, 1983, 95~98면).

23 김기완, 앞의 글, 18면.

의자들에 대한 괴물 · 질병의 이미지들은 이미 해방 이후 극렬한 좌우익 간의 대립과 명명법 속에서 이미 준비되어 있었다. 이제 전쟁기 소설은 담론 효과의 극대화를 위해 르포타주에서 보인 질병의 수사학에 '이야기'를 첨가한다.

① "十月三十日 나는 드디어 光明의 世界 서울에 이르렀다. 아름답고 情다운 서울이었다. 그렇게도 반갑고 따뜻한 서울이라고는 일즉이 느껴보지 못했을만큼 서울의 품속에 잠겨 그저 울고 그저 잠들고 싶었다.

서울에 到着하자 나는 옷을 갈아입고 길게 자란 덥수룩한 수염을 깎아버리였다. 두 달동안의 짧지 않은 惡夢을 完全히 털어버리려고" (박영준, 「노예의 노동생활」, 『전시문학독본』, 계몽사, 1951, 76면, 밑줄 : 인용자)

② 그때였다. 어떤 한 사람이 발작을 일으키듯 입었던 옷을 벗어 내던지었다.

"더러운 놈의 옷—."

침을 뱉듯이 말하자 모두가 일시에 옷을 벗어 버렸다. 병균이 붙은 옷을 처리하기나 하듯 그들은 벗은 옷을 될 수 있는 대로 멀리 내던지거나 그렇지 않으면 벗은 옷을 발로 내려 밟았다. (…중략…) 깨끗한 옷을 입고 정연하게 서서 기운 있게 음악을 불고 있는 국군들이었다. (박영준, 「용초도근해」, 『전선문학』, 1953. 12, 밑줄 : 인용자)

예문 ①과 ②는 문인들의 르포타주가 어떻게 작품으로 전환되는지 보여준다. 예문 ①은 박영준이 의용군으로 북에 끌려가 구사일생으로 탈출한 수난기이다. 박영준의 수기에는 질병에 대한 감염이 직접적으로 노출되어 있지는 않지만, 그의 심리적 반응은 질병의 대한 접촉 공포와 그로부터 해방의 기쁨을 그리고 있다. 수복된 서울에 와서 제일 먼저 한 행동이란 "옷을 갈아입고 길게 자란 덥수룩한 수염"을 깎는 일이다. 박영준에게 옷과 수염이란 질병으로 가득한 세계(북한)와 접촉되어 '오염(감염)'된 것들이기 때문이다. 이러한 체험은 그대로 소설의 한 장면으로 형상화되는데 예문 ②가 그것이다.

예문 ②는 박영준의 소설 「용초도근해」이다. 여기서 반공주의는 '더러움' 대 '깨끗함'의 대결이라는 견고한 수사적 이분법에 의해 그려지고 있다. 공산주의란 일종의 "병균이 붙은 옷"이기에 "발작을 일으키듯" 벗어버려야 할 것이자 "될 수 있는 대로 멀리 내던"져야 할 그 무엇이다. 반면 대한민국으로 표상된 자유주의는 "서주받을 나의 운명"과는 반대로 "불행하지 않고도 살아 온 사람들"의 세계이다. 그것은 병균이 붙은 더러움이 아닌 깨끗함, "자유의 문", "모자에서 양복, 양말, 구두 할 것 없이 모두 새 것"의 레테르이다. '더러움' 대 '새것'의 수사야말로 자유주의의 우월성을 그대로 드러내는 것이다. 이러한 비유는 "단순논리 즉 공산주의는 악이고 민주주의는 선, 공산주의는 비순수이고 민주주의는 순수라는 식의 도식적인 결말을 낼 수밖에 없"[24]다.

문인들이 르포타주에서 만들어낸 질병의 은유는 대중들에게 '질병-감염-면역'이라는 담론구조를 내면화 시키는 교육적 효과가 있었다. 그런데 한 가지 빠진 것이 있다. 감염된 자들의 심리적 반응에 대한 지침이다. 질병의 이데올로기적 수사는 단지 적치 삼 개월의 일회적 경험에 대한 반성을 요구하는 것이 아니라 일정한 교육적 효과를 기대하기 때문이다. 대중들은 자신의 경험과 수사적 장치로 무장된 강력한 이미지를 결합시킴으로써 자발적인 '반공국민'으로 재탄생해야 하며, 이를 위해서는 질병으로 은유화된 북한을 연상하자마자 자동화된 심리적 반응이 발생해야 하는데, 바로 접촉공포증이다.

> ① "그러게 다급한가요?"했다.
>
> "북한괴뢰군이 의정부를 점령하고 창동으로 들어왔대요."
>
> 형칠은 더욱 놀랐다. 창동이라면 서울에서 十五마일도 못되는 가까운 거리에 있는 마을이다. 자동차로 달리며는 한 시간 이내에 도착할 수 있고 원거리 대포를 쏘면 닷는 곳이다.
>
> "저이들은 어떡하면 좋아요……. 적이 서울에 들어온다면 말이예요."(김송, 「서울의 비극」, 54면)
>
> ② 총포성이 가차워 질수록 마음은 더욱 설레인다. 인제는 또 무엇

24 전혜자, 「전시문학과 작가의식」, 『한국의 전후문학』, 태학사, 1991, 98면.

을 어떻게 해야 좋은가고 미쳐 생각이 나지 않어 망설이는 중인데 별안간 유리창에 번개같은 불빛이 번적하드니 '꽝!' 하고 바로 지척에서 무엇이 터지는 소리가 천지를 뒤흔들며, 그와 동시에 천정에서는 흙이 주루루 쏟아졌다. (…중략…) "인제는, 인제는 꼼짝 못하게 생겼고나." 병기는 일순 눈앞이 아득하여 아무것도 보이지 않었다. (최인욱, 「목숨」, 『문예』, 1950.12, 96~97면)

③ "용수야 네가 숨어 살 수 있을 줄 아니?"

하고 정갑이가 자기 어깨를 탁 치는 것 같기만 했다.

아니 꼭 치고야 말것만 같았다. (…중략…) 용수의 불안은 더욱 커졌다 꼭 잡아먹고야 말 호랑이가 사람을 발톱 밑에 눌러 놓고 잡아먹지 않을 때처럼 가슴은 더욱 조여들었다. (박영준, 「용초도근해」, 『전선문학』, 1953.12, 77면)

한국전쟁기 질병의 담론은 그대로 문학작품 안으로 수용된다. 그런데 흥미로운 점은 질병의 담론을 작품화한 소설들이 일련의 규칙성을 보이고 있다는 것이다. 그 규칙이란 다름 아닌 감염에 대한 두려움, 즉 '접촉공포증'이다.

위 작품들을 지배하는 심리적 반응은 한마디로 접촉공포증이다. 감염에 대한 두려움이 발생하는 근본적인 원인은 감염이나 전염(전이)이 '접촉'에서 시작되기 때문이다. 예문 ①에서 보이는 인물들의 초초함이란 "보기 싫은 인공(人共)마-크"(66면)의 무리들이

"十五마일도 못되는" 공간까지 근접했기 때문이다. 감염과 전염의 확률이 높아진 것이다. 접촉에 대한 두려움은 "그 놈들이 이 집을 침범하지 못하게 문간을 막고…… 그리고……"(78면), "적기가 날라왔고 포성이 들린 것을 미루어서 적이 우리 수도를 향해 물밀 듯 몰려오는 듯 하군요"(82면)라는 강박적 묘사 속에서도 느낄 수 있다. 공포의 밀도가 거리의 근접성에 비례하고 있는 것이다.

그렇다면 접촉공포증의 내용은 무엇인가. 이는 대상과의 접촉이 야기 시키는 폭력성에서 찾을 수 있다. 공산주의와의 접촉은 "지옥의 해골바가지들"(84면)에 의해 "개나 도야지처럼 끌려 다니다가 무참히 피 흘리고 죽는" "폭력 살육 암흑의 정치"가 시작됨을 의미한다. 이러한 공포는 "지금도 어느 수풀 속에서 빨갱이가 자기의 생명을 노리고 있을 런지 알 수 없다"(69면)라는 상상으로 확대된다. 하지만 독자들의 상상은 "六월 二十八일 아침 (…중략…) 탱크를 앞세운 적의 대부대는 서울시내에 들어오고야 말았다"라는 언술을 통해 현실의 경험으로 전환된다. 구체적인 일시(六월 二十八일 아침)를 적시함으로써 현실과 소설적 허구의 경계가 모호해져 버리고, "적의 대부대는 서울시내에 들어오고야 말았다"라는 묘사는 실제 적치 하의 기억과 결합되어 '지금 여기'의 모습으로 현재화된다. 이제 서울은 질병의 표상인 "인공기"와 "스타린 김일성의 흉측한 흉상이 약광고처럼 어데고 붙어"(88면) 있는 오염의 공간이 된 것이다.

이러한 모습은 최인욱의 「목숨」에서도 그대로 이어진다. 밤거리를 활보하며 인공기를 달라고 외치는 '빨갱이'들의 모습은 마치 병을 옮기러 다니는 세균들처럼 묘사되고 있다. 따라서 집집마다 걸려 있는 인공기란 공산주의라는 세균에 감염된 정도를 알려주는 표식이다. 여기서 주인공 조병기의 공포심의 근원인 '접촉 공포증'이 나타난다. 마치 '강박성 금지'[25] 환자처럼 조병기에게 공산주의는 접촉해서는 안 될 일종의 질병이자 타부 대상이다. 타부와의 접촉이 "어떤 사람이나 사물을 통제하거나 사용하려는 모든 시도의 첫길음"[26]이듯, 접촉으로부터 시작된 감염은 "불과 몇 시간"만에 서울을 인공치하로 만들만큼 속도가 빠르다. 그래서 접촉을 강요하는 '빨갱이'들의 대문 두드리는 소리는 조병기의 공포심을 배가시킨다.

박영준의 「용초도근해」 역시 접촉공포증의 전형을 보여주고 있다. 용수는 인민재판에 회부된 농료 김정갑을 본의 아니게 영창에서 고생하게 만든다. 용수의 괴로움은 "괴뢰들에게 가장 충실한 듯 보이려고 비겁한 아부를" 해 "전우를 팔아먹었다는" 주변의 비난에서 기인한 것이다. 그런데 용수의 죄의식을 더욱 강화시키는 것은 김정갑에 대한 두려움이며, 이 두려움을 최내치로 끌어올리는 것은 '접촉'에의 환상이다. "정갑이가 자기 어깨를 탁 치는 것 같"

25 강박성 금지는 타부와 명백하고도 두드러진 일치점을 보이는데, 이 금지들은 언제인지 모르지만 어느 순간 등장한 것으로 억제할 없는 두려움으로 인하여 어쩔 수 없이 지켜진다. 어떤 외적 처벌위협은 전혀 불필요하다. 왜냐하면 금지를 어기면 견딜 수 없는 재앙이 따른다는 내적 확실성이 있기 때문이다. 신경증 환자가 지키는 금지의 핵심은 타부의 경우와 같이 무엇을 접촉하는 것에 대한 금지이다. 그래서 그것은 때로 '접촉 공포증' 또는 '접촉 착란'으로 알려져 있다(G. Frued, 김종엽 역, 『토템과 타부』, 문예마당, 1995, 54~55면).

26 위의 책, 63면.

은 망상이 바로 이것인데, 이 접촉이야말로 용수를 향한 "전우들의 손가락질"과 그간의 친북활동이 모두 공개되기 때문이다.

이 외에도 마치 번식하는 세균들처럼 "여관 마당에 까지 기어 와서 우글거"리는 "적군의 그림자"(196면)에 공포를 느끼는 '나'(최태응, 「舊穀을 떨치고」, 『전쟁과소설』), 공산주의자로 변한 연인 지호와 '접촉'을 가졌던 것에 공포를 느끼는 상호(안수길, 「갱생기」, 『해병과 상륙』, 계문사, 1953), 자신의 아들 창건이를 외삼촌에게 맡기려고 했으나 "외삼촌이 진짜 빨갱이란다면 이질이라고 해서 빼 줄리도 만무했고, 한참 다감한 나이에 정말 물들기만 십상팔구"(15면)이기에 거부하는 아주머니(이무영, 「바다의 대화」, 『전선문학』 3호, 1953.2), 남한 전역이 "붉은 물이 발린 데거나 아닌 데거나 할 것 없이" "그 장상스럽고 온 몸의 솜치털이 모조리 곤두서는 붉은 물 진창 속"에서 "백날 지옥"(205면)을 보내야 했던 '윤'(최태응, 「1952년의 표정」, 『자유세계』, 1952.4), 점점 다가오는 북한 괴뢰군에 대한 상상만으로도 공포를 느껴 자식을 살해한 '아내'(곽하신, 「피난삽화」, 『신작로』, 희망출판사, 1955) 등은 모두 접촉공포증을 통해 북한 공산주의에 대한 공포를 상기시키고 있다.

이러한 일련의 모습은 작품을 통해 대중들로 하여금 북한 공산주의에 대한 '강박성 금지'를 경험케 하려는 것처럼 보인다. 왜냐하면 신경증 환자에게서 보이는 강박성 금지의 현상은 "어떤 물체와 직접적인 접촉뿐만 아니라 '……와 접촉하다'라는 비유적 의미까지도 포함"하기 때문이다. 즉 금지된 것에 대한 생각을 불러일으키는, 다시 말해 머릿속에서의 접촉을 유발하는 모든 것이 신체적 접촉과 마찬가지로 접촉공포증을 유발시키기 때문이다.[27]

4. 반공을 향한 순결강박과 자살의 숭고미

감화와 설득을 위해 질병의 담론을 형상화한 작품들의 또 다른 규칙성(기억의 재구성 방향)은 이념에 대한 순결강박과 죽음의 종결법이다. 앞에서 살펴 본대로 공산주의는 감염과 전염을 발생시키는 질병으로서, 이것과의 접촉은 자신을 폭력성에 노출시키는 것이다. 따라서 공산주의라는 질병은 접촉을 금해야 할 '타부'의 대상이다. 타부와의 접촉은 위반에 따른 폭력을 수반한다. 그러한 까닭에 그것과 접촉한 자들은 물리적 폭력의 고통을 겪어야 했다. 그런데 문제는 위반에 따른 폭력의 양상이 양가적이라는 데 있다. 접촉은 물리적 폭력의 수반뿐만 아니라 내적 폭력의 양상을 띠기도 하는데, 바로 자살충동이다.

자살충동의 근원은 감염과 전염(전이)에 대한 공포와 죄의식 때문이다. 타부의 대상과 접촉한 자는 스스로 타부의 대상이 되며 동

27 위의 책, 55면.

시에 스스로 감염과 전염의 주체가 된다. 왜냐하면 그는 "다른 사람들로 하여금 자신의 예를 따르도록 유혹하는 위험한 속성을 가지게 되기 때문이다. 마치 전염병처럼 그의 행위는 모방의 대상이 될 수 있고 전이 가능성이 있기에 그 역시 피해야 할 대상이 된다."[28] 타부의 대상과 동질화된다는 가능성은 자연스럽게 감염 이전의 상태, 즉 순결에 대한 강박으로 이어지고, 강박증세의 최대치는 자살(충동)로 나아간다.

자살충동의 또 다른 원인은 감염의 상태가 죄의식으로 발전한다는 것이다.

> 강박신경증 환자의 성격의 한 양상은 고통스러울 정도로 양심적인 태도가 무의식 속에 잠복하고 있는 유혹에 대한 반작용 증상으로 나타난다는 점이다. 병이 심해지면 이로부터 고도의 죄의식이 발전한다. (…중략…) 죄의식이 불안의 성격을 많이 가지고 있다는 사실에 주목해야 한다. 우리가 죄의식을 '양심의 불안'이라고 묘사하는 것은 그리 틀린 것이 아니다.[29]

감염의 공포와 달리 일단 감염이 되면 접촉금지를 위반한 것에 대한 죄의식이 발생한다. 강박신경증 환자의 자살충동은 고통스러울 정도로 양심적인 태도가 무의식 속에 잠복되어 있어 병이 심해

28 위의 책, 61면.
29 위의 책, 108면.

지면 나타나는 고도의 죄의식에서 비롯된다. 실제로 한국전쟁기 작품에서도 감염과 전이에 대한 공포인 접촉공포증과 반공에 대한 순결 강박증 등이 나타나고 있으며, 이는 한결같이 자살의 종결법으로 나타나고 있다.

> ①그 놈들에게 잡혀서 죽느니보다는 청산가리를 마시고 죽는 편이 깨끗한 사나이의 최후리라……
>
> "저 소리 들리오? 동대문이 문어지고 서대문이 문어지고…… 인제는 파멸이오. 명순 씨 나는 깨끗하게 살기 위해서…… 아니 내 생애를 깨끗이 맞추기 위해서……" (김송, 「서울의 비극」, 84면)

> ② 이것이 모다 불과 몇 시간 전의 일인데 목전의 현실은 자기가 지레죽지 않으려면 인공기를 달아야 하는 굴욕의 세상으로 변해버렸다. 내 손으로 인공기를 만들어서 내 짐[30] 문전에다 달아야 하다니 그것은 자기로서는 백번 죽었다 깨나도 될 일이 아니었다.
>
> "애잇! 적의 손에 굴욕을 당하느니 보다는 차라리……"
>
> 일순간 그에게는 비장한 각오가 섰다. 다시 더 망설일 것이 없었다.
>
> 그는 약장 앞으로 닥아서서 핸들을 잡아 재쳐치고 엄지 손까락 크기만한 약병 하나를 골라내었다. 그리고 태연한 자세로 옷깃을 바루고 창 넘을 바라보았다. 하늘은 언제 보나 고았다. (최인욱, 「목숨」, 98면)

30 원문에 '짐'으로 인쇄되어 있으나 '집'의 오기로 보임.

③ 지애가 국군이 종로에 들어오던 날 스스로 제 목숨을 끊었다는 사실이었다. (…중략…) 아 이제는 오빠는 완전히 살렸다. 깨끗한 몸으로 국군에게 다시 내매낄 수 있다. 나의 사명은 이것으로 끝이다. 그리고 그런 최후의 길을 택한 것이다. (안수길, 「갱생기」, 32면)

④ 아니 원수를 만나기 전에 놈들의 손때와 더러운 눈길이 나의 몸과 눈과 귀에서 발리기 전에 스스로 삶을 걷우어 버림으로써 순결을 보전하는 것이 훨씬 나으리라. (최태응, 「구곡을 떨치고」, 177면)

⑤ 아내는 눈을 감는다. 남편도 눈을 감는다. 서로 보지 않으면서 서로 상대가 눈 속에 가득하였다. 남편의 눈에는 자기까지 합친 일곱 개의 시체가 떠올랐고 아내의 눈에는 공산 괴뢰군에게 잡혀 가는 남편의 모양이 떠 들어 왔다. (…중략…) 아내는 못 볼 것을 본 사람처럼 눈을 악 감는다. 문을 닫아 버린다. 부엌으로 내려온 아내는 허리끈으로 젖먹이의 목을 조르고 자기의 목을 졸라맨다. (곽학송, 「피난삽화」, 81면)

「서울의 비극」에서 "빨갱이 천하"가 된 서울은 불결한 세균이 떠다니듯 "어둠과 불안한 공기가 배회"(81면)하는 공간이다. 게다가 형칠은 해방 이후 민족운동을 한 이유로 숙청의 대상이다. 감염의 기회가 극대화된 현 상황은 형칠에게 심한 반공의 순결강박을 일으킨다. 벗어날 수도 없는 이 상황에서 형칠이가 이념의 순결을 지킬 수 있는 방법은 무엇일까. 그것은 "보기 싫은 놈들이 보이지 않는 곳으로…… 멀－리”(85면) 사라지는 것, 즉 감염 이전의 순결의 상태에서 죽음을 택하는 것이다. 자살이야말로 스스로를 타부의 대상으로 만들지 않을 뿐만 아니라 전염의 위험성을 스스로 거세하는 것이기 때문이다. 따라서 청산가리란 단순한 독약이 아니다. 그것은 타부가 되는 것을 막아주며 동시에 전염의 소멸을 가능케 해주는 예방책인 것이다. 이로서 그의 자살은 “생애를 깨끗이 맞추”는 방식이자, “깨끗한 사나이의 최후”로 만들어주는 것이 된다.

최인욱의 「목숨」도 다르지 않다. 시시각각 조여 오는 세균으로부터 벗어나는 유일한 방법이란 스스로 전염이 불가능한 상태로 만드는, 즉 생물학적인 정지인 자살이다. 성공적인 자살이 되기 위해선 감염 이전의 상태에서 이루어져야 한다. 이러한 순결에의 강박은 자살 직전 조병기의 독백 “하늘은 언제 보나 고왔다”에서도 드러나고 있다. 이처럼 「목숨」은 조병기의 자살을 통해 반공의 순결을 강화하고 있다.

최태응의 「구곡을 떨치고」 역시 순결에 대한 강박증과 함께 자살충동을 보이고 있다. 일종의 자전적 소설의 형식을 띠고 있는 이 작품은 타자로서의 삶을 살던 지식인(최태응)이 전쟁을 계기로 “낡고 묵은 껍데기(舊穀)을 쪼개 버리고”(204면) ‘주체(반공주의자)’로 재생하는 과정을 그리고 있다. 그의 순결강박은 ‘더러움 대 깨끗함’이라는 대립항 속에서 이루어지고 있다. “원수”들의 “손때와 더러운 눈길”은 그대로 질병의 발원지이자 감염 그 자체이다. 그에게 반공에 대한 순결의 보존이란 다름 아닌 “손때와 더러운 눈길이 나의 몸과 눈과 귀에서 발리기 전에 스스로 삶을 걷우어" 버리는 자살이다.

곽하신의 「피난삽화」 역시 반공에 대한 순결의 표상으로 자살을 다루고 있다. 서울은 이미 "어디로 가려는지 스스로도 모르면서, 그래도 한걸음인들 밑지려고 하지 않"(72면)는 피난민들의 행렬로 가득하다. "한 걸음의 갑어치가 목숨보다 더한 저울질"이기 때문이다. 이렇게 절박한 상황 아래 어느 집에서 남편과 아내가 실랑이를 벌이고 있다. 산후 하혈로 인해 "움직이기만 해도 흥건히 피가" 흐르는 아내는 남편에게 먼저 떠날 것을 재촉한다. 하지만 남편은 아내와 함께 아니면 가지 않겠다고 실랑이를 펴고 있다. 남편의 고집에 결국 아내는 내일 아침 함께 떠날 것을 약속하고 잠자리에 든다. 잠자리에 든 아내는 남편과 아이들을 위해 "어서 죽어지기를" 바란다. "며칠 더 살고 싶다는 욕심 때문에 남편과 애들의 삶을 줄이라고"(75면) 할 수 없었기 때문이다.

이에 비해 안수길의 「갱생기」는 조금 다른 양상을 보이고 있다. 여기서는 자살의 주체인 '지호'가 다른 작품의 인물들과는 달리 공산주의와의 접촉을 통해 '감염'된 자라는 것이다. 부모님 집에서 숨어 지내고 있는 친오빠(국군 중위)를 보호하기 위해 지호는 스스로 여맹에 나가 "열성분자"처럼 행동한다. 의용군강제모집에 협력하고 벽보를 붙이고 연설을 하는 행위 등은 그녀의 의도와 관계없이 '감염'된 자의 모습이다. 그녀는 이제 타부의 대상이 되었기에 그녀의 자살은 속죄와 정화의 성격을 갖는다. 순결의 보존이 아닌 상실된 순결을 회복하기 위한 죽음이라는 점에서 그렇다. 이외에도 김송의 「두 개의 심정」(『문예』, 1952.6), 박영준의 「용초도근해」, 최태응의 「1952년의 표정」 등 역시 같은 모습을 보이고 있다.

질병을 형상화한 작품에서 보이는 "접촉공포증 → 순결강박(죄의식) → 자살(충동)"의 메커니즘의 효과는 반공에 대한 순결의 강조와 자살을 숭고한 것으로 치환하는 데서 극대화된다. 그래서 작품 속의 자살은 한결같이 '희생제의'의 모습을 띠고 있다. 그들의 죽음은 스스로 타부 요소를 제거할 뿐만 아니라 집단의 무한정한 파국인 전염(contagion)을 막는 데에 성공하고 있기 때문이다. 반공을 위해, 집단의 안전과 보호를 위해 그들은 초개처럼 자신의 목숨을 버린다. 그들은 영웅이 되고 있었던 것이다. 소설의 교술성 측면에서 볼 때, 남한의 구성원들은 이러한 영웅에 대한 독서 체험을 통해 '반공국민'의 윤리를 내면화하게 된다.

이처럼 한국전쟁기 소설은 대중들로 하여금 반공주의자의 윤리를 학습케 했다. 그래서 공산주의와 접촉 시에는 접촉공포증과 죄의식을 동반한 자살충동이 자동화되도록 하였다. 그리고 때로는 집단을 위한 개인의 희생을 하나의 신성한 '희생제의'로 귀결시킨다. 반공에의 순결과 희생제의는 반공집단의 동일성(정체성)을 견고하게 해주는 중요한 토대가 되었다. 집단을 위해 자신을 희생한 '영웅'의 모습은 죽음조차 불사하는 강렬한 파토스를 만들어 낸 것이다.

전쟁은 필연적으로 국가주의를 요구한다. 전쟁국가의 국가주의는 단일하고도 견고한 사상의 통일체를 요구하게 마련이다. 물리적 승리를 위해서는 사상의 승리가 반드시 필요하기 때문이다. 한국전쟁기는 그야말로 사상전의 장이었다. 근대라는 괴물이 만든 모든 패악이 분출된 것이 바로 한국전쟁이었고, 그로 인한 이념 대립의 극렬함이 절정에 달했기 때문이다. 남과 북은 각기 자신의 이념을 향해 전력질주 했다. 그 당시엔 그것이 최선이었고, 그것 외에는 달리 방법이 없었다.

남한은 반공주의를 선택했다. 전쟁의 승리를 위해 그리고 전쟁 이후의 국가 건설을 위해 반공은 그들에게 국시였다. 당시 남한 사회는 한국전쟁을 기점으로 해서 과거와 미래의 기억을 다시 재구성할 필요가 있었다. 이를 위해 새로운 담론의 지형도가 그려졌고, 남한 사회의 모든 담론은 정해진 좌표대로 이동해야 했다. 그래서 나온 것이 반공텍스트였다. 문자로부터 영상에 이르기까지 모든 미디어들은 반공주의 생산에 전력을 다해야 했다. 문인들도 예외는 아니었다. 한국전쟁 기간 동안 많은 문인들은 문학으로서의 글쓰기가 아닌 담론의 생산과 유통자로서의 글쓰기를 해야 했다. 거기에는 도강파든 잔류파든 구분이 존재하지 않았다. 도강파는 도강파대로, 부역의 의심을 받았던 잔류파는 그들대로 반공주의자임을 천명해야 했고, 그 방법이 글쓰기였다.

작가들은 자신들의 작품에 많은 인민군과 공산주의자들을 등장시켰다. 인민군과 공산주의자들은 항상 고정된 이미지 속에서만 등장할 수 있었다. "머리에는 뿔 달리고 온 몸에는 털이 덮인 짐승"

이어야 했다. 그들은 "악마 같고 잔학한 근성"을 가졌기에 "악귀의 피 묻은 손톱"으로 손쉽게 근친살해를 자행하는 "인면수심"의 괴물이다. 또는 '마마와 역병'처럼 혐오스러운 질병으로 등장한다. 조금도 접촉하고 싶지 않는 불결과 저주의 모습을 하고 있다. 밤거리를 어슬렁거리는 그들의 모습은 축축한 습기에 떠다니는 '세균'이었다. 그래서 국민들은 접촉공포증에 시달리고 심지어는 감염에의 죄의식으로 자살을 시도한다. 감염된 자들은 한결같이 자살로 끝을 맺는다. 작품 속의 이야기가 현실로 재현되고 있는 것이다. 대중들은 작품을 통해 반공국민으로서 갖춰야 할 윤리를 학습한다. 작품의 인물들이란 대중들이 본받고 동일시해야 할 모델이다. 대중들이 작중 인물과 동일시되는 환상에 빠지는 순간, 감화와 설득이라는 소설의 이데올로기적 효과가 발생하고 있는 것이다.

작가들은 푸코가 '임상의학의 탄생'에서 말한 '의사들의 시선'을 가지고 있었다. 인간에서 질병으로 시선을 옮겼던 의사들처럼 작가들의 시선 역시 인간을 향하고 있지 않았다. 대신 이데올로기라는 추상 명사에 모든 시선을 집중시키고 있었다. 당연히 인간은 이데올로기의 생체 실험 대상이자 기억의 재구성을 실험하기 위한 '재료'가 되었다. 이것이 한국전쟁기 당시 많은 작가들의 행위를 문학적 글쓰기가 아닌 이념적 글쓰기라 부르는 이유이다.

제 3 부

국가주의 서사와 반공윤리의 생산

1장 공간의 분할과 정치적 상상력

2장 국가주의의 내면화와 죄의식

3장 '군국의 여성'의 부활과 국가주의식 연애

1장 공간의 분할과 정치적 상상력

1. 서울—외부의 적 창출을 위한 원체험의 공간

한국전쟁은 한국 현대사뿐만 아니라 문인들에게도 정신적 트라우마였다. 이는 한국전쟁이 1950년 6월 25일을 기점으로 약 3년간 벌어진 물리적 폭력 시대가 아니라 이후 한국사회를 구성하고 형성하는 일종의 '무의식'으로 내면화되었음을 말한다. 특히 이념의 문제는 한국전쟁이 남긴 가장 밀도 높은 무의식에 해당한다. 한국전쟁은 곧 이데올로기 전쟁이라는 등식이 가능할 정도로 이 둘의 친연성은 매우 깊다. 특히 한국전쟁기는 이념에 대한 강박이 가장 첨예하고도 극명하게 드러나던 시기였다. 당시 남한사회 전 영역을 가로지르고 있던 이데올로기야말로 모든 문제의 시작점이자 해결의 귀착점이었다. 그 중에서도 반공이데올로기는 당시의 문인들과 결코 떼려야 뗄 수 없는 관계였다. 문인들에게 이념은 매우 중요하고도 예민한 문제였다. 이념은 개인적으로는 생존의 문제였으며 거시적으로는 민족의 문제였기 때문이다. 일반적으로 한국전쟁을 형상화한 문학이라 하면 전쟁의 물리적 폭력과 그로 인한 비극적인 삶, 폐허의식 등을 연상하기 쉬우며 실제 그러한 작품들이 양적으로도 우세하다. 하지만 이러한 작품의 심층에는 이념에 대한 강박이 행간 곳곳에 자리하고 있다.[1]

여기서 공간(지역)이 문제가 되는 것은 바로 반공주의가 지역과의 결합을 통해 생산되고, 무엇보다도 반공국민이 되기 위한 내부와 외부의 경계가 공간의 분할을 통해 이루어지고 있었기 때문이다. 반공국민은 자생적인 것이 아니라 국가이야기라는 집단기억을 통해 구성되는 것으로, 밖으로는 외부의 적을 상정해야 하며 안으로는 반공국민으로서의 규율과 윤리를 몸에 새기는 것이다. 이러한 기억들이 온전히 신체에 담겨졌을 때 그는 국민이 될 수 있는 것이었다.

일반적으로 한국전쟁기 문학에서 공간은 전장과 서울을 위시한 수도권, 그리고 대구, 부산 등의 후방으로 크게 나뉜다. 하지만 한국전쟁기 문학담론에 등장하는 이들 공간은 단순히 작품의 '배경'에 그치지 않는다. 이들 배경(공간 / 지역)이야말로 추상적인 반공주

---

1 실제로 1950년대 문학은 이념의 지향 방식에 따라 이념 복종형(반공지향) · 이념으로부터의 탈주형(이데올로기의 허구성 비판) 그리고 이념을 제거한 채 사회현실이나 자의식에 주목한 이념진공형(전후현실비판)으로 구분할 수 있다.

의를 매우 구체적인 표상으로 생산하고 내면화시키는 역할을 하고 있었다. 특히 반공국민의 정체성을 규정하는 조건들이 공간을 기준으로 생산되고 있었다. 국민이 되기 위해서는 외부의 적을 인식해야하며 내부적으로는 반공국민으로서 갖춰야 할 정체성을 인식해야 했는데, 공간이 이러한 규준을 제시하고 있었다. 즉 공간에 따라 대중들이 기억해야 할 반공의 대상과 방법이 다르게 나타났던 것이다.

한국전쟁기 문학의 목적 중의 하나는 반공담론을 창출하고 그것을 구체적인 사건으로 형상화하는 것이었다. 이는 '반공국민'이라는 상상의 공동체가 기억해야 할 이미지와 서사를 생산하는 작업이기도 하다. 여기에 '서울'이라는 지역이 주목받기 시작한 이유는 크게 두 가지로 볼 수 있다. 국가의 수도라는 상징성과 전쟁 발발 3일 만에 인민군 치하가 된 사건이 그것이다. 특히 1950년 6월 25일부터 9월 27일 서울 수복 전까지 약 3개월간의 인민치하의 경험과 그 과정 중에 일어난 '피난'이라는 사건은 수도 '서울'을 이데올로기로 전유할 수 있는 필요충분조건이 되었다.

반공담론을 생산하는데 있어 '서울'은 다른 지역과는 차별화된 공간으로 형상화되고 있었다. 즉 텅 빈 기표로서의 '반공'을 계열화된 기호로 전환시키는 역할을 담당했는데, 다름 아닌 '외부의 타자'를 생산하는 것이었다. 서울은 반공주의와 결합해 우리가 기억해야 할 '외부의 타자'인 북한과 공산주의에 대한 표상을 완결시켜 주었다.[2] 이른바 '빨갱이의 기억'이 그것인데, '서울'은 한국전쟁 당시 북한과 공산주의에 대한 환멸의 기억을 생산하는 '원체험의 공간'이었다. 말 그대로 "신문 잡지 기타 서적이나 월남동포들의 입에서 진상을 알기는 했지만 이번이야말로 직접 공산주의를 눈앞에 보았"[3]기 때문이다. 잔류파였던 장덕조의 글 「내가 본 공산주의」는 제목이 암시하듯 개인적 체험에서 남한 사회 전체의 체험으로 확장되는 효과를 가져 온다. 글쓴이는 1인칭의 시선으로 그리고 있지만 실재로는 잔류한 서울 시민의 시선으로 기술하고 있기 때문이다. 더욱이 아직 인민치하를 경험하지 못한 그들에게 적의 이미지를 제공하고 있는 것이다.

> 恐怖와 戰慄과 기만과 殺傷으로 가득찬 生地獄이 바로 共産主義의 世界인 것이다. 이 世界 속에서 살자면 눈을 가리우고 입을 封하고 귀를 틀어막힌 채 산 송장이되어야 했다. 그들이 즐겨 쓰는 文句를 빌면 '無慈悲하고 沒人情'한 政體다. 아즉도 얼떨떨한 精神으로 생각하면 모두가 惡夢같고 내가 事實로 그같은 經驗을 했든가! 疑心스럽기도 하다. (…중략…) 실로 그 석달 동안 받은 壓迫과 屈辱과 受難의 記憶은 내 生涯를 通하여—아니 그야말로 子孫萬代에까지 잊을 수 없

2 김득중은 '빨갱이'에 대한 집단이미지가 여순사건을 전후로 구성되었다고 보고 있다(김득중, 「여순사건에 대한 언론보도와 반공담론의 창출」, 『죽엄으로써 나라를 지키자—1950년대, 반공·동원·감시의 시대』, 선인, 2007; 김득중, 『빨갱이의 탄생—여순사건과 반공 국가의 형성』, 선인, 2009). 빨갱이 이미지가 고착화되고 견고한 집단기억으로 안착된 것은 한국전쟁이었고, 특히 적치 하 서울을 중심으로 이루어졌다.

3 장덕조, 「내가 본 공산주의」, 오제도 편, 『적화삼삭구인집』, 국제보도연맹, 1951.3, 69면.

을 것이다. 自由라고는 손톱 만큼도 찾아볼 수 없는 奴隷의 生活이었다. 칼날을 딛고 서서 生命의 恐怖에 떨든 不安定의 時期였다. 이것이 共産主義 治下의 生活이었다.[4]

장덕조가 기억하는 악몽의 경험은 그대로 반공의 언어로 번역되었으며, 이는 국민이 기억해야 할 적의 얼굴이자 본질로 규정되었다. 주로 적의 형상은 괴물과 질병으로 치환되어 나타났으며, 이는 다양한 반공텍스트를 통해 국민의 기억 속에 안착되어 갔다.

'평양 탈환 경축 유엔군 국군 환영 국민대회'가 서울운동장에서 개최

1일 천추로 고대하던 정부의 환도를 경축하며 공산십난의 소굴인 적도 평양 탈환의 쾌보에 접한 뜻깊은 이때 UN군과 국군에 대하여 감사한 뜻을 표하며 이를 환영하는 '정부 환도, 평양탈환 경축 및 UN·국군환영국민대회'를 국민회를 비롯한 애국단체들의 발기로 27일 상오 10시 서울운동장에서 개최하기로 되었다. 그런데 이 대회준비위원회에서는 이미 8가지의 다음과 같은 표어를 제정하였는데 널리 국민의 膾炙를 꾀하고 있으며 이날 시민은 빠짐없이 대회에 참석하여 경건한 태도로 마음껏 경축 환영하여 주기를 바라고 있다.

▷ 표어

(1) UN군 오는 곳에 자유의 꽃이 핀다

4 위의 글, 69~71면.

(1) 용감하다 우리 국군, 반석 같다 대한민국

(1) 감사하다 UN군대 정의의 군대

(1) 무찔렀다 괴뢰아성 걷어진다 철의장막

(1) 무너진다 괴뢰아성 달아난다 괴뢰집단

(1) 정의의 칼은 세기를 지킨다. UN군 만세

(1) 맞이하자 UN깃발 평화의 상징

(1) 무너졌다 적색소굴 무찔러라 괴뢰집단[5]

이처럼 서울이 남한의 수도라는 점에서 적치 3개월의 사건은 상징성을 지니기에 충분했다. 1950년 6월 25일, 평온한 휴일의 정적을 깨고 갑작스럽게 탱크를 밀고 들어오는 인민군, 그리고 국가의 수도인 서울이 단 3일 만에 완전히 적의 수중으로 들어가 버린 사실, 게다가 전혀 예상치 못했던 잔류시민들의 인민군 치하의 경험 등은 이후 반공담론의 중요한 재료가 되었다. 특히 이는 사실 여부와 관계없이 반공담론을 형상화할 원천이 되었다. 이처럼 서울의 적치 기간이란 "바로 자유민주주의와 '인민민주주의'의 가장 생생한 비교기간이요, 실험기간"[6]이자 적의 형상을 창출하는 원체험의 시간이었다. 지금까지도 한국사회에 강하게 고착되어 있는 '빨갱이'의 이미지 역시 많은 부분 '서울'이라는 공간을 통해서 본격적으로 형성된 것이다.

---

5 『서울신문』, 1950.10.27.

6 김동춘, 『전쟁과 사회』, 돌베개, 2005, 136면.

적치 하의 서울은 외부의 적뿐만 아니라 죄의식을 생산하는 공간이기도 했다. 서울에 남아 있었던 잔류파들에게는 '적과의 동침'을 어떠한 방식으로 해결해야 할 것인가라는 문제가 남아 있었다. 즉 민족의 원수들 속에서 어떻게 살아야 할 것인가라는 물음과 그에 대한 행동이 기다리고 있었던 것이다. 하지만 문인을 비롯한 많은 사람들이 "어떻게 하면 살 수 있을까하는 제마다 목숨에 대한 간절한 생각 때문에" 혹은 "문화인은 한층 더 생리적으로 약한 인간이기 때문에"[7] 부역에 동참한다. 하지만 서울 수복 후 도강파 문인들은 잔류파 문인들의 부역에 대해 강하게 비판한다.

> 그때 그때 시세에 아부해 조국과 민족을 판다면 이것은 문화인의 양심이라 할 수는 없는 것이다. 이런 것은 오열분자 이상으로 날카로운 메스가 있어야 할 것이다. 왜냐하면 언제 어느 때 우리 앞에 총뿌리를 대고 대들지 모르기 때문이다.[8]

적치의 공간에서 빗겨있었다는 이유 하나만으로 도강파 문인들

7 박훈산, 「言語가 絶한 時間위에서」, 오제도 편, 『자유를 위하여』, 서울문예서림, 1951, 108~109면.

8 허남희, 「육이오와 문화인의 양심 — 그 당시 부역문화인을 도리켜보고」, 『현대공론』, 1954.6, 92~93면.
여기서 글쓴이 '허남희'는 본명이 아닌 것으로 보인다. 이 글을 쓴 이는 이른바 조연현이 관여된 '노천명사건'의 장본인인 이봉구로 보인다. 조연현은 이봉구가 익명으로 『현대공론』에 노천명 등 부역문인을 비판하는 글을 썼으며, 이로 인해 본인과 노천명 간에 욕설과 폭행이 오고 간 일이 있음을 밝힌 바 있다. 이에 대해서는 1부 2장 참조.

은 심판자 행색을 하였다. 그들은 자신들의 탈출 과정과 후방의 생활을 영웅화하면서 잔류파 문인들과 차이를 만들어냈다. 조영암은 어느 글에서 문총구국대를 "전란 3개월을 민족의 정신적 전위부대" 역할을 하였다고 평하였다. 또 피난 도중 적의 포탄에 대퇴부를 부상당한 임긍재는 대표적인 "예술인의 부상"[9] 으로 칭송 받았다. 그들은 이러한 논리를 내세워 잔류파 문인들에게 "적에게 아부 추종하던 일군은 끝까지 자아반성이 있어야" 한다고 강변했으며, 이는 부역자 처벌 등 당시 사회적 분위기와도 일치했다. 도강파와 당시의 사회적 요구에 대해 잔류파 문인들은 이른바 반공텍스트를 통해 자신의 죄의식을 고백하고 적에 대한 증오심을 피력함으로써 이념의 혐의를 비켜갔다. 잔류파 문인들은 잔류와 그로 인한 부역의 불가피성 그리고 마지막으로 몸소 경험한 적치 하의 체험을 바탕으로 한 생생한 고발로 마무리를 한다.

> 새빨간 거짓말이 인민을 위한다는 것이 인민을 잡아 죽여야 하고 허울 좋게 그들이 말하는 소위 해방이라는 게 고난과 질곡 속에 민족을 신음하게 만들고 동족에게 무력으로써 침략하지 않으면 침략을 꾀하고 민족을 도탄 속에 빠트린 김일성에게 저주가 있으라![10]

잔류파 문인들이 행하는 자기반성과 생생한 고발은 자신들의 생

9 조영암, 「문총구국대의 저항운동」, 『현대공론』, 1954.6, 121면.
10 박훈산, 앞의 글, 114~115면.

존을 위한 행위만은 아니었다. 그들이 생산해내는 내러티브들은 당시 서울에 잔류한 시민뿐만 아니라 도강한 시민 모두에게 적치하의 윤리를 보여주는 것이었다. 공산주의와의 관계에서 어떠한 삶을 선택하는 것이 민족과 국가를 위하는 것인지, 문인들의 글쓰기 안에 그 해답이 고스란히 담겨 있었기 때문이다. 더불어 잔류파 문인들이 직접 보고 경험한 인민 치하의 생생한 묘사는 적치를 경험하지 못한 국민들에게 더 없는 반공 교재이기도 했다. 이처럼 서울은 반공담론을 생산하는 원체험의 공간이었다. 한 나라의 수도가 단 3일만에 점령이 되어 3개월 간 적치의 세상이 되었다는 것은 분명 비극적이었으나 한편으로는 반공주의를 밀도 있게 조직하고 형성하는 더 없이 중요한 사건이었다. 이 기간을 통해 적의 형상을 구체화할 수 있었으며, 부역에 가담한 자들의 생생한 고발과 자기반성을 통해 반공담론의 생산과 유통이 활발히 이루어질 수 있었던 것이다.

한편 서울을 통한 적의 창출과 반공의 순결성 강조는 다시 서울중심주의라는 담론과 함께 민족의 재구성이라는 심리적 논리를 만든다. 문인들의 많은 글 속에는 '서울 강박증세'가 보이는데, 그들의 서울강박증은 민족담론과 함께 등장한다.

> ① 그후 서울의 소식을 Y형을 통해서 들을 수 가 있었고, 들을 때마다 가슴의 피가 격분하는 것을 느끼었다. 이날부터 나는 불면증을 일으키어서 도무지 잠을 들수가 없었다. 눈을 감고 누으면 서울에 있는

친구들 친족들 내가 존경하는 선생들이 그 마물들 앞에서 양과 같이 박해를 당하고 격분하는 모양이 하나씩 하나씩 눈앞에 선하여서 몸서리가 날지경이었다. (…중략…) 날이 갈수록 나의 서울에 대한 불면증도 만성이 되어버리고 내가는 일에 열심할 수 있었다.[11]

② 나는 가야해…… 그 삐라에 쓰여진 것과 같이 조국의 품으로…… 나는 가야한다. (…중략…) 흰 기와 손을 들고 조국의 품안에 안기려는 심산에서 였다. 나는 인제 두려움이란 두려움은 모조리 내 몸둥아리에서 나려간 것 같이 마음마저 가벼웠다.[12]

③ 어제밤도 아침에 눈이 뜨여질 그때까지 서울 꿈을 꾸었다. 몸은 비록 낯설은 이 고장 낯설은 문깐방에서 달팽이처럼 꼬부린 채 잠들었건만, 마음은 지유로이 날개를 돋쳐, 밤마다 나의 눈과 귀에, 손과 발에 정들고 길이 든 서울을 향하여 나러가는 모양이다. (…중략…) 하물며 한번 만난일조차 없는 그 얼굴 속을 헤치고 나는 누군가를 찾아내려는 것이다. 아니 내가 찾으려는 얼굴은 그 껌정얼굴 몇백몇천을 한데 뭉쳐놓은 그리운 서울의 모습일런지도 몰은다. 향수에 서린 타향의 외로운 넋이 그들속에 섞여서 그들의 절규를 듣고, 그들 얼굴을 바라보는 동안 나는 잠깐 그리운 서울의 모습과 속사겨보기나 하는 것 같은 위안을 느낀다.[13]

---

11 한흑구, 「동해를 엽페끼고」, 『신조』, 1951.6, 90면.
12 박연희, 「어떤 귀순병의 수기」, 『전시문학독본』, 앞의 책, 82~87면.

④ 우리나라의 유일한 문화도시 수도 서울을 두 번째나 적에게 유린당한다는 것을 생각할 때, 구구한 미련보다, 애착보다, 민족적인 부끄러움에 나는 나의 젊으면서도 무력한 환경을 진심으로 저주하지 않을 수 없다.[14]

서울을 향한 문인들의 그리움은 거의 강박증에 가깝다. 그들에게 서울은 개인적인 공간이자 동시에 민족의 공간이기도 하다. 즉 문인으로서의 일상이 유지되던 공간이자 동시에 대한민국의 수도·민족의 중심지라는 인식이 그것이다. 이러한 인식은 자연스럽게 다음과 같은 심리적 구도를 만든다. 즉 '서울=수도=국가(남한)=우리 민족'의 도식이 다. 이러한 도식의 강화는 적치 하 서울이 창출해 낸 공산주의에 대한 표상과 밀접한 관련이 있다.

반공주의를 기반으로 구성된 '국민' 정체성은 '민족' 정체성을 분리한 채로 포섭해냈다. 말하자면 1950년대의 반공주의는 우선 '공산주의자'는 동족이 아니라는 분리전략이 필요했다. 민족을 지향하는 정치적 열망이 압도적이었던 상황에서 반공이 이를 초월하는 지상과제가 되기 위해서는 적을 동족으로부터 분리해내야 했던 것이다.[15] 따라서 적치 하 서울을 중심으로 만들어진 괴물, 악마, 질병의 이미지는 공산주의자를 동족의 범주가 아닌 '민족의 원수'로

13 윤금숙, 「대구의 하로」, 위의 책, 88~90면.
14 유주현, 「눈 날리는 밤」, 위의 책, 22~23면.
15 김득중 외, 『죽엄으로써 나라를 지키자—1950년대, 반공·동원·감시의 시대』, 앞의 책, 50면.

만드는데 효과적이었다. 게다가 대한민국의 상징인 서울을 '역병'과도 같은 이념으로 감염시키고, 부모 형제까지 살해하는 저 괴물들을 상대로 온갖 고난의 세월을 견디고 다시 찾았다는 서사는 이념적 순결의 회복이자 동시에 민족의 회복인 것이다. 따라서 여기에 동참한 '우리들'만이 '우리 민족'의 대표성을 띨 수 있다는 이른바 '반공민족'[16]의 심정적 논리가 성립되는 것이다. 특히 한국전쟁기 소설이 보였던 '서울에의 강박증'이야말로 민족 구성의 배타성을 그대로 노출하고 있다.

> 사람은 쌀이 없으면 굶어 죽는다. 그러나 그것은 개개인의 비극에 끄치지만 지금 서울 시민 아니 전민족의 관심은 수도에 있다. 민족은 수도가 없으면 모다 죽는다. 수도 서울은 전민족의 심장이기 때문에 심장이 파괴되고는 살 수 없다—는 관념이 지금 형칠의 머릿속에 못 박혀 있는 것이다.[17]

김송의 「서울의 비극」에서 보이는 서울에의 강박증은 한국전쟁기 소설에서 흔하게 만날 수 있는 신경증이다. 민족은 수도가 없으면 모두 죽는다는 혹은 수도 서울은 전민족의 심장이라는 묘사는 북한을 민족에서 배제하기 위한 담론의 전략적 배치이다. 대한민

16 김득중은 반공민족의 탄생이 여순사건을 통해 이루어졌음을 밝히고 있다(김득중, 『빨갱이의 탄생—여순사건과 반공국가의 형성』, 앞의 책, 413면).

17 김송, 「서울의 비극」, 『전쟁과 소설』, 계몽사, 1951, 60~61면.

국의 수도는 서울이고, 서울은 곧 민족의 구성원들이 살고 있는 심장부라는 언술의 배치는 이 공간이 표상하는 범주로부터 이탈된 다른 구성원들은 결코 민족이 될 수 없음을 표나게 강조하고 있다. 당시 이러한 담론의 배치는 작품뿐만이 아니라 각종 수난기, 피난기 등과 같은 르포타쥐에서도 흔하게 볼 수 있다. 이는 여러 형식의 텍스트를 통해 대중들에게 스며들어갔고, 동시에 대중들의 뇌리에도 강하게 각인되었다. 이처럼 '서울강박증'은 서울이라는 공간에 집착하는 '서울 중심주의'를 넘어 대한민국과 반공주의라는 국가적 정체성과 결합하여 새로운 상상의 공동체인 '민족의 재구성'으로 발전한다. 그리고 이렇게 형성된 상상의 공동체의 결속력은 북한을 향한 강력한 배타성과 빈비례하고 있나.

2. 후방—반공윤리를 위한 균열의 공간

서울의 공간이 외부의 적을 탄생시키는데 초점을 맞췄다면 부산 등의 후방은 반대로 내부의 윤리를 탄생시키는 공간으로 작용한다. 후방은 반공국민이 되기 위해 외부와 내부가 완결되는 지점인 것이다. 외부적으로 적의 명확한 규정과 인식, 내부적으로 반공윤리를 몸에 새기는 것이 바로 반공국민의 의무였고, 문인들의 글쓰기는 이를 현실화하는 작업이었다. 외부의 적을 창출하기 위해 서울을 질병의 공간으로 치환시킨 것처럼, 반공윤리라는 규율을 생산하기 위해서 부산이라는 공간 역시 특정한 방식으로 전제되어야 했는데, 다름 아닌 '환멸과 타락의 공간'이다.

> 부산 시내의 각 다방과 고급음식점에 진을 치고 있는 고객의 약 8할이 피난민이라는 통계를 들을 때 피난민의 의무는 오직 부산의 술과 외국에서 들어오는 양담배와 커리를 소비시킴으로써 족하다고는 할 수 없을 것이다. (…중략…) 어느 일장교가 하더라는 말을 인용하고 싶다.－피난민들한테 더 큰 요구는 않겠다. 차도를 막아서 군수송에 지장만 주지 않아도 피난민은 그 의무를 다 해주는 셈이다.－외국인에게 이런 말을 들을 때 우리는 실로 무색함을 느낀다.[18]

작가들이 그리고 있는 부산이나 대구 등의 모습은 말 그대로 타락한 환멸의 도시이다. 이무영은 군 수송 차량의 길을 막지만 않아도 최고의 의무를 하는 것이라는 미군장교의 말을 빌어 향락문화에 빠져있는 피난민을 비판하고 있다. 김송은 부산의 설 풍경을 소개하면서, "술 취하지 않은 사람은 바보, 새 옷 입지 못하는 사람은 거지, 극장을 안 간 사람은 맹충이", "싸우는 사람은 싸워라 우리들은 노잔다" 등 부산은 "동족애니 조국애 같은 것은 털끝만치도 엿

18 이무영, 「피난민의 권리」, 『전시문학독본』, 앞의 책, 8~9면.

볼 수 없는 곳"으로 그리고 있다. 또 부산은 "극도의 개인주의가 발달한 고장이라서 그런지 모리배 식관오사 상인이 많"아 "피난민을 미끼로 하여 몇 억 만원을 글겠다는 상인"[19]도 있다. 또한 김이석의 「분별」(『전선문학』, 1952.12)에서는 서로 속고 속이는 곳으로 부산피난지를 그리고 있다.

부산에서 발행되던 잡지 『희망』(1951.8)에는 「현대애정의 윤리」(김동리), 「내가 만일 남자 / 여자라면 설문」, 「눈에 나타나는 결혼운」의 기사처럼 전쟁국가의 모습을 전혀 느낄 수 없다. 게다가 「군인은 어떤 여성을 좋아하나」라는 기사에는 손원일 해군소장, 안춘생 육군준장, 김일병 해군준장 이일준 공군대령 등 각 군의 장교들에서부터 하사관까지 자신의 여성관을 소개하고 있다. 김일병 해군준장의 경우 "너무 못생겨 자살하지 않을 정도"면 족하다고 말하고 있다. 대한민국의 수도를 사수하지 못해 부산으로 퇴각한 죄의식은 발견할 수 없다.

이처럼 부산은 온갖 살인, 사기, 성적타락, 이기주의, 보신주의 등 부정부패, 비도덕 등 환멸과 타락의 공간으로 그려지고 있다. 이 공간에서는 전쟁국가의 모습을 찾아보기 힘들다. 부산 등의 후방의 모습은 전시(戰時)라는 '지금 여기(here and now)'의 현실로부터 탈각된 채 그려지고 있는 것이다.

그렇다면 왜 작가들은 부산 등의 후방을 한결같이 부정적으로만

19 김송, 「전시하의 편상」, 『신조』, 1951.6, 83면.

그리고 있는 것일까? 마치 모든 작가들이 공모나 한 것처럼 긍정적인 모습은 찾기 힘들 정도이다. 특히 대구와 부산을 중심으로 부정적인 묘사가 집중되고 있다. 그런데 이러한 타락상의 표현은 작가의식(고발)의 발로로 보일 수 도 있지만 한편으로는 매우 정치적으로도 비칠 수 있다.

사실 타락상의 고발에는 문인들의 복잡한 내면이 엉켜있다. 부산에 거주하는 많은 문인들이란 사실 서울 등지에서 피난 온 도강파였다. 이들은 피난의 변을 대의적 명분에 기대고 있지만, 말이 도강파였지 실은 도망자나 다름없었다. 피난 문인들은 "순교자와 같은 비장한 심경"[20]을 가져야 했지만 실제로 그들을 지배했던 것은 "먹고 자고…… 그밖에는 아무런 욕망도 생의 의도도 없"[21]는 허무의식이었다.[22] 그래서 고발의 글쓰기는 마치 '사회적 문제를 고발하는 것이 작가의식의 본연한 발로'로 보이게 함으로써 '도망자'라는 의식에 스스로 면죄부를 주는 일종의 위장행위처럼 보이기도 했다. 게다가 전시였던 점, 종군문인이라는 신분과 군과의 밀접한 카르텔 등은 부산에서의 글쓰기 역시 예술적 창작 행위로만 규정하기 어렵게 만드는 요소들이었다. 실제 그들의 작품에서 보이는 타락의 내용이란 결국 '결여된 형태의 반공윤리'였다. 문인들의 비판적 글쓰기 안에는 후방의 문제점만이 아니었다. 후방에서 그려

20 김종문, 「전시문화인론」, 『신조』, 1951.6, 98면.
21 김송, 「전시하의 편상」, 앞의 글, 80면.
22 피난문인의 허무의식은 여러 수필이나 작품에도 등장한다. 작품으로는 박영준의 「부산」과 김광주의 「표정」, 김동리의 「밀다원시대」가 대표적이다.

지는 하나의 문제점은 곧 남한의 국민이라면 갖춰야 할 '반공윤리'의 항목으로 연결되었다. 징병 기피 문제가 다뤄지는 순간 군인(국민)의 의무와 조국애라는 반공윤리가 탄생하는 식이었다.

이데올로기적 측면에서 볼 때, '환멸과 타락의 부산'을 생산하는 것은 타부의 속성을 떠올리게 한다. 타부란 해야 할 것과 해서는 안 되는 것을 구분 짓고, 위반의 경우 물리적, 정신적 제재를 가하는 일련의 행위다. 그런데 재미있는 것은 금지행위에 대한 강한 억압적 성격을 가지고 있는 타부의 존재조건이 사실은 금기의 준수가 아니라 위반에서 나온다는 점이다. 조르쥬 바따이유가 지적한 것처럼 금기의 존재론적 근거는 행위의 금지가 아니라 위반의 연속인 것이다.

강력한 금기가 강력한 위반의 욕망을 생산하고, 동시에 위반의 연속은 금기를 강화시키는 것처럼 반공주의 역시 타부와 많이 닮아있다. 반공주의 역시 많은 금기의 목록을 제시하고 있으며, 위반의 경우 생존의 몰수라는 제재를 가지고 있다. 타부 역시 공동체의 안위를 위해 구성원을 향한 다양한 규범들이 존재하듯이 반공주의 역시 국가를 위해 많은 반공윤리를 제시하고 있다. 이렇듯 반공주의가 계속 유지되기 위해서는 모두가 투철한 반공주의자가 되어야 하는 것이 아니라 끊임없는 위반을 통해 균열을 생성해야 한다. 냉전시대가 반공주의를 견고하게 했듯이 끊임없는 적의 재생산과 내부적 균열이야말로 반공주의를 존재케 하는 근원인 것이다. 이런 측면에서 부산 등 후방은 반공주의가 완결된 공간이 아닌 끊임없이 무질서, 부조화, 야만 등 균열이 내재하는 공간이어야 한다. 그래야 반공주의가 그 균열을 메우는 조정과 단결의 역할을 할 수 있는 것이다. 한국전쟁기 부산의 환멸은 이렇게 탄생한 것이다. 한국전쟁기 부산 등 후방을 통해 얻고자 했던 반공윤리는 크게 국가주의, 참전에 대한 윤리성, 후방여성의 역할 등이었으며, 이는 각종 수필이나 문학작품으로 형상화되었다.

이처럼 문인들은 대중들이 확고한 반공국민으로 태어날 수 있도록 다양한 형상화 작업들을 펼쳤다. 특히 공간을 분할하는 방식을 통해 반공국민의 정체성을 부여하는데 공헌했다. 문인들이 형상화한 '전장의 공간'은 "용감한 전투와 빛나는 희생과 영광스런 개선"[23]이라는 담론을 통해 군인들의 정체성을 형성해주었다. 반면 서울은 달랐다. 수도 서울은 3개월간의 적치 경험을 한 공간이었고, 이 경험은 문인들에게 매우 정치적인 상상력을 가능하게 했다. 즉 가장 가까이서 북한공산주의를 경험했다는 것은 그들을 가장 세밀하면서도 현장감과 생동감 있게 묘사할 수 있게 했다. 이 체험은 반공주의와 결합되어 '적의 창출'을 극대화시키는 계기가 되었고, 이는 반공민족이라는 민족의 재구성에도 영향을 미쳤다.

반면 부산, 대구 등의 후방은 철저하게 환멸과 타락의 공간으로 그려지고 있었다. 부산을 환멸의 공간으로 형상화하는 순간순간 마다 국민들이 각성해야 할 반공윤리도 하나씩 하나씩 탄생하고 있었

23 장덕조, 「어머니」, 앞의 책, 96면.

던 것이다. 즉 문인들이 그리는 환멸의 지점은 동시에 반공국민으로서 가져야 할 반공윤리가 생산되는 지점이었다. 부산은 전쟁 미체험 공간이라 서울처럼 '붉은 군대'를 향한 괴물, 악마, 질병의 언어를 생산할 수 없다. 뿐만 아니라 이념의 순결성이나 숭고한 자살 역시 불가능하다. 하지만 부산의 정치적 상상력은 다른 차원에서 양분을 얻고 있었다. 바로 환멸과 타락으로 가득한 피난지 부산이었다. 문인들뿐만 아니라 각종 매체들은 후방에서 벌어지는 각종 혼란상을 걱정스러운 표정으로 발표하고 있었으며, 이는 반공주의가 존재할 수 있는 틈새를 마련해 준 것이다. 적을 통해서만 자신의 존재를 증명할 수 있는 반공주의 속성 상 균열된 부산의 모습이야말로 반공윤리를 선포하기에 가장 적합한 공간이었던 것이다.

결국 한국전쟁기 문학 속에 나타난 공간은 결코 단순한 풍경에 멈추지 않았다. 문학의 공간이 생성해내는 현장감은 사건의 리얼리티를 높이는 데만 있는 것이 아니었다. 전쟁기 문학의 공간은 지역이라는 공간의 분할을 통해 반공담론을 생산・유통하는 정치적 상상력의 장이었던 것이다.

2장 국가주의의 내면화와 죄의식

한국전쟁기 부산 등 후방을 통해 강조하고자 했던 반공윤리 가운데 첫 번째 유형으로 국가주의의 내면화를 들 수 있다. 김송의 「두 개의 심정」에서 어머니는 부상병이 된 아들을 면회 간다. 아들 동수는 동상으로 두 팔을 잃은 부상을 숨기려 하다 자멸감에 빠져 어머니가 잠시 자리를 비운 사이 자살(추락사)한다. 여기서 동수의 자살은 유교의 충·효 사상이 국가주의가 어떻게 결합되고 있는지를 보여준다.

> 하루는 반장이 찾아와서 하는 말씀이—내 나라가 있은 뒤에 자식도 있지 않습니까? 젊은이를 뒷다가 어데다 써요? 나라가 흥하느냐 망하느냐 하는 이 판국에 내놔야만 합니다. 옛 성인의 말씀도 임군님께 충성 하는 게 효도라 했거든, 오늘날은 나라에 충성해야 그것이 효

도입죠. 어서 내보내십시요—하는 말씀에 어찌합니까? 눈물을 뿌리면서 나라에 바쳤읍죠.[1]

제목처럼 아들을 향한 어머니의 마음은 모성애와 애국심이라는 '두 개의 심정'에서 갈등했지만 결국 국가를 선택한다. 그리고 이 논리는 그대로 "오늘날은 나라에 충성해야 그것이 효도입죠"로 확장된다. 충과 효의 동일성은 오늘날도 다르지 않다. 따라서 전장에서 부상을 당했다는 것은 맡은 바 임무를 수행(충)할 수 없다는 것이자 불효이기도 한 것이다. 그래서 동수는 "뭉드러진 팔굼치가 나무옹지처럼 변한" 것에 자학한다. "떡도 물도 밥도 국도 멕여달라고 해야만 살아갈 목숨"이란 충과 효가 모두 불가능해지는 상황이기에 죄의식과 함께 자살에 이르게 한다.

흥미로운 점은 서울에서 벌어지는 자살과 후방에서 벌어지는 자살의 의미가 전혀 다르다는 것이다. 주지한 것처럼 서울에서의 자살은 이념의 순결을 지키기 위한 숭고한 행위로 그려졌다. 하지만 후방에서의 자살은 '죄의식'과 '부끄러움'의 산물이다. 충·효를 실행할 수 없는 신체는 더 이상 국민의 자격이 될 수 없다는 죄의식을 낳았고, 이로 인해 자살이 일어났기 때문이다. 이러한 양상은 안수길의 「갱생기」(『해병과 상륙』)에서도 그대로 이어진다. 현철은 자살을 결심한다. 이유는 "내 자신의 영달, 내 자신의 안일, 내 자신의 출세를

1 김송, 「두 개의 심정」, 『문예』, 1952.6, 127면.

위하는데 급급했던" 자신에 대한 환멸과 "자포자기의 심경" 때문이었다. 서울과 달리 부산은 지켜내야 할 순결성이 부재한 공간이다. 따라서 이 타락한 공간에서의 죽음 혹은 자살은 결코 숭고한 사건이 될 수 없는 것이다.

국가주의의 시선은 김이석의 「악수」에도 나타난다. 평양에서 힘만 믿고 살아온 덕보와 성칠은 한국전쟁으로 부산까지 피난 온다. 어지러운 틈을 타 한 몫 잡은 덕보는 성칠을 유혹 하지만 성칠은 "너는 나를 보면서도 아직도 네 나라를 찾을 줄 모르냐"[2]며 덕보에게 국가에 봉사할 것을 요청하며 악수를 건넨다. 성칠의 모습이야말로 "어즈러운 통에 한 미천 글어 잡을" 수 있는 부산의 물신화를 넘어 국가가 우선임을 강조하는 것이다.

또한 김송의 「불사신」은 전장에서 3년 만에 휴가를 나온 영철을 통해 부산의 환멸과 국가주의를 그리고 있다. 부산행 열차에서 만난 문인은 부산을 "극단의 이기주의자들"의 공간으로 말하고 있다. "정신적으로 아무리 민족적 양심에 호소해도 마이동풍"이기 때문이다. 반신반의하던 영철은 부산의 화려함에 놀란다. 게다가 형의 바람기 때문에 괴로워하는 형수, 외국인처럼 화려한 동생, 게닥 다방 레지를 거쳐 지금은 형과 동거를 하고 있는 영철의 첫사랑 초희, 이 모든 것이 부산이라는 공간에서 벌어지고 있는 것이다. 영철은 이러한 부산의 모습에 "한마디로 말하면 실망했습니다"라고 정리

2 김이석, 「악수」, 『전선문학』, 1952.4, 36면.

한다. 이 작품은 후방과 전방 간의 삶의 비교를 통해 무엇이 전쟁국가 국민의 자세인지를 보여주고 있다. "하나씩 둘씩 조국의 별"이 되는 전선과 달리 후방 부산은 "감격도 감동도 아무것도 없"는 곳이다. 이러한 공간에서 영철의 존재론적 의미는 찾을 수 없다. 하지만 전장터는 다르다. 비록 세 번이나 죽을 고비를 넘겼지만 '불사신'이라는 '감격과 감동'이 있다. 그래서 영철은 전선을 향한 기차에 몸을 싣는다. 전선이야말로 "나는 불사신이다"라는 존재론적 의미를 부여해주기 때문이다. 결국 이 작품 역시 반공국민의 윤리를 강조하고 있는 것이다. 이 밖에 김이석의 「분별」(『전선문학』, 1952.12), 최인욱의 「어느 날의 일등상사」(『전선문학』, 1953.9) 등에도 국가주의가 강조되고 있다.

두 번째 반공윤리는 입대 기피에 대한 죄의식이다. 전쟁국가에서 입대문제만큼 예민한 것은 없을 것이다. 1950년 7월 26일 긴급명령 제6호로 '징발에 관한 특별조치령'과 1950년 12월 21일에 공포된 '국민방위군설치법' 등은 인적자원의 징용을 강제하는 법령이었다. 당연히 국가를 위해 싸워야 함에도 기피자가 많았던 것은 너무 자명한 것이었다. 전시동원은 이미 일제 식민지를 통해 경험한 바 있으며, 징병은 제국의 국민을 경험하는 일이었지만 동시에 죽음의 지름길이기도 했다. "대글대글한 축들이 열이면 열이 다 나가야 하는 때에 그 길을 면하는 것만 해도 죽었다 산 목숨"[3]이었던

3 최정희, 「풍류 잡히는 마을」, 『한국 소설문학대계－김정한, 최정희』 31, 동아출판사, 1995, 508면.

것이 '징용징발보국대'에서 빠지는 것이었다. 일제식민지 당시 문인들도 징용을 피하기 위해 자진해서 '대동아문학자대회' 등에 참가했다. 이처럼 학습된 기억은 한국전쟁에 그대로 적용되었고, 많은 젊은이들이 징집을 기피했다. 특히 부산 등의 후방은 전쟁을 피해 온 사람들의 집단촌이라는 점에서 병역을 피해 숨어있던 젊은 이들이 많았다. 이는 사회적 문제가 되었고, 문인은 이를 작품으로 형상화했다. 이 작품은 입대 당사자의 죄의식을 다룬 경우와 자식을 군대에 보내야 하는 부모의 죄의식을 다룬 것으로 대별된다.

> 그 건장하고 균형이진 체구에 힘이라고는 하나도 없이 어깨를 축 느려드리고 돌아다니는 상호의 꼴이 연민(憐憫)을 지나처 분노까지 자아내게 하였다. 더욱이 축구를 몰고 '적'의 꼴을 향하여 공격해 나갈 때 보이던 그 투지와 용감한 의기는 찾아볼 길도 없이 제이국민병증집을 피하여 그늘로 숨어 다니는 모양은 용열하고 구역질이 지칠게 했다.[4]

안수길의 「갱생기」는 부산을 배경으로 상호와 현철의 갱생기를 다루고 있다. 이 작품을 가로지는 죄의식은 전시국가의 젊은이로서의 의무이다. 상호는 연인 지애의 친북행위와 그녀의 자살로 폐인생활을 하고 "제이국민병증집"도 피해 다닌다. 하지만 "민족의

4 안수길, 「갱생기」, 『해병과 상륙』, 계문사출판부, 1953, 33면.

운명이 바람 앞의 등불같고 국가가 총력을 다하여 국난을 극복해야 될" 때 "그 건강한 몸 그 민첩한 동작을 왜 그런 무의미한 일에 허비하는가" 하는 현철의 충고는 상호에게 갱생의 계기를 마련한다. 더욱이 군대에 입대하는 목적이 "지애를 죽인 원수 공산괴뢰를 박멸하는" 것이며, 이는 "구원을 받고 지애의 죽은 영혼이 살 수 있고 고난에 사무친 삼천만이 구원받는 길"로 확대된다. 입대를 개인의 문제를 넘어 민족의 문제로 확장하고 있다.

이외에도 전장에 나갈 것을 두려워 해 경찰직을 그만둔 박인수와 부상병의 비교를 다룬 최인욱의 「박군이야기」(『전시문학독본』), 성호와 연인 순임 그리고 홍대위 간의 삼각관계를 통해 입대 기피의 죄의식을 다룬 김동사의 「별빛」(『전선문학』 3호, 1953.2) 등도 같은 주제를 다루고 있다.

3장 '군국의 여성'의 부활과 국가주의식 연애

또 하나 주목해야 하는 유형은 여성의 문제이다. 여성과 아이들은 전쟁의 대표적 피해자들이다. 가족의 부양으로 인한 경제적 궁핍, 성적 타락이나 소외 등 전쟁의 직접적인 폭력 외에도 여성에게 전쟁의 시공간은 너무도 벅찼던 것이다. 이러한 모습은 부산, 대구 등의 후방에서 집중적으로 나타난다.

곽하신의 「여명의 곡」(『해병과 상륙』)에서는 병든 언니를 대신해 형부와 결혼을 하는 처제가 나온다. 전투 중 눈 부상을 당한 형부를 찾아간 처제는 언니 흉내를 내고, 형부는 처제를 아내로 착각한다. 이 사실을 안 언니는 동생에게 형부의 아내가 되어 줄 것을 바란다. 형부가 휴가 나오는 날 함께 언니의 산소로 간다.

박영준의 「가을저녁」(『전선문학』, 1952.12)은 전쟁 미망인을 다룬 이야기다. 남편이 전사했다는 소식 후 그녀는 새로 결혼을 한다. 새 남편은 추석을 맞이해 아이들의 신발을 사가지고 집에 온다. 잠시 후 전사한 줄 알았던 남편이 돌아오고, 현재의 남편이 중학동창생인 것을 알게 되자 서로 아내를 양보하겠다고 한다. 아내를 두고 서로 양보하던 두 남자는 모두 떠나고 그녀만이 아이들과 남게 된다. 이처럼 여성은 모든 사회적 보호막으로부터 해제된 상태로 형상화되어 마치 여성수난사를 읽는 것 같은 느낌을 준다. 그런데 여성수난사 가운데는 일제 말 '총후부인'의 변형판으로 보이는 작품들이 많이 등장한다.

> 요즘의 괴로움은 괴로움이라기보담 따가운 외로움이다. 쓸쓸한 마음이었다. 그러나 지금 박선생의 가슴을 두다리고 있는 것은
>
> "민족이 다 죽는 판인데 개인 사정 돌볼 수 있어요?" 하든 아까 혁이의 말이었다.
>
> "그러니까 자식을 받혀야 한다." 그것은 단념이 아니라 깨달음이었다. (…중략…)
>
> 박선생의 결심은 차차 흔들리지 않는 확실한 것이 되었다.
>
> —대한의 아들들아, 모두 마음 놓고 나가거라. 뒤에는 우리들이 대기하고 있다.—[1]

장덕조의 「어머니」는 부모의 죄의식을 다룬 대표작이다. 중학교 4학년, 막 16세도 안 되는 아들 종한이에게 제2국민병 소집장이 나

1 장덕조, 「어머니」, 『전시문학독본』, 앞의 책, 103~107면.

〈사진 1〉 한국전쟁 당시의 어머니

〈사진 2〉 일제 식민지 당시 군국의 어머니[2]

오자 과부인 어머니 박진순은 갈등한다. 그러나 그 갈등은 오래가지 않는다. 박진순을 갈등으로 몰아넣은 것은 "가장 경계해야 할 맹목적 사랑"이었다. 즉 자기 자식만이 귀한 줄 아는 모성애야말로 가장 경계해야 한다는 것이다. 하지만 아들의 말, 즉 "민족이 다 죽는 판인데 개인사정 돌볼 수 있어요"라는 말이야말로 입영을 기피하는 모든 이들을 향한 메시지이다. 그리고 이를 받아들이는 어머니의 모습은 어쩔 수 없음이 아닌 '깨달음'의 경지이다. 그래서 "흔들리지 않는 확실한" 결심이 되었고, 전장을 향해 가는 아들을 향해 "마음 놓고 나가거라"라고 말할 수 있었던 것이다. 그런데 이 장면은 일제 말 '군국의 어머니'와 매우 흡사하다.

하나뿐인 자식을 '마련된 죽음의 장'인 전장터로 보내는 어미

2 이 사진은 김재용의 『협력과 저항』(소명출판, 2003) 160면에 수록되어 있다.

의 모습은 〈사진 1〉처럼 눈물과 탄식이 나와야 한다. 꼭 내 자식이 아니더라도 저 줄지어 가는 젊은 군인들은 모두 내 자식처럼 안타가운 마음에 눈물 흘리는 것이 인지상정이다. 하지만 종한의 어미는 울지 않는다. 국가를 위해 자식을 바치는 것을 운명의 깨달음으로 받아들이고, "대한의 아들들아, 마음놓고 나가거라. 뒤에는 우리들이 대기하고 있다"라고 말하는 어미의 모습은 식민지 '군국의 어머니'를 닮았다.[3]

전쟁국가의 모든 것은 국가주의로 수렴되고 전유되고 있었다. 연애도 예외는 아니었다. 한국전쟁기 당시 연애를 소재로 한 작품들이 다수 발표되었는데, 전쟁국가의 윤리 속으로 전유되고 있었다. 장덕조의 두 작품, 「젊은 힘」과 「선물」은 국가주의 연애와 도구적 여성이 되기 위한 조건들을 잘 보여주고 있다.

작품의 표면은 어렵지 않다. 「젊은 힘」은 미혜가 부모의 물질적 욕망을 이겨내고, 육군장교로 전선에 나가는 고정훈을 따라 여자의용군에 가입한다는 이야기이다. 「선물」 역시 약혼자이자 입대를 앞두고 있는 현준에게 준 선물을 고민하다 종군간호사가 되는 오은히의 이야기이다. 이 작품들은 국가를 위해 숭고한 선택을 하는 연인의 모습을 보여주고 있다. 하지만 이러한 스토리는 역시 표층적 의미일 뿐이다. 이면에는 국가주의 연애의 본질적 가치와 조건에 대해 이야기하고 있다. 장덕조에게 국가주의 연애의 완결은 반공주의

3 이런 장면들은 한국전쟁기 문학과 일제 식민지 말 군국주의 문학과의 연관 가능성을 보여 준다.

를 기반으로 한 이념공동체가 되는 것이다. 하나의 이념을 바탕으로 남녀가 하나가 되어 전쟁국가를 위해 희생하는 경지가 장덕조의 국가주의 연애이다. 이상적인 국가주의 연애가 되기 위해서 가장 필요한 것은 '여성의 도구성'을 발견하는 것인데, 이를 위해서 여성은 '결여된 존재'로서의 자신의 모습을 인식하는 것이다.

—기집애들이 까불면 탈이 나는법야. 이제 잉크병 깨트렸으니 직성이 가시겠구나.[4]

—여학생들은 먹는 것보담 짓거리고 떠드는데 더 흥미가 있었다.[5]

—여학생들이란 응원부대가 있을 때는 아주 기세 등등 하지만 고전분투 해야할 경우에는 그만 형세가 꺽이고 만다.[6]

장덕조에게 여성은 결여된 존재이다. 유교적 세계관에서 비롯된 이러한 시선은 작품 전체를 통해 일관되게 나타나고 있다. 여성은 감정에 휩쓸리거나 본능적인 것에 집착하는 존재이다. 하지만 남성은 전혀 다른 존재이다. 그들은 이미 완결된 존재이다. 「젊은 힘」의 고정훈은 이미 완결된 '존재하는 자'이다. 남성은 "정말 수재"로

4 장덕조, 「젊은 힘」, 『전쟁과 소설』, 계몽사, 1951, 98면.
5 위의 책, 101면.
6 위의 책, 102면.

"모르는 거 없"는 "빛나는 눈"을 가진 "침착한 사람"이다. 게다가 남성의 이성적 완결성은 "책장과 책상밖에는 아무것도" 없는 "놀랄만큼 깨끗하게 정리가 되어" 있는 방의 묘사로 표현되고 있다. 이러한 남성이 국가를 위해 희생을 결심하고 실천하고 있다.

> 그의 맑게 개인 눈에 정열이 빛나고 있었다.
>
> "미혜 씨. 막연한 말이 아니라 진정으로 정의는 이긴다는 걸 난 믿어요. 우리들 젊은 사람들은 지금이야말로 조국이란 무엇인가를 깨달을 때입니다."[7]

여성에게 남성은 일종의 초월적 존재처럼 느껴진다. 남성이란 그들을 생각하는 것만으로도 "미듬직스러운 즐거움을 깨"닫게 해주는 존재이기 때문이다. 장덕조에게 남성은 단지 쳐다보며 우러르면 되는 존재로 나타난다. 전쟁이 남성의 전유물이라는 인식은 남성을 "숭고함의 주체"[8]로 옮겨놓는 이유가 된다. 그리고 이 숭고함은 형이상학적 위상으로까지 격상된다.

따라서 결여된 존재가 절대적 존재와 '연애'의 파트너가 되기 위해서는 물질적인 차원을 넘어서야 한다. 「선물」의 '오은히'가 "남자의 가슴에 분명히 남을 수 있는 정신적인 그 무엇"이 되고자 하

---

7 위의 책, 108면.

8 김진기, 「관변문학과 문학 장의 이데올로기적 토대」, 강진호 외, 『반공주의와 한국문학의 근대적 동학』 I, 한울, 2008, 386면.
김진기는 이러한 작품들을 유교적 가족주의와 모성애의 관점에서 설명하고 있다.

는 이유가 바로 이 때문이다. 그래서 오은히는 "비용이 많이 드는 물건이나 거치장스러운 물건은 삼"간다. 형이상학적인 존재에게 물질적인 것은 "너무 통속적"이기 때문이다. 이 "정신적인 그 무엇"을 구성하기 위해 「젊은 힘」의 미혜는 아버지의 물질적 통속성과 대결을 한다. 미혜의 아버지는 "T물산주식회사 사장"이다. 미혜의 정체성 역시 "T물산주식회사 사장 딸"로 구성된다. 'T물산주식회사'로 표상되는 물질성 혹은 통속성은 재산증식을 위한 정략결혼의 강제로 정점에 오른다. 미혜는 아버지의 물질성으로부터 벗어나기 위해 기성세대와 봉건적 세계관을 비판한다.

「선물」에서는 물질적 통속성을 벗어나는 본질이 어디에 있는지 잘 보여주고 있다.

"아무튼 사랑을 즐거움으로만 알고 있는 동안은 아직 정말 인생은 모르는 때야. 사랑이 가진 괴로운 의무를 알 때, 좀 더 심각한 인생을 아는거라구 생각해."

은히는 입속으로 혼자 '의무'라 뇌었다.

"그렇지만 오간호, 거기서 한걸음 더 나아가서 그 어려운 의무를 수행했을 때 비로소 인생을 완성하는 건줄 알어."[9]

사랑하는 자를 위한 진정한 선물이란 '사랑의 의무'를 인식하고

9 장덕조, 「선물」, 『전선문학』 4호, 1953.4, 86면.

실천하는 것이다. 이를 수반했을 때만이 사랑과 인생이 완성된다는 것을 강하게 피력하고 있다. 국가주의 그 자체인 남성과의 사랑을 완성하는 것이란 곧 스스로 국가주의의 한 요소가 되는 것이다. 따라서 여성의 사랑은 남성이 사랑하는 국가를 사랑해야 하며, 여성의 의무 역시 남성들처럼 국가를 위한 희생이 되어야 하는 것이다. 즉 국가를 사랑하는 것이 곧 남성을 사랑하는 것이다. 그런데 국가를 사랑하기 위해서는 위에서 언급한 '정신적인 그 무엇'이 전제되어야 하는데, 이는 '이념의 동질성'을 획득하는 것으로 나타난다.

> 같은 이념과 같은 생활목표를 가졌다는 것은 얼마나 급속도로 사람들을 접근시키는 것인지 알 수 없었다.
>
> 미혜와 정훈은 한번 또 한번 서로 만날수록 두 사람의 순수한 의사가 통하는 것을 느꼈다.
>
> 입에 내여 어떤 언약의 말을 주고 받는 일은 없었으나 그들은 어느새 상대자의 마음 속에 있는 것이 무엇인지를 확실하게 알고 있었다.[10]

국가주의 연애의 완성은 '반공주의'로 하나가 될 때이다. 미혜와 정훈이가 순수하게 의사가 통하고 말하지 않아도 서로의 마음을 알 수 있었던 가장 중요한 조건은 바로 "같은 이념과 같은 생활목

10 장덕조, 「젊은 힘」, 앞의 책, 113면.

표" 때문이다. 반공주의를 기반으로 하나의 목표를 공유하는 것이야말로 전쟁국가가 요구하는 국가주의 연애의 모델이 되는 것이다. 그래서 여성들은 스스로 국가의 도구가 되고자 한다. 그것이 그녀들의 '의무'이기 때문이다. 「젊은 힘」의 미혜가 여자의용군으로, 「선물」의 은히가 종군간호사로 참전함으로써 "같은 이념과 생활 목표"을 공유할 수 있으며, 이 때문에 물질적 통속성에서 "인생의 완성"이라는 "엄숙한 영혼"[11]이 될 수 있는 것이다.

정비석의 「남아출생」(『전선문학』, 1953.4)은 여성을 전쟁기계(군인)를 생산하는 '자궁'으로 인식하게 만드는 작품이다. 소설가 현은 생활의 궁핍으로 인해 아내 순자의 임신에 불만을 갖고 유산을 시키려 한다. 그러던 중 전쟁터에 있는 소대장인 조카에게서 편지가 온다. 전쟁의 장기화로 인적자원의 소중함을 알리는 편지였다. 아내의 해산 날 조카의 전사를 알리는 편지가 오자, 인적자원의 소중함을 각성한다.

> 조카가 전사했다는 기별을 들은 지금에 자기에게 아들이 하나 생겼다는 것은 소모된 국가의 국력을 그만치 보충한 것 같아서 무한히 기뻤던 것이다. 아내가 임신한 이후로 팔구삭을 두고 유산을 시키지 못해 애써오던 심리적 흑운(黑雲)이 이제야 깽그리 가시어지는 것 같아서 아내에게도 대고 다시 한 번,

11 장덕조, 「선물」, 앞의 책, 89면.

"아, 수고했소! 수고했소!" 하고 중얼거렸다.

실로 팔구삭만에 처음 느껴보는 건실한 기분이였던 것이다.[12]

이 장면은 여성과 아동 그리고 남성중심의 전쟁이 어떻게 국가주의로 수렴되고 있는 지를 보여준다. 전쟁국가에서 여성의 모성과 출산은 언제나 중요한 역할을 담당하였다. 전쟁의 승리와 노동력 등 인적자원의 확보 차원에서 여성의 출산과 양육은 국가에 대한 의무였다. 이렇게 전시하의 모성정책은 인적 자원의 양적 팽창과 질적 향상을 위해 개인의 결혼과 임신, 출산 그리고 아동의 양육방식까지 국가가 통제하고 개입하고 있었고,[13] 여성들은 '십자군적인 성업'[14]에 동참함으로써 사회적 정체성을 가질 수 있었다. 이러한 방식에 의해 전시 여성의 정체성은 구성되고 생산되었다.

여기에서 여성은 철저히 도구적 존재일 뿐이다. 그녀의 정체성은 전사한 군인이라는 '소모품'을 대체할 수 있는 자궁의 도구성에서 나온다. 전시국가는 여성이 "소모된 국가의 국력을 그만치 보충"할 때 그녀에게 전시여성의 사회적 정체성–"아, 수고했소! 수고했소!"–을 부여한다. 이처럼 국가주의는 자궁의 도구성 뿐만 아니라 아동에 대한 전시용 소모품의 인식마저도 정당화시킨다. 이러한 장면은 일제 말 총동원체제에서 보여준 '총후부인'을 연상시

12 정비석, 「남아출생」, 『전선문학』, 1953.4, 80면.
13 안태윤, 『식민정치와 모성』, 한국학술정보, 2006, 126면.
14 이헌구, 「인류애와 독립애」, 『전시문학독본』, 앞의 책, 137면.

킨다. 총후부인이 군국의 어머니상과 더불어 출산, 양육, 교육, 물자동원 등 후방의 역할을 담당했듯이 부산 등 후방의 여성들에게도 유사한 역할을 요구하였다. 두 간호부 여성이 입대를 앞둔 약혼자와 군에 있는 자식을 위해 종군간호사가 된다는 장덕조의 「선물」(『전선문학』, 1953.4), 폐렴에 걸린 손자를 데리고 병원에 오지만 수혈비 5만원이 없어 낙망하자 간호사 순희가 자신의 피를 수혈해줬다는 김말봉의 「합장」(『신조』, 1951.6) 등은 총후부인의 변형인 후방 여성론의 모습을 보여주고 있다.

에필로그 /

반공과 국민 그리고 식민의 기억

1. 두 번의 전쟁과 '국민 되기'의 상상

표면상 중일전쟁과 대동아전쟁은 한국전쟁과는 다른 사건이다. 시기적으로도 그렇고 성격과 목적도 달랐다. 일제의 전쟁은 1931년 만주사변을 시작으로 대동아공영권을 완성키 위한 15년 전쟁의 연장선이었다. 서양과 그들의 근대성은 더 이상 동양의 모델이 아니었다. 일제의 지식인들과 군대의 선전 담당자들이 자신들의 전쟁을 '근대의 초극'이니 '서구의 극복'이니 '동양의 재발견'이라고 부르는 이유가 그것이다. 하지만 한국전쟁은 다르다. 이는 외적 요소와 내적 요소가 매우 복잡한 형태로 얽혀 있다.

이 두 개의 전쟁은 문학자에게도 예외가 아니었다. 그들에게 이 두 개의 전쟁은 타도의 대상이 달랐으며, 그들 스스로 추구하는 목적도 달랐다. 하지만 이것은 어디까지나 표면상의 차이었다. 좀 더 깊은 이면 속에는 전혀 다른 상황이 있었다. 실제로 식민지 말의 문학인과 한국전쟁기 당시의 문학인들은 많이 닮아있다. 그 닮음의 모습이란 우연성이 빚어낸 것이라기보다는 학습되고 반영되고 재현된 것에 가까우며, 이는 허위에의 동일시를 통한 '착한 주체'[1]되기의 과정에서 확인할 수 있다.

식민지 말 문학인들이 본격적으로 친일의 길을 걷게 된 것은 일본군의 1938년 10월 '동방의 마드리드'라 불리던 무한 삼진의 함락과 1940년 6월 파리 함락 그리고 연이어 선포된 신체제 사건이다. 이 두 사건으로 인해 조선의 문인들은 조선의 독립에 대한 일말의 희망마저도 소멸되었고, 동시에 서구 근대성에 대한 몰락과 동양의 재발견이라는 세계사적 대회전을 경험하게 된다.[2] 세기적 전환점의 경험은 많은 문인들을 내선일체의 실천으로 나아가게 했고, 이는 스스로를 일본인과 동일시하는 것이었다.

> "お父さん 今のサイレン 宮城遙拜のサイレンよ(아버지, 지금 울린 사이렌은 궁성요배의 사이렌입니다)"하고 내게 일깨워주었다. 그들은 밥 먹다 말고 궁성요배를 한 모양이었다. 나는 어제 조선 대박람회장에서 정오의 '사이렌'을 들었으나 시계를 맞출 것은 기억하고도 묵상할 것은 잊어버렸다. 이 모양으로 나는 아직 국민생활이 서투르

---

1 다이안 맥도넬, 임상훈 역, 『담론이란 무엇인가』, 한울, 1992, 53면.
2 이러한 관점은 김재용의 『협력과 저항』(소명출판, 2003)이 대표적이다.

다. 이것이 자리가 잡히려면 아마 수년 노력해야 할 것인가 한다.

대체 내선일체란 무엇이냐 하면 내가 재래의 조선적인 것을 버리고 일본적인 것을 배우는 것이다. 일언이폐하면 이것이다. 그리하여서 조선 2천 3백만이 모두 호적을 떠들추어보기 전에는 내지인인지 조선인인지 구별할 수 없게 되는 것이 그 최후의 이상이다.[3]

나도 입으로 이같이 외우며 눈을 감고 온몸이 더워지는 것을 느낀다. 내 혈맥에 피가 저들의 혈관에 가득 찬 피와 서로 통하는 까닭이 아닌가. 저들이 뜨거우니 나도 뜨거웁고나. 저들이 씩씩하매 나도 씩씩하다. 오늘 그대들을 보내며 나는 피의 합주를 듣는다. (…중략…) 나와 그대와 피로써 맺어진 거와 마찬가지로 이산 아래 저 강 언덕 앞에 묻혀서 살고 있는 우리가 서로 맺어졌고 태평양의 서남방에 흩어져 있는 무수한 섬과 대륙에 살고 있는 사람들이 서로 맺어 있지 않은가. (…중략…) 이제 피로써 맺어진 10억의 민족의 전위가 되어서…….[4]

이광수에게 일본인이 되는 것은 곧 "생활 전체"를 의미한다. 내지인들의 생활 습관이 그대로 내 것이 되어야 한다는 것이다. 일상생활이란 관습적인 행위로 구성되는 공간이며, 그 공간에는 무의식적인 다시 말해 신체화된 다양한 실천들이 존재하게 마련이다.

---

3 이광수, 「심적 신체제와 조선 문화의 진로」, 『매일신보』, 1940.9.5.
4 김팔봉, 「신전의 맹서」, 『매일신보』, 1944.1.19.

따라서 일본인이라는 정체성은 이런 신체화된 실천들 속에서 상상되고 검증되며 확인된다.[5] 그런 면에서 이광수는 스스로 "아직 국민생활(일본인 되기)이 서투"르다.

반면 오전 6시의 사이렌이 궁성요배의 신호였음을 지적해주는 자식들이야말로 건강한 황국신민의 모습이다. 이광수는 자신의 서투름을 털고 '일본인 되기'의 궁극적 모습을 제시한다. 그것은 조선적인 것을 버리고 일본적인 것을 배우는 것이며, 결국엔 조선의 호적을 모두 펼쳐보기 전에는 절대로 구별할 수 없는 경지에 이르는 것이다. 이 경지의 현실적 모델이 바로 '징병'이었다. 전장의 동원이야말로 일본인이 되기 위한 신체적 실천의 절정이었고, 이는 신체를 넘어서 의식의 문제, 의미의 문제로 진행하는 것이었다. 그래서 김팔봉은 신전 앞에서 학병으로 나가는 자식의 무운장구를 비는 어미를 통해 일본인 되기의 감각을 경험한다.

그런데 문제는 이들의 일본인 되기가 철저한 '허위에의 동일시'를 통한 상상의 결합이라는 것이다. 조선의 문인들은 결코 일본인 즉 식민지 본국인이 될 수 없었다. 그들이 할 수 있는 것은 '흉내 내기'뿐이었다. 오전 6시 궁성요배를 따라하거나 학병으로 나가는 젊은이를 통해 '상상의 공동체' 속으로 편입하는 경험을 할 뿐이다. 아니면 문인들이 가장 잘 할 수 있는 글쓰기—"일본인과 조선인은 지금 합체된 단일민족이다",[6] "해돋는 나라 일본의 수호신이 되옵

5 도미야마 이치로, 임성모 역, 『전장의 기억』, 이산, 2002, 31면.
6 김동인, 「감격과 긴장」, 『매일신보』, 1942.1.23.

신 원수 야마모도 이소로꾸"[7]—를 통해 상상적 결합을 시도하는 것이다.

하지만 이런 실천들 속에서만 일본인과 상상의 공동체로서 동일시될 수 있다는 것은 한편으론 "일본인으로 회수될 수 없는 임계영역이 끊임없이 생겨나고 있음"[8]에 대한 반증이기도 하다. 호미바바의 지적처럼, 이런 영역은 상상의 공동체 내부에서는 이야기할 수 없는 존재, 말하자면 타자성을 띤 존재를 양성하고 있는 것이다. 결국 끊임없이 식민지 본국인에 대한 모방을 통한 주체로의 호출 시도는 어디까지나 '식민적 흉내내기'에 불과하다. 즉 "유사하지만 완전히 동일하지는 않은 차이의 주체이자 개화되고 인정할 만한 다자에 대한 욕망"[9]의 존재에서 그치는 것이다. 그런데 아이러니컬하게도 타자성의 증명이 그들 스스로의 목소리에서 나오고 있다는 것이다. 이광수가 그처럼 소리 높여 비판하던 조선인의 피해의식, 즉 일본인과의 차별은 "자기 인식의 착오에서 온 오류"이며, "불평은 조선인에 있어서 한 경향"이 되었다며 제시하는 사례들—학령아동의 미취학, 고등전문학교의 입학률 차별, 임금, 병역과 선거권 등의 합리화—이야말로 당시 조선 민중의 타자성을 반증하는 것이다.

타자성의 모습은 작품에서도 그대로 노출되고 있다. 아래의 작

7 김소운, 「야마모도 원수의 국장일」, 『매일신보』, 1943.6.8.
8 도미야마 이치로, 위의 책, 31면.
9 이석구, 「탈식민주의와 탈구조주의」, 고부응 편, 『탈식민주의—이론과 쟁점』, 문학과지성사, 2004, 195면.

품은 1940년 12월 초 조선문인협회 문예보국 순회공연에 참가한 작가 이석훈의 목소리가 그대로 전달되고 있다는 점에서 주목할 필요가 있다.

> ① 인간인 이상, 누구나 자기가 태어난 토지에 애착을 갖는 건 당연하지요. 단 우리들이 태어난 곳을 일본이라는 커다란 전체로 연결하는 것이 중요하다고 생각합니다. 거기에서 처음으로 내선민족―조선에서 태어난 당신들도 나처럼―이를 초월하여 하나로 잇는 것이 가능하다고 생각하고 또 그렇게 하지 않으면 안 된다고 생각합니다.

> ② 키르사노프는 다시 심각한 얼굴을 하고,
>
> "박상, 이건 진심입니다만 나, 일본 사람이 될 수 없을까요?"
>
> 라고 말했다. 언젠가 일본에 귀화하고 싶다고 고백한 적이 있었다.
>
> (…중략…)
>
> "조선에 살면서 정말 일본인이 되고 싶거든 좋은 사람이 되세요. 지금 당신 나쁜 사람이라는 것이 아니라 더 훌륭한 사람이 되라는 뜻입니다.[10]

이석훈의 작품 「고요한 폭풍」의 장면이다. 이 두 장면은 식민지 본국인의 흉내 내기란 결국 식민지인의 타자성을 확인시키고 양산하는 과정임을 보여준다. ①은 마키노라는 일본인의 목소리다. 일

10 이석훈, 「고요한 폭풍」, 김재용 · 김미란 편역, 『식민주의와 협력』, 역락, 2003, 71~78면.

본인의 입에서 나오는 '일본인 되기'의 정의란 출생지의 지리적 애착을 벗어나 일본이라는 커다란 전체로 연결해야 하며, 종국에는 내선민족을 "초월하여 하나로 잇는 것"이다. 그리고 이는 "그렇게 하지 않으면 안 되는" 당위의 문제란다.

이러한 전제 앞에 조선인과 입장이 같은 타자 '키르사노프'가 일본인이 되고 싶어 한다. 하지만 그에게 주어진 해답은 '좋은 사람', '더 훌륭한 사람'이 되는 것이다. 식민지 본국인 흉내 내기는 '당위'이지만, 식민지인이 할 수 있는 것은 존재하지 않는다. '일본이라는 커다란 전체로 연결'하는 것과 '좋은 사람' 사이에는 개연성이 존재하지 않기 때문이다. 따라서 이 둘의 간극을 좁히려는 왕복운동(흉내내기)의 노력이야말로 끊임없이 미끄러지고 확장되는 차이의 간격만을 확인시켜 줄 뿐이다.

그런 면에서 이효석의 「아자미의 장」은 매우 흥미로운 작품이다. 흉내내기는 결코 본질에 다다를 수 없음을 일본 여인의 조선인 되기 과정을 통해 역설적으로 보여주고 있기 때문이다. 실제 이 작품에서 조선인 현과 동거하는 아자미의 모든 행위는 그대로 '조선인 되기'의 과정이다. 마늘 먹기, 그녀는 일본인을 "질색하게" 만드는 마늘냄새도 참기로 한다. 조선인이 되기 위해서는 마늘을 먹는 조선인을 흉내 내야 했고, 그래서 "이제부터 마늘을 잡수셔도 좋아요"라고 현에게 말한다. "어쩌는 수 없"는 일이다. 조선인 되기란 "나도 그렇게 익숙해지기로 할 테니까"라는 모방에서 시작되기 때문이다. 한복 입기, 현은 아자미에게 한복 입을 것을 청하고 아자미

역시 "그쪽을 꽤나 좋아"한다. 마치 "황국신민으로 할 노릇을 다하는"[11] 조선인처럼 아자미의 조선인 흉내 내기는 조선인인 현으로 하여금 '묘한 착각'을 불러일으킬 정도이다. 조선인의 눈에도 그녀는 일본인 아자미가 아닌 "어느 한 구석도 늘 익숙"한 "같은 핏줄의 한 사람"처럼 동일시되고 있다. 이러한 모방 혹은 동일시의 절정은 덕수궁 장면이다.

> "이렇게 옛날의 그 고풍한 건물 틈에 있으면, 나도 이 옷차림 그대로 이 땅에서 태어나서 여기서 자란 듯한 생각이 들어요. 이 행복감 속에서 이대로 고스란히 스러지고 싶을 정도로"
>
> "그런 기분을 짓밟고, 박해는 노상 밖에서 밀려오니 말야"
>
> "언제라도 다시 한번 비원에 데려가줘요. 옛 궁인들이 거닐던 그 아취 있는 숲속을 조용히 거닐고 싶어"
>
> "조홓치. 어디서든지 당신은 잘 어울릴 거야. 옛날의 왕비처럼 돋보일 게 틀림없어"[12]

한복을 입은 아자미에게 흉내 내기의 절정은 조선을 상징하는 덕수궁과의 완벽한 조화이다. 덕수궁이야말로 조선의 역사이자 정신의 표상이라는 점에서, 덕수궁과의 조화는 생활의 모방을 넘어

---

11 채만식, 「홍대하압신 聖恩」, 『매일신보』, 1943.8.3.

12 이효석, 「아자미(薊)의 장」, 김병걸 · 김규동 편, 『친일문학작품선집』, 실천문학사, 1986, 225면.

서 조선인 되기의 절정에 해당한다. 흉내 내기의 절정은 스스로 모방임을 전혀 의식하지 못하는 상태이자, "모방에 의해 생성된 것을 마치 본래 가지고 있었던 것으로 착각"[13]하는 상태이다. 이러한 모습에 현은 "한 점 얼룩조차 없는 사랑의 만족감에 흠뻑 젖"는다. 드디어 완전한 동일시가 이루어진 듯하다.

하지만 모방은 모방일 뿐이다. 마늘 냄새에 익숙해지려 했고, 조선 여인보다 맵시 있게 한복을 입었으며, 심지어 덕수궁에서는 조선의 '왕비'처럼 보일 정도였으나, 모방의 운명은 본국인의 목소리에 이미 예정되어 있었다. 바로 모방의 만족감의 '기분을 짓밟고 박해'하는 것은 '노상 밖에서 밀려'온다는 현의 말이 그것이다. 실제 아자미의 타자성을 일깨우는 것은 외적 요소였다. 덕수궁에서의 충만함은 우연히 만난 술집 손님의 추파에 의해 종결된다. 특히 술집에서 쓰는 가명—미보자(美保子)—으로 그녀를 호명하는 행위는 그녀의 동일시에 균열을 일으키는 것이자 타자성을 일깨우는 것이다. 하지만 아자미는 이 "무지막지한" 외부 상황에도 불구하고 "견딜 때까지 견뎌볼래요"라고 말한다. 이 말은 다음과 같이 치환될 수 있다. "모방할 수 있을 때까지 모방해볼래요"라고. 하지만 모방의 운명은 정해져 있었고, 이는 현의 대사—"싸우는 건 좋은데, 늘 지는 건 이쪽 아닌가"—에 내재되어 있듯이 모방의 '실패'이다. 결국 아자미는 '고향'인 일본으로 떠나면서 다음과 같이 말한다. "꽤

13 윤대석, 『식민지 국민문학론』, 역락, 2006, 103면.

나 지쳐있었어요", 이처럼 모방의 길은 험하고 그 운명은 가혹했다. 이러한 텍스트들은 "보이는 것과 숨겨진 것의 은밀한 공존"[14]을 그대로 드러내고 있다.

식민지 조선 문인들이 보여준 허위에의 동일시는 한국전쟁기 문인들에게도 그대로 적용된다. 표면상 한국전쟁기 문인들의 상황은 대동아전쟁 때와는 다르다. 대동아전쟁이 일본 제국주의를 위한 타자의 전쟁이었다면, 한국전쟁은 우리 민족의 문제였다는 점에서 '나'와 '우리'의 전쟁이었다. 식민지의 문인들이 황군의 신민이 되려 했다면, 한국전쟁기 문인들은 '반공 국민'이 되려 했다. 황군은 강제적이지만 국군은 자발적이다. 그러나 이러한 모습은 어디까지나 표면적이다. 표면 아래쪽에는 동일한 메커니즘이 작동하고 있었다.

일제 말 조선 문인들이 황국의 신민이 되려 했듯이, 한국전쟁기 남한의 문인들은 '반공 국민'이 되려 했고, 그 방법 역시 '허위에의 동일시'였다. 문인들을 비롯해 당시 남한에 거주하려는 사람은 모두 '반공을 욕망하는 국민'이 되어야 했다. 이것이야말로 전쟁국가가 요구하는 국민의 참모습이었기 때문이다. 그런데 문제는 문인들이 반공주의자가 되는 과정이었다.

14 피에르 마슈레, 배영달 역, 『문학생산이론을 위하여』, 백의, 1994, 104면.

2. 식민지 '국민'의 기억과 재현의 논리

왜 일제 말과 한국전쟁기의 문인들은 모두 허위에의 동일시라는 동일한 경험을 했을까? 이 둘의 유사성은 정말 단순한 표면상의 일치일까? 혹은 우발적인 현상일까? 아니면 동일한 메커니즘을 유도하는 근원적인 동일성 혹은 연속성이 자리하고 있는가? 다음의 기억을 참고해보자.

> 나는 대구로 돌아왔습니다. 며칠 후에 대구에 있는 문사들을 육군 정훈감이 초청을 했다. 이종찬 참모총장과 문화인 좌담회를 베푼 것이었다. 이날 좌석에는 20여 명 모였었다. 좌석 순으로 모든 사람이 군과 기타에 대해서 요망과 소감을 털어놓았다. 맨 나중에 내 차례에 이르렀다. 나는 이야기하기가 싫은 기분이었지만 박정훈감이 한 마디 하라고 권하기에 이런 말을 했다.
>
> "1944년 11월에 나는 이광수와 함께 남경에서 열리는 문학자대회에 갔었습니다. 2일간의 회의를 마치고서 상해까지 오는 도중 소주에서 내려가지고 소주 일본군 사령부를 일행 40여 명이 방문했었습니다. 일본 대표, 남지(南支) 대표, 조선 대표들이었습니다. 사령관은 없었고 참모장만 있다가 그는 우리가 들어가니까 기립한 채 끝까지 정황을 설명하였는데 그는 50이 넘어 보이는 소좌이었습니다. 그는 이렇게 말했습니다. — '우리 일본이 지금 지나 대륙을 점령하고 있습니

다. 그러나 우리가 점령하고 있다는 것은 '점'과 '선' 뿐입니다. 천진·북경·서주·남경·상해……, 이 같은 점과 이 점들을 연결하고 있는 선만을 일본군이 가지고 있습니다. 점과 점을 연결하는 철도선의 좌우 5 마일 밖에서 부터는 이것은 일본의 점령지대가 아닙니다. 여기는 왕정위(王精衛) 지배하에 있습니다. 그들은 — 지나 공산당은 일정한 방침 밑에 구체적 설계를 합니다. 그리고 구체적 설계 밑에서 조직적 실천을 합니다. 여기에는 장개석도 왕정위도 일본군도 당하지 못하고 있습니다.' — 이 같은 말을 들은 것이 생각납니다. 지금 우리 대한민국이 싸우고 있는 상대는 바로 이것입니다. '일정한 방침과 구체적 설계와 조직적 실천'을 하는 것이 적인데 우리는 일정한 방침도 없이 그저 '이랬다저랬다'하는 거 같군요. 군에서만이라도 문화에 대한 일정한 방침을 세우는 것이 좋지 않을까요."

내가 이렇게 말을 끝맺었을 때, 나는 이참모총장이 고개를 숙이고 깊이 생각하고 있는 모양을 보았던 것이다.[15]

김팔봉에게 한국전쟁은 어떠한 모습으로 보였을까? 다시 말하면 김팔봉은 어떠한 기준으로 한국전쟁을 인식하고 있었을까? 위의 장면은 한국전쟁 당시 김팔봉은 육군정훈감의 초청으로 대구에 있던 문인들과 좌담회를 하고 있는 모습이다. 이 장면이 문제적인 것은 한국전쟁에 대한 김팔봉의 인식론적 근거가 나타나기 때문이다.

15 김팔봉, 「우리가 걸어온 길」, 『김팔봉문학전집』 V, 문학과지성사, 1989, 179면.

김팔봉이 군에 대한 "요망과 소감을 털어놓"기 위해 찾아낸 기억은 1944년 11월 남경에서 열린 제 3회 '대동아문학자대회'였다. 오오무라 마스오가 지적했듯이 "3회에 걸쳐 '대동아문학자대회'에 참가한 7명은 '문인보국회' 중에서도 철저한 친일문학자"[16]였으며, 김팔봉이 그 중의 하나였다. 그런데 친일의 오명을 쓰고 있는 김팔봉이 스스로 그 기억을 통해 현 대한민국 참모총장에게 설교를 하고 있다. "1944년 '대동아문학자대회'에 참석하고 일본군 사령부를 방문하는 식민지 조선의 문인 대표가, 7년 후에는 '신생 대한민국'의 '종군작가단'의 일원으로 참모총장과 마주 앉아, 일본군 참모장에게서 들었던 '교훈'을 설파하고 있는"[17] 이 아이러니컬한 장면은 무엇을 의미하는가.

하나는 '대동아문학자대회'의 참가(친일)가 은폐되어야 하거나 죄의식을 유발하는 윤리적 차원이 아니라는 점, 또 하나는 일제 말 전시체제의 기억이 오늘의 한국전쟁을 재단하는 기준으로 작용하고 있다는 점이다. 김팔봉에게 두 개의 전쟁은 결코 독립적이기나 개별적인 기억이 아니다. 이 두 개의 전쟁은 '전쟁'이라는 보편적 연속선상에 놓여져 있으며, 서로가 서로를 바라보는 거울의 역할을 하고 있다. 하나를 판단하기 위한 일종의 모델인 것이다.

대동아전쟁은 김팔봉으로 하여금 식민지 말에 살아가야 하는 방

16 오오무라 마스오, 『윤동주와 한국문학』, 소명출판, 2003, 224~225면.
17 이 장면에 대한 깊이 있는 분석은 김철, 『국민이라는 노예』(삼인, 2005, 17~29면)을 참조 할 것.

법을 깨닫게 해준 중요한 사건이었고 경험이었다. 그것은 식민지 본국인(국민)이 되는 것, 즉 허위에의 동일시였고, 제도적으로는 내선일체에 적극 동참하는 것이었다. 그리고 이 방법은 성공했다. 김팔봉은 '국민'으로서의 대접을 받으며 이 시기를 무사히 보낸다. 결국 대동아전쟁기의 경험들이란 부끄러움의 대상이 아닌 오늘의 전쟁을 인식하게 만드는 '거울'이었고, 이후의 모든 것을 전유하는 것으로 나타난다. 이는 물론 김팔봉에게만 해당하는 것은 아니다. 일제 말 전시체제에 협력했던 문인들의 공통된 모습이기도 하다.

그렇다면 왜 그들은 이 두 개의 전쟁을 동일성의 형태로 기억하고 있는가. 김철의 지적처럼 김팔봉의 저 아이러니는 "그의 도덕적 무감각에서 온 것이 아니라, 그가 최초로 대면한 근대 국민국가의 경험, 즉 자신을 국민으로 호명했던 최초의 국민국가의 형태로부터 온"[18] 것이었다. 그 형태란 내선일체라는 국가장치와 이를 가속화시켰던 일제의 15년 전쟁이었다. 국민국가 속에서 개인의 정체성 혹은 존재론적 의미는 국가의 구성원, 즉 국민이 되는 것이었다. 개인은 '국민'이라는 명명법 속에서만 존재할 수 있었고, 김팔봉은 일본인 되기를 통해 '국민'의 기억을 갖는다.

7년 뒤 다시 전쟁이 발발했다. 이번에는 같은 민족끼리 적이 되어 총을 겨누고 있다. 이념이 다르기 때문이다. 이러한 상황에서 '국민'으로 대접받으며 '생'을 지속할 수 있는 방법은 어디에서 찾

18 위의 책, 20면.

아야 할까. 해답은 그리 어렵지 않았다. 일제 말 대동아전쟁의 기억이 있기 때문이다. 방법은 동일하다. 국민이 되는 것이었고, 그 방식은 허위에의 동일시였다. 천황의 자리에 미국과 이승만으로 대체하고, 대동아공영이라는 동양주의 자리에는 자유주의와 반공주의를 위치시키면 간단히 해결된다. 게다가 반공에 대한 경험도 이미 식민지 시대와 해방 직후에 학습된 바 있다.[19] 그래서 김팔봉은 천황의 국민에서 열렬한 대한민국의 국민, 즉 반공 국민이 된다. 특히 인민군에게 공개처형 당한 뒤 극적으로 살아난 사건은 친일문인 김팔봉을 투철한 반공 국민으로 치환시키는데 큰 기여를 한다.

> 이때부터 나는 기억이 안나요. 후일 목격한 사람의 말을 자세히 들어보았더니…… 철사로 둘둘 말고 쇠고창이가 달린 몽둥이로 내 뒤통수를 내리쳤는데 피를 분수처럼 쏟더래요. 또 한 대 내리치니까 앞으로 고꾸라지더랍니다. 그러나 곧 일어나 앉으면서 앞을 쏘아보는데, 말할 수 없는 처참한 표정이더래요. 그러더니 손으로 더듬거리다

---

19 일제시대, 반공은 황국신민화의 한 방법이었다. 1940년을 전후해 조선 민중을 공산주의로부터 격리시키기 위해 조선방공협회를 조직해 반공사상을 고취시켰다. 윤치호는 1939년 "공산주의는 결코 우리가 나아갈 길이 아닐 뿐 아니라 결정적으로 그것을 배제하고 또한 박멸하는 것이 우리의 행복"이라며 내선일체를 역설했다(강준만 · 김환표, 『희생양과 죄의식』, 개마고원, 2004, 13~14면).
이러한 학습효과는 해방직후에는 친일파들이 반민법으로부터 벗어나는 기회를 주는데, 당시 친일파들은 "파고다 공원에서 '반공구국 총궐기 대회'라는 것을 열어, 반민법은 망민법(亡民法)이라고 비난하고, 반민법 제정을 주장한 의원들을 가리켜서 공산당이라고 맹공격"을 가했다(송건호, 『한국 근대문화사론』, 한길사, 1976; 오오무라 마스오, 앞의 책, 236면 재인용).

> 가 막대기 하나를 주워들고 머리를 내리 치니까 넘어지면서 쭉 뻗더랍니다. 물론 이 사실을 나 자신은 전혀 몰랐고, 강제동원된 구경군 중의 한 사람이 나중에 내게 전해준 이야기입니다. 그 다음에 그 자들은 내 발목을 전깃줄에 묶어, 계단 아래로 끌어내렸대요. 목에 힘이 완전히 빠졌는지 한 계단을 내릴 때마다 머리통이 덜컥덜컥 떨어져 구경군들은 저 사람은 벌써 숨이 떨어졌다고 생각했대요. (…중략…)
>
> 김팔봉 씨와 함께 인민재판에서 사형이 선고되어 그들의 곤봉세례를 받은 愛智社 문선과장 全宰弘(당시 이름은 榮煥)도 기적적으로 목숨을 부지했다. 6・25를 통해 그들의 인민재판에서 사형받은 피고가 둘 다 살아남은 예는 이 경우 밖에 없었다. 이래서 이들 산 증인을 통해서 공산주의자들의 잔학성이 만천하에 낱낱이 폭로되었고, 또한 수복 후 가해자 일당을 일망타진할 수 있었다.[20]

김팔봉에게 이 사건은 결과적으로 그에게 친일문인이라는 오명의 흔적을 지워주고, 대신 투철한 반공주의자라는 훈장을 안겨주는 결정적 계기가 되었다. 이 사건은 계속 회자된다.[21] 김팔봉에는 가장 확실한 이념의 증표였기 때문이다. 이 사건 이후 김팔봉은 투철한 반공주의자이자 애국 시민의 입장에서 글을 쓰기 시작한다. 다시 '국민'이 된 것이다.

---

20 중앙일보사 편, 『민족의 증언』 2, 중앙일보사, 1983, 59~62면.

21 김팔봉은 이 사건을 지속적으로 강조한다. 1953년 『나는 살어 있다』를 시작으로 1954년 수필집 『심두잡초』(영문사)에 「인민재판 그 후의 전말기」에 그 내용을 소상히 기록하고 있으며, 그 외에도 문단을 회고하는 여러 글에서 이 사건이 다루어지고 있다. 반공주의를 선전하기 위해 펴낸 『민족의 증언』에도 역시 이 사건이 상세히 기록되어 있다.

이숭녕의 경우 대동아전쟁의 체험이 '국민되기'의 방법론을 학습하는 것에 그치지 않고 한국전쟁기 전선문화정책의 기원이 어디에서 기인하였는가를 보여준다. 이숭녕은 「전시문화정책론」에서 문화공작의 기술적 방법을 논하면서 특히 선전전의 핵심인 심리전을 강조한다. 심리전이야말로 전쟁과 문화가 직접적인 연관성을 맺는 지점이며, 무엇보다 "사병의 사기 앙양"과 관계되기 때문이다. 그래서 이숭녕은 "우리도 적의 심리 파악에 과학적인 연구"를 위해 "선전원칙"을 소개한다. 이숭녕은 구체적인 방법으로 전선문고의 간행과 군가 생산을 강조한다. 군인들의 "사기앙양"과 "사병의 교양"을 위한 전선문고는 이미 외국에서도 활발하게 활용된 바 있기 때문이다. 군가는 "좋은 군가 한곡이 능히 상당량의 전력에 근사할 것이며 국민의 사기앙양에 다시없는 수단"이다. 따라서 "감동을 주어 소기의 효과"를 올리기 위해서는 "유능한 시인에 현대적인 작곡가를 선택"하여 "작사 작곡이 시대의 쎈스를 내포"하도록 해야 한다는 것이다. 그렇다면 이숭녕의 이러한 전시문화정책은 어디서 유래한 것일까.

> "현대적 쎈쓰를 가진 국민의 심정에 호소하는 군가나 유행가가 유행된다면 크나큰 도움이 될 것이 아닌가 한다. 일제 말기에 우리가 체험한 바대로 전쟁과 가요의 관계를 이해할진대 작사 작곡에 천금의 현상도 비싼 것은 아니다."(밑줄 : 인용자)[22]

사실 이러한 주장은 '한국전쟁기의 전시문화정책이란 일제강점기 대동아 전쟁에서 학습된 것의 반영이다'라고 고백하는 것과 다르지 않다. 문제는 그들 스스로 친일적 행위에 대해 전혀 죄의식을 느끼지 않는다는 것이다. 천황에 대한 충성은 해방 후 미국에 대한 충성으로 이어지고, 이의 매개체가 반공이었다. 다른 문인들도 마찬가지다. 국민보도연맹 가입여부, 도강파와 잔류파의 명명법 등 반공주의자로 거듭나기 위해서는 무엇이든 활용하고 있었다. 일제 식민지 시대 경험했던 '국민의 기억'은 해방 후 다시 새로운 국민국가를 건설하려는 전쟁국가 앞에 국민의 길을 비춰주었던 것이다. 전쟁이라는 동일한 상황, 새로운 국민을 요구하는 국가, 그 앞에 김팔봉, 이숭녕 등의 일본인 되기의 기억은 선명한 거울이 되어 그들이 가야할 길을 비추고 있는 것이다.

3. 민족 분할의 논리와 죽음의 향연

이러한 연속성은 민족분할 논리에서도 그대로 드러난다. 조선의 문인들이 식민지 본국인이 되기 위해 '조선' 즉 민족을 배제했다.

22 이숭녕, 「전란조국과 문화의 위치」, 『문화세계』, 1953.7, 21면.

최남선을 위시한 많은 지식인들은 고대사 연구를 통해 조선과 일본이 하나였음을 강조한 바 있지만, 그것은 조선이 거세된 것이었다. 조선의 문인들이 제국의 국민이 되기 위해서는 철저히 민족을 제거해야 했다. 이를 위해서 내선일체에 대한 뿌리 깊은 "미묘한 감정적인 문제"를 처리해야 했고, 그 방법론이 바로 "민족적 감정의 내적 청산"[23]이었다. 이른바 "정신적인 내장(內臟)을 소제"—"조선 사람이기 때문에 가졌던 취기(臭氣) 분분한 그 썩은 내장물을 위로는 토해 내고 아래로는 관장, 배설"[24]—하는 것이다. 이러한 논의는 자연스럽게 "조선민족의 발전적 해소론"이라는 이론의 형태로 발전해, 결국에는 "제가 조선인인 것을 잊어야" 하고, 아니 "기억할 필요가 없"으며 대신 "아주 피와 살과 뼈가 일본인이 되어"[25]버려야 한다는 당위의 영역으로 확장된다. 피와 살과 뼈가 일본인의 것이 되어야 한다는 주장은 물론 이광수의 것이 아니다. 이는 1939년 5월 30일 국민정신총동원에서 연설하던 미나미 총독의 말—"겉모습도, 마음도, 피도, 살도, 모두가 일체가 되지 않으면 안 된다"—을 이광수의 목소리로 재현하고 있는 것이다.

한국전쟁기 역시 다르지 않다. 남한의 문인들은 민족의 범주에서 북한을 배제하기 위해 공통된 담론의 구도를 보여주었다. 당시 발간되던 반공텍스트의 주된 담론의 지형도 중의 하나는 "서울=

---

23 김용제, 「민족적 감정의 내적 청산으로」, 『동양지광』, 1939.4.
24 김문집, 「조선민족의 발전적 해소론 서설」, 『조광』, 1939.9.
25 이광수, 앞의 글, 『매일신보』, 1940.9.5.

수도=남한=국가=민족"의 등식이었다. 이 등식에서 알 수 있듯이 민족이란 서울로 표상되는 공간적 확장체이자 동시에 남한으로 표상되는 반공주의에 기초하고 있다. 즉 남한이라는 공간적 실체와 반공주의라는 이념적 틀에서 이탈한 것은 민족의 범주에 포함할 수 없다라는 것이다. 그래서 이헌구가 소리 높여 외쳤던 "인류애와 동족애" 안에는 북한이 제외되어 있다.[26] 이러한 의식은 그대로 작품 안으로 내면화되어 형상화되었다.

연속성의 또 다른 모습은 모방 욕망의 극점이 한결같이 '폭력성'으로 귀결되고 있는 것이다. 모방욕의 운명이란 결코 본질에 다다를 수 없다는 것이고, 그 안에서 충족되지 못하는 갈증은 극한의 선택을 강요하는데, 바로 죽음의 독려이다. 일제 말 전시체제 하, 일본인을 향한 모방의 욕망은 급기야 조선의 문인들로 하여금 '조선의 청년'들을 '마련된 죽음의 장'인 전장으로 향하게 했다. 김동환은 황군장군의 11만 명의 죽음과 조선인 3명의 죽음을 비교하며 부끄러워한다. 그래서 일본인이 되기 위한 방법을 3단계로 나누어 알려준다. 1단계는 황도정신을 배우는 것이고, 2단계는 돈과 땀을 나라에 바치며, 마지막 3단계에는 피를 바쳐야 한다는 사상전, 물질전, 육체전이 그것이다.[27] 따라서 죽음은 이제 '성스러운' 것이 된

26 이헌구는 "십자군적인 聖業"인 한국전쟁을 통해 우리 민족의 인류애와 동족애를 느꼈으며, 따라서 평화, 자유를 지키기 위해 노력하자라고 주장하고 있으나, 북한은 인류애와 동족애의 대상이 아니라 오히려 그것을 고취시키는 배타적 대상이었을 뿐이다(이헌구, 「인류애와 동족애」, 김송 편, 『전시문학독본』, 계몽사, 1951).

27 김동환, 「임전보국단의 결성에 제하여」, 『삼천리』, 1941.11.

다. 김동환의 메시지는 그의 것이 아니다. 식민지 본국인이 조선인을 향해 외쳤던 것이고, 김동환은 동일한 내용을 조선인에게 외친다. 동일한 메시지의 울림 속에서 문인들은 식민지 본국인과 동일성을 느낄 수 있었기 때문이다. 김동환뿐만이 아니었다. 전시체제에 동조하던 다른 문인들에게서도 이러한 목소리는 어렵지 않게 발견할 수 있다.

이러한 울림은 그대로 한국전쟁기의 문인들에게도 전달된다. 당시 평론가와 문인들이 언급한 '전쟁문학'의 형상화론 안에도 일제말 조선 문인들의 목소리가 그대로 배어있다.

4. 한국전쟁기 문학연구의 방향

대동아전쟁은 독립되거나 단절된 사건이 아니었다. 대동아전쟁은 조선 문인들에게 막연하기만 했던 '국민국가'와 '국민'에 대한 관념을 생생한 경험과 기억으로 바꿔줬다. 몸과 마음을 바칠 '조국(일제)'이 있고, 희생의 실천적 방법이 존재했다는 것은 일본인을 꿈꾸던 식민지 문인들에게 '국민'으로서의 충만감을 안겨줬다. 이것이 허위에의 동일시를 통한 상상의 결합이냐 아니냐는 중요하지 않다. 그들은 최초로 국민국가의 국민이 되었고, 이를 통해 '당당히' 살아남았고, 기억은 강렬했다.

다시 전쟁이 발발했다. 상황이 많이 바뀌었지만 본질은 바뀌지 않았다. 그들은 이미 전쟁국가 국민의 책무와 행동지침에 대해 잘 알고 있었다. 중일전쟁 이후 '조선문인협회', '조선문인보국회' 등을 결성했듯이, 한국전쟁 발발 직후 '문총구국대'와 육, 해, 공 종군작가단을 결성한다. 『보리와 병정』 이후 그들이 경험한 보고문학의 중요성은 한국전쟁을 다룬 보고문학(각종 종군기, 수난기, 피난기 등)으로 재현되고 각 잡지의 앞부분을 차지한다. 뿐만 아니다. 대동아전쟁 기간에 나온 전쟁문학론(문학의 역할론, 문학자의 위상, 창작론)도 한국전쟁을 임하는 문학론의 거울이었다. 일제 말 '군국의 어머니'는 한국전쟁기에 다시 부활한다. "민족이 다 죽는 판인데 개인 사정 돌 볼 수" 있냐는 것이다. 그래서 외친다. "그러니까 자식을 받혀야 한다"[28]고. 이뿐만이 아니다. 논조와 어휘, 수사법 심지어는 제목도 같다.

식민지 조선 문인들에게 대동아전쟁의 기억은 한국전쟁을 맞이하는 교과서였고, 새로운 전쟁국가 국민의 모습을 비춰주었다. 이처럼 일제 말 문인들이 식민지 본국인을 흉내 내었다면, 한국전쟁기 문인들은 '반공주의자'를 흉내 내었다. 이것만이 그들이 '국민'으로, '주체'로 호출되는 방법이었다. 그리고 시간적 간극을 메워줬던 것은 대동아전쟁기의 경험이었다. 두 개의 전쟁 기억을 공유

28 장덕조, 「어머니」, 『전시문학독본』, 계몽사, 1951.3, 103면.

하고 있는 그들은 "자신을 최초로 국민으로 호명했던 일본국가의 형태 및 그 속에서 경험을 또 다른 국가, 즉 대한민국의 그것과 구별할 수 없었고, 사실은 굳이 그럴 필요도 없었"[29]던 것이다.

왜냐하면 식민지 문인들이 모방하고자 했던 일본인과 한국전쟁기 문인들이 모방하고자 했던 반공주의자는 사실 동일한 대상, 즉 '이데올로기'였기 때문이다. 일본인(민족)이란 정확히 말해 팔굉일우와 대동아주의라는 이데올로기를 실천하는 '국민'이었고, 반공주의자 역시 실체가 아닌 반공주의라는 이데올로기의 실천적 형태였기 때문이다. 결국 양 시대의 문인들은 '국민'이 되어야 했고, 이를 위해 그들은 '이데올로기'를 모방(실천)했던 것이다. 두 개의 전쟁 기억을 매개로, 또 기억의 연속성으로 인해 그들은 여전히 '국민'이 되고 있었던 것이다.

이처럼 문학연구에 있어 한국전쟁기와 일제 말기는 닮은 점이 많다. 둘 다 한국문학사에서 소외된 공간이라는 점, 암흑기에 해당한다는 점, 문학적·미학적 조탁을 거치지 못한 함량미달의 작품이 다수라는 점, 하지만 무엇보다도 전쟁을 경험했다는 점이다. 또한 근래에 들어 이 두 영역이 새롭게 조명되고 있는 것도 닮은 점이다. 최근 동아시아 담론에 대한 관심과 함께 일제 말의 문학에 관심이 모아지기 시작했는데, 이중어 글쓰기나 탈식민지 논의 등이 그것이다. 마찬가지로 한국전쟁기 역시 최근 새롭게 주목 받고 있는

29 김철, 앞 책, 20~21면.

데, 특히 반공주의에 입각한 연구들이 등장하면서, 문학적 잣대라는 경직성에서 벗어나 문화 연구라는 확대된 범위에서 논의되고 있다. 이처럼 일제 말과 한국전쟁기 사이에는 서로 겹침의 영역들이 존재하고 있다. 그런데 이러한 외형적 유사성 외에는 달리 공통의 요소가 없는 것일까.

그간 한국전쟁기 문학에 대한 연구는 매우 독립적인 위치에서 다루어져 왔다. 즉 한국전쟁이라는 독립된 사건과 그 영향 하에서 생성된 일종의 '목적문학' 정도로 평가되었던 것이다. 그러나 다른 각도에서 보자면 몇 가지 새로운 문제제기가 가능해진다. 정말 한국전쟁기 문학담론은 한국전쟁이 낳은 자생적인 것이었을까. 다시 말해 한국전쟁이 발생하지 않았으면 태어나지 않았을 독립적인 형태의 문학담론이었을까. 그 당시 문학자들이 소리 높여 외쳤던 문학의 위상과 역할, 형상화 논쟁은 진정 그들의 온전한 발명품일까. 아니 오히려 그것은 일종의 학습효과가 아닐까. 의식적이든 무의식적이든 지난 시기의 경험과 학습을 통해 자연스럽게 내재화된 결과물의 모방 혹은 재현이 아닐까. 그리고 모방의 대상이 혹시 일제 말 그들이 경험했던 몇 차례의 전쟁의 경험이 아니었을까 등이 그것이다.

이러한 의문들을 가능하게 만드는 요소들이 있다. 특히 한국전쟁기 당시 종군문학에 가담했던 문인들이 주로 일제 말 전시기를 경험했던 세대라는 점, 그리고 일제 전시체제와 한국전쟁기의 전쟁문학 혹은 전쟁문학 담론 간에 공통분모가 많다는 점 등은 이 둘 간의 공모의 혐의가 짙음을 보여준다. 그리고 이는 개별적으로 조명되어 온 두 영역 간의 연계점 찾기 작업의 시급함을 보여주는 것이기도 하다. 이제 한국전쟁기 문학연구는 새롭게 바라볼 수 있는 자격이 충분히 주어진 것이다.

참고문헌

1. 기본자료

『東亞日報』, 『文藝』, 『文化世界』, 『文化春秋』, 『서울新聞』, 『首都評論』, 『新思潮』, 『新生公論』, 『新潮』, 『新天地』, 『聯合新聞』, 『自由世界』, 『自由藝術』, 『戰線文學』, 『朝鮮日報』, 『現代公論』, 『協同』, 『희망』.

구상, 『구상 고현잡화집』, 남향문화사, 1953.
김팔봉, 『나는 살어있다』, 1950.
김팔봉, 『심두잡초』, 영문사, 1954.
유진오 외, 『고난의 90일』, 수도문화사, 1950.
육군본부 정훈감실 편, 『사병문고』 1집, 1951.
오제도 외, 『적화삼삭구인집』, 국제보도연맹, 1951.
오영진, 『소군저하의 북한－하나의 증언』, 중앙문화사, 1952.
이승만, 『대통령 이승만 박사 담화집』, 공보처, 1953.
전국문화인협회, 『반란과 민족의 각오』, 문진문화사, 1949.
현수, 『적치육년의 북한문단』, 중앙문화사, 1952.
오제도 편, 『자유를 위하여』, 문예서림, 1951.
오제도, 『붉은 군상』, 희망출판사, 1951.
박계주, 『자유공화국 · 최후의 날』, 정음사, 1955.
정비석, 『女性戰線』, 한국출판사, 1954.
최민순, 『밤의 일기』(『천주교회보』, 1951.3.25~1953.2.5)
천세원, 『배달부와 나자로의 후예들』(『천주교회보』, 1952.4.25~6.5)
이무영, 『해전소설집』, 육군본부 정훈감실, 1957.
『농민소설선집』, 대한금융조합연합회, 1952.
『전시문학독본』, 계몽사, 1951.
『전시소설선』, 해병대 정훈감실, 1955.

『전쟁과 소설』, 계몽사, 1951.
『한국전쟁 명작 단편선』, 중앙일보사, 1975.
『한국전쟁 문제 소설선』, 한국문학, 1976.
『해병과 상륙』, 계문출판사, 1953.

2. 논문

강응식, 「전체주의적 반공주의와 순수・참여논쟁」, 『상허학보』 15, 2005.8.
강진호, 「변경의 삶과 자기 정당화의 논리」, 『현대문학의 연구』 35, 2008.6.
______, 「반공주의의 규율과 국어교과서」, 『민족문학사연구』 28, 2005.
______, 「국가주의 규율과 국어교과서」, 『현대문학의 연구』 32, 2007.7.
______, 「반공의 규율과 작가의 자기검열」, 『상허학보』 15, 2005.8.
______, 「반공사회의 규율과 문학의 증언」, 『현대소설연구』 28, 2005.12.
권명아, 「기억 / 공유기억 연구 방법론과 탈 민족주의 연구 경향에 대한 비판적 고찰」, 『상허학보』 16, 2006.2.
권혁범, 「반공주의 회로판 읽기」, 『당대비평』 통권8호, 1999.9.
김경원, 「최정희 — 역사적 격랑 속에서 여성의 좌표찾기」, 『역사비평』, 1996 가을.
김교봉, 「한국전쟁기 장편소설 『영원히 사는 것』의 작가의식 연구」, 『현대문학의 연구』 31, 2007.3.
김귀옥, 「왜 월남 실향민은 반공수구 세력이 되었을까?」, 『인물과 사상』 30, 2004.3.
김남수, 「1950년대 국민학교, 중학교에서의 반공교육」, 성균관대 석사논문, 2003.4.
김동춘, 「서울시민과 한국전쟁 — 잔류, 도강, 피난」, 『역사비평』, 2000 여름.
______, 「20세기 한국에서의 국민」, 『창작과비평』, 1999 겨울.
______, 「서울시민과 한국전쟁 — 잔류, 도강, 피난」, 『역사비평』 51호, 2005.5.
김민배, 「국가보안법, 반공법과 한국인권 50년」, 『역사비평』, 1999 봄.
김문수, 「한국전쟁기 소설연구」, 『우리말글』 27, 2003.4.
김범묵, 「교과서가 만든 한국인」, 『당대비평』, 2001.9.

김병권, 「동, 서양의 전쟁문학, 무엇을 제시하고 있나」, 『국방저널』, 1997.5.
김석준, 「한국전쟁과 국가 재형성」, 현대사회, 현대사회연구소, 1990 봄.
김수자, 「한국전쟁과 월남여성들의 전쟁경험과 인식」, 『여성과 역사』 10, 2009.6.
김양수, 「선우휘의 불꽃－행동의지의 상황문학」, 『광장』, 1984.1
김영범, 「알박스의 기억사회학」, 『사회과학연구』 6집, 1999.1.
______, 「집합기억의 사회사적 지평과 동학」, 지승종 외, 『사회사연구의 이론과 실제』, 한국 정신문화연구원, 1998.
김용성, 「1950년대 한국 전후소설 연구」, 『교육논총』 8, 전북대, 1988.
김유경, 「국민국가의 집단기억과 역사교육, 역사교과서」, 『창작과비평』, 2002 봄.
김윤식, 「우화성과 이데올로기 비판」, 『문예중앙』, 1981 봄.
김재용, 「염상섭 전쟁문학과 분단극복의 눈」, 『역사비평』, 2000 여름.
______, 「냉전적 반공주의와 남한 문학인의 고뇌」, 『역사비평』, 1996 겨울
______, 「반공이데올로기와 민주의 선택」, 『역사문제연구』 6호, 역사문제연구소, 2001.
김정훈, 「한국전쟁과 담론정치」, 『경제와사회』, 2000.6.
김준현, 「반공주의의 내면화와 1960년대 풍자소설의 한 경향」, 『상허학보』 21, 2007.10.
김진기, 「반공주의와 자유주의」, 『현대소설연구』 25, 2005.8.
______, 「반공에 전유된 자유, 혹은 자유주의」, 『상허학보』 15, 2005.8.
김창주, 「Narcissism and Tabu」, 『한국어문학연구』, 이화여대, 1969.
김　철, 「분단의 언어, 통일의 언어」, 『실천문학』, 1988 봄.
김태현, 「반공문학의 양상」, 『실천문학』, 1998 봄.
김혜진, 「박정희정권기 반공이데올로기의 정치경제적 기능」, 『역사비평』, 1992 봄.
김학연, 「분단체제 소설연구」, 『반교어문연구』 15집, 2003.
김한식, 「김동리 순수문학론의 세층위」, 『반공주의와 한국문학』, 2006, 깊은샘.
남원진, 「반공국가의 법적 장치와 예술원의 성립과정 연구」, 『겨레어문학』 38, 2007.6.
______, 「역사를 문학으로 번역하기 그리고 반공 내셔널리즘」, 『상허학보』 21, 2007.10.
류경동, 「해방기문단 형성과 반공주의 작동 양상 연구」, 『상허학보』 21, 2007.10.

류춘도, 「인민군 여자군의관으로 겪은 한국전쟁」, 『역사비평』, 2000 여름.
모리 요시노부, 「한국 반공주의 이데올로기 형성과정에 관한 연구」, 『한국과 국제정치』, 1989.12.
문선영, 「1950년대 전쟁기 피난문단과 경남. 부산지역 아동문학 매체 연구」, 『한국문학논총』 37집, 2004.8.
박신헌, 「한국전쟁기 전후기 소설의 현실인식 연구」, 경북대 박사논문, 1992.
______, 「한국전쟁기 소설에 나타난 애국의식의 특징 연구」, 『어문학』 59호, 1996.8.
박원순, 「전쟁부역자 5만여 명 어떻게 처리되었나」, 『역사비평』, 1990.5.
박찬표, 「6・25 직후의 북한과 남한」, 역사비평, 1989 여름.
박훈하, 「1950년대 소설담론의 주체형식 연구」, 부산대 박사논문, 1997.
방민호, 「전후소설에 나타난 알레고리 연구」, 서울대 석사논문, 1993.
______, 「일제 말기 문학인들의 대일 협력 유형과 의미」, 『한국 현대문학연구』 22, 2007.8.
서동만, 「한국전쟁과 김일성」, 『역사비평』, 2000 여름.
선안나, 「1950년대 아동문학과 반공주의」, 『한국어문학연구』 46집, 2006.2.
신경득, 「반항과 좌절의 미학」, 『월간문학』, 1978.2.
______, 「한국 전후소설연구」, 건국대 박사논문, 1982.
신영덕, 「한국전쟁기 종군작가 연구」, 고려대 박사논문, 1993.
______, 「한국전쟁기 이무영의 해군생활과 문학활동」, 『문학사상』, 1993.6.
______, 「한국전쟁기 남북한 전쟁소설의 특징」, 『한국 현대문학연구』, 2003.12.
______, 「한국전쟁기 남북한 소설의 탈식민주의 연구」, 『현대소설연구』 23, 2004.9.
______, 「한국전쟁기 이무영의 해군생활과 문학활동」, 『문학사상』, 1993.6.
______, 「현대소설에 나타난 죽음의 일고찰」, 『영남어문학』 21, 1992.
엄해영, 「한국 전후세대소설연구」, 세종대 박사논문, 1992.
오미정, 「전후 일본문학에서 전쟁기억과 고백의 문제」, 『일본문화연구』 15집, 2008.8.
오세영, 「6・25와 한국 전쟁시 연구」, 『한국문화』 13집, 1992.12.
오제도, 「아직도 뛰고 있는 오제도 검사」, 『한국논단』, 1999.
유성호, 「역사와 일상에 대한 윤리적 투시」, 『비평문학』 15호, 2001.7.

유임하, 「이데올로기의 억압과 공포」, 『현대소설연구』 25, 2005.3.
______, 「마음의 검열관, 반공주의와 작가의 자기검열」, 『상허학보』 15. 2005.8.
______, 「순수의 이데올로기적 기반」, 『우리말글』 38, 2006.12.
유재일, 「한국전쟁과 반공이데올로기의 정착」, 『역사비평』, 1992 봄.
유학영, 「1950년대 한국소설 연구」, 성균관대 박사논문, 1987.
윤해동, 「국체와 국민의 거리」, 『역사문제연구』 15호, 2006.6.
윤영철, 「언론환경의 변화와 보도의 다양성－반공(반북)이데올로기의 지형의 변화와 그 한계」, 『한국언론학보』 28, 1992 가을.
이기윤, 「1950년대 한국소설의 전쟁체험 연구」, 인하대 박사논문, 1989.
이도영, 「'백조일손지묘'가 말하는 전쟁기 제주도 양민학살」, 『역사비평』, 2000 여름.
이동하, 「한국 현대소설과 기독교의 관련양상에 대한 고찰」, 『배달말』 14, 1989.12
이동후, 「국가주의와 집합기억의 재생산」, 『언론과사회』, 2003 봄.
이병순, 「한국전쟁기 여성문인들의 반공서사 연구」, 『현대문학의 연구』 41, 2010.6.30.
이봉범, 「반공주의와 검열 그리고 문학」, 『상허학보』 15, 2005.8.
______, 「검열의 내면화와 그 정치적 발현」, 『상허학보』 21, 2007.10.
이부순, 「한국 전후소설 연구－전도적 상상력을 중심으로」, 서강대 박사논문, 1994.
이은자, 「1950년대 한국소설에 나타난 지식인상 연구」, 숙명여대 박사논문, 1994.
이재선, 「현대소설과 Thanatopsis의 문제」, 『한국 단편소설 연구』, 일조각.
이춘희, 「전후소설의 새 양상」, 『어문논집』 4집, 중앙대 국어국문학회, 1966.
이태동, 「막다른 끝의 '밀다원'－밀다원시대」, 『문학사상』, 1985.6
이태섭, 「6・25와 이승만의 민중통제의 실상」, 『역사비평』, 1991 봄.
이효덕, 「국민국가의 안과 밖」, 『당대비평』, 1999.6.
임경순, 「검열논리의 내면화와 문학의 정치성」, 『상허학보』 18, 2006.10.
______, 「남정현 소설의 성－여성과 윤리, 그리고 반공주의」, 『상허학보』 21, 2007.10.
임금복, 「한국 현대소설의 죽음의식 연구」, 성신여대 박사논문, 1996.
임헌영, 「실존주의와 1950년대 문학사상」, 『현대문학』, 1987.11~12.
전금호, 「한국 현대소설에 나타난 죽음의 연구」, 경희대 박사논문, 1988.
전상숙, 「사상통제정책의 역사성」, 『한국 정치외교사논총』, 2005.8.
전영태, 「6・25와 한국소설의 재발견」, 『현대문학』, 1985.6.

전혜자, 「전시문학과 작가의식」, 『한국의 전후문학』, 태학사, 1991.
정연식, 「조선시대의 천연두와 민간의료」, 『인문논총』 14, 서울여대인문과학연구소, 2005.12.
정영태, 「일제 말 미군정기 반공이데올로기의 형성」, 『역사비평』, 1992 봄.
정용옥, 「6·25전쟁기 삐라에 나타난 적의 이미지」, 『내일을 여는 역사』 16호, 2004.6.
______, 「6·25전쟁기 미군의 삐라 심리전과 냉전 이데올로기」, 『역사와현실』 51권, 2004.3.
정해구, 「분단과 이승만 : 1945~1948」, 『역사비평』, 1996 봄.
조남현, 「우리 소설의 자본주의 인식과정」, 『현대시사상』, 1993 가을.
조동숙, 「1950~60년대 소설에 나타난 이데올로기 연구」, 고려대 박사논문, 1993.
차상철, 「미국의 냉전정책과 한국」, 『역사비평』, 1992 봄.
차혜영, 「국어교과서와 지배이데올로기」, 『반공주의와 한국문학』, 깊은샘, 2006.
천이두, 「50년대 문학의 재조명」, 『현대문학』, 1985.1.
______, 「안타오스의 자유」, 『현대문학』, 1960.11.
하정일, 「1950년대 단편소설 연구－장르적 특성을 중심으로」, 연세대 석사논문, 1989.
한경희, 「한국전쟁기 전쟁시의 국가주의의 시선」, 『한국 시학연구』 21호, 2008.4.
한만길, 「유신체제 반공교육의 실상과 영향」, 『역사비평』, 1997 봄.
한명환, 「한국전쟁기 신문소설의 발굴과 문학사적 의의」, 『현대소설연구』 30, 2003.
한민주, 「신체의 수사학과 남성성의 심미화」, 『여성문학연구』 14, 2005.12.
한수영, 「한국의 보수주의자－선우휘」, 『역사비평』, 2001 겨울.
______, 「선우휘연구2－반공이데올로그의 사상과 문학」, 『역사비평』, 2002 여름.
______, 「분단과 전쟁이 낳은 비극적 역사의 아들들」, 『역사비평』, 1999 봄.
______, 「월남작가의 작품세계에 나타난 반공이데올로기와 1950년대 현실인식」, 『역사비평』, 1993 여름.
한지수, 「반공이데올로기와 정치폭력」, 『실천문학』, 1989 가을.
한지희, 「국민보도연맹의 조직과 학살」, 『역사비평』, 1996 겨울.
후지이 다케시, 「돌아온 국민－제대군인들의 전후」, 『역사연구』 14집, 2004.12.

3. 단행본

〈국내서적〉
강인숙, 『박완서 소설에 나타난 도시와 모성』, 둥지, 1997.
강준만 외, 『레드콤플렉스-광기가 남긴 아홉 개의 초상』, 삼인, 1997.
강준만・김환표, 『희생양과 죄의식-대한민국 반공의 역사』, 개마고원, 2004.
강진호, 『한국 소설사와 근대성의 아포리아』, 소명출판, 2004.
______, 『국어교과서와 국어이데올로기』, 글누림, 2007.
고 은, 『1950년대』, 민음사, 1973.
공임순, 『스캔들과 반공국가주의』, 앨피, 2010.
구인환 외, 『한국 전후문학연구』, 삼지원, 1995.
구인환 외, 『현대문학사의 재조명』, 백문사, 1991.
권영민, 『한국 현대문학사 1945~1990』, 민음사, 1993.
김건우, 『사상계와 1950년대 문학』, 소명출판, 2003.
김경학, 『전쟁과 사람들』, 한울아카데미, 2005.
김귀옥, 『이산가족, '반공전사'도 '빨갱이'도 아닌』, 역사비평사, 2004.
김동춘, 『분단과 한국사회』, 역사비평사, 1997.
김동춘, 『전쟁과 사회』, 돌베개, 2000.
김동환, 『한국의 전후문학』, 한국 현대문학연구회, 1991.
김득중, 『빨갱이의 탄생』, 선인, 2009.
김득중 외, 『죽엄으로써 나라를 지키자』, 선인, 2007.
김만수, 『한국 전후문학의 형성과 전개』, 태학사, 1993.
김병익, 『상황과 상상력』, 문학과지성사, 1988.
김상선, 『신세대작가론』, 일신사, 1964.
김영철, 『박인환』, 건국대 출판부, 2000.
김용성, 『한국소설과 시간의식』, 인하대 출판부, 1992.
김우종, 『한국 현대소설사』, 성문각, 1982.
김운태, 『한국정치사』 제2권, 한국사료연구소, 1976.
김윤식, 『한국문학사』, 민음사, 1973.

______, 『한국 현대문학비평사』, 서울대 출판부, 1988.
______, 『김동리와 그의시대』, 민음사, 1997.
김윤식·정호웅, 『한국 소설사』, 예하, 1993.
김윤식·김현, 『한국문학사』, 민음사, 1973.
김을한, 『인생잡기』, 일조각, 1956.
김용성, 『한국 현대문학사탐방』, 국민서관, 1973.
김재용, 『협력과 저항』, 소명출판, 2004.
김진균 외, 『한국사회론』, 한울, 1990.
김진기 외, 『반공주의와 한국문학의 근대적 동학』 Ⅰ, 한울, 2008.
김진기 외, 『반공주의와 한국문학의 근대적 동학』 Ⅱ, 한울, 2009.
김진기, 『선우휘』, 보고사, 1999.
김화영, 『현대작가론』, 문장, 1983.
동국대 한국문학연구소 편 『전쟁의 기억, 역사와 문학』 상·하, 월인, 2005.
민족문학사연구소 편, 『민족문학사 강좌』 하, 창작과비평사, 1995.
민족문학사연구소 편, 『민족문학사연구』, 창작과비평사, 1993.
박동규, 『전후 한국소설의 연구』, 서울대 출판부, 1996.
백　철, 『(속) 진리와 현실』, 박영사, 1976.
변형윤 외, 『분단시대의 한국사회』, 까치, 1985.
서경석 외, 『한국 전후문학의 형성과 전개』, 태학사, 1993.
서중석, 『한국 현대민족운동연구』 2, 역사비평사, 1996.
______, 『이승만의 정치이데올로기』, 역사비평사, 2005.
손준식 외, 『식민주의와 언어』, 아름나무, 2007.
손호철, 『한국전쟁과 남북한 사회의 구조적 변화』, 극동문제연구소, 1991.
송하춘·이남호 편, 『1950년대 소설가들』, 나남, 1994.
신영덕, 『한국전쟁과 종군작가』, 국학자료원, 2002.
신용하, 『해방 5년사의 재조명』, 국토통일원, 1987.
신형기, 『민족이야기를 넘어서』, 삼인, 2002.
안태윤, 『식민정치와 모성』, 한국학술정보, 2006.
우한용, 『한국 현대소설 구조 연구』, 삼지원, 1990.

유임하, 『기억의 심연』, 이회문화사, 2002.
______, 『분단현실과 서사적 상상력』, 태학사, 1998.
유팔무, 『한국사회와 지배이데올로기』, 녹두, 1991. 참조
이광풍, 『현대소설의 원형적 연구』, 집문당, 1985.
이대근, 『한국전쟁과 1950년대의 자본축적』, 까치, 1987,
______, 『현대사를 어떻게 볼 것인가』, 동아일보사, 1988.
이상두, 『남북한의 이데올로기와 정치』, 거목, 1987.
이승원 · 오선민 · 정여울, 『국민국가의 정치적 상상력』, 소명출판, 2003.
이재선, 『한국 현대소설사』, 민음사, 1991.
임헌영, 『한국 현대문학사상사』, 한길사, 1988.
장수익, 『1960년대 문학연구』, 예하, 1993.
전기철, 『한국 전후문예비평연구』, 서울, 1994.
전진성, 『역사가 기억을 말하다』, 휴머니스트, 2005.
정문길, 『소외의 이론』, 문학과지성사, 1978.
조남현, 『한국 현대소설의 해부』, 문예출판사, 1993.
진덕규, 『해방 전후사의 인식』, 한길사, 1979.
최상룡, 『미군정과 한국의 민족주의』, 나남, 1988.
최장집 외, 『해방 전후사의 인식』 4, 한길사, 1989.
최장집 편, 『한국전쟁연구』, 태암, 1989.
최정희, 『젊은날의 증언』, 육민사, 1962.
한국문학연구회 편, 『1950년대 남북한 문학』, 평민사, 1996.
한국 산업사회연구회 편, 『한국사회와 지배이데올로기』, 녹두, 1991.
한국전쟁연구 국제학술회 편, 『한국전쟁 후 민족 격동기의 재조명』, 한국전쟁연구회, 1987.
한국 현대문학연구회 편, 『한국의 전후문학』, 태학사, 1991.

〈외국서적〉

게오르그 루카치, 박정호 · 조만영 역, 『역사와 계급의식』, 거름, 1986.

골드만, 조경숙 역, 『소설사회학을 위하여』, 청하, 1982.
김동일 편, 『이데올로기』, 청람, 1982.
나시카와 나가오, 윤대석 역, 『국민이라는 괴물』, 소명출판, 2002.
다이안 멕도넬, 임상훈 역, 『담론이란 무엇인가』, 한울, 1992.
도미야마 이치로, 임성모 역, 『전장의 기억』, 이산, 2002.
라레인, 한상진・심영희 역, 『현대사회이론과 이데올로기』, 백의, 1984.
레에나르트, 허경은 역, 『소설의 정치적 읽기』, 한길사, 1995.
로버트 올리버, 『대한민국 건국의 비화』, 계명사, 1990.
로버트 O, 팩스턴, 손명희・최희영 역, 『파시즘』, 교양인.
루이-장 칼베, 김병욱 역, 『언어와 식민주의』, 유로서적, 2004.
르페브르, 박정자 역, 『현대세계의 일상성』, 세계일보, 1990.
마르크스, 엥겔스, 박재희 역, 『독일 이데올로기』 I, 청년사, 1988.
만하임, 황성모 역, 『이데올로기와 유토피아』, 삼성출판사, 1992.
미셀 푸코, 김부용 역, 『광기의 역사』, 인간사랑, 1999
________, 이광래 역, 『말과 사물』, 민음사, 1986.
________, 이규현 역, 『성의 역사』, 나남, 1990.
________, 이정우 역, 『지식의 고고학』, 민음사, 1992.
________, 홍성민 역, 『임상의학의 탄생』, 인간사랑, 1993.
바흐친, 이득재 역, 『문예학의 형식적 방법』, 문예출판사, 1992.
베네딕트 앤더슨, 윤형숙 역, 『상상의 공동체』, 나남, 2002.
부르디외, 정일준 역, 『상징폭력과 문화재생산』, 새물결, 1997.
블랑쇼, 박혜영 역, 『문학의 공간』, 책세상, 1990.
사르트르, 손우성 역, 『존재와 무』 2, 삼성출판사, 1992.
수잔 손택, 이재원 역, 『은유로서의 질병』, 이후, 2002.
아론 구레비치, 이현주 역, 『개인주의의 등장』, 새물결, 2002.
아리에스, 유선자 역, 『죽음 앞에 선 인간』 상・하, 동문선, 1997.
알라이다 아스만, 변학수・백설자・채연숙 역, 『기억의 공간』, 경북대 출판부, 2003.
알튀세르, 김동수 역, 『루이 알튀세르—아미엥에서의 주장』, 솔, 1991.
________, 이종영 역, 『맑스를 위하여』, 백의, 1997.

________, 이진수 역, 『레닌과 철학』, 백의, 1991.
앨빈 굴드너, 김쾌상 역, 『이데올로기』, 한벗, 1982.
에릭 홉스봄 외, 박지향 · 장문석 역, 『만들어진 전통』, 휴머니스트, 2005.
에히리 프롬, 이규호 역, 『자유로부터의 도피』, 삼성출판사, 1990.
오카 마리, 김병구 역, 『기억 서사』, 소명출판, 2004.
올리버 르블, 홍재성 · 권오룡 역, 『언어와 이데올로기』, 역사비평사.
조너선 스펜스, 주원준 역, 『마테오 리치, 기억의 궁전』, 이산, 2002.
조르쥬 바따이유, 조한경 역, 『에로티즘』, 민음사, 1997.
클로드 뒤셰, 조성애 역, 『사회비평과 이데올로기 분석』, 백의, 1996.
테리 이글턴, 여홍상 역, 『이데올로기 개론』, 한신문화사, 1994.
테사 모리스-스즈키, 김경원 역, 『우리안의 과거』, 휴머니스트, 2006.
페터 지마, 허창운 · 김태환 역, 『이데올로기와 이론』, 문학과지성사, 1996.
프레더릭 C. 코니, 박원용 역, 『10월 혁명—볼세비키 혁명의 기억과 형성』, 책세상, 2008.
프로이트, 박찬부 역, 『쾌락원칙을 넘어서』 전집 14, 열린책들, 1997.
________, 윤희기 역, 『무의식에 관하여』 전집 13, 열린책들, 1997.
하이데거, 이인석 역, 『죽음의 철학』, 청람, 1986.
허버트 마르쿠제, 김인환 역, 『에로스와 문명』, 나남, 1996.
호이 데이빗, 이경순 역, 『해석학과 문학비평』, 문학과지성사, 1988.